新东方雅思（IELTS）考试指定辅导教材

剑桥雅思
真题精讲

IELTS 8

周成刚 ● 主编

何钢　乐静　彭新松　安培　梅晗　陈好　王冬　宗鹏 ● 编著

群言出版社
Qunyan Press

图书在版编目(CIP)数据

剑桥雅思真题精讲.8 / 周成刚主编. —北京：群
言出版社，2011（2013.4重印）
　ISBN 978-7-80256-231-8

　Ⅰ.①剑…　Ⅱ.①周…　Ⅲ.①英语—高等教育—解题
Ⅳ.H319.6

中国版本图书馆CIP数据核字（2011）第028215号

出 版 人	范　芳
责任编辑	孙春红　孙冠群
封面设计	赵文康
出版发行	群言出版社(Qunyan Press)
地　　址	北京东城区东厂胡同北巷1号
邮政编码	100006
网　　站	www.qypublish.com
电子信箱	bj62605588@163.com　qunyancbs@126.com
总 编 办	010-65265404　65138815
编 辑 部	010-62418641　65276609　65262436
发 行 部	010-62605019　62263345　65220236
经　　销	全国新华书店
读者服务	010-65220236　65265404　65263345
法律顾问	北京市国联律师事务所
印　　刷	北京市四季青印刷厂
版　　次	2011 年 3 月第 1 版
印　　次	2013 年 4 月第 4 次印刷
开　　本	787×1092　　1/16
印　　张	13
字　　数	288千
书　　号	ISBN 978-7-80256-231-8
定　　价	28.00元

新东方图书策划委员会

主任 俞敏洪

委员 （按姓氏笔画为序）

我的留学观

留学是当今中国的一个热点话题。所谓热点，就是讨论的人多，关注的人多。无论你决心已下或是尚在彷徨犹豫，留学的选择对你的人生来说都将是一个重大决定。它涉及你个人和家庭的许多投入，包括时间、金钱、精力、甚至情感，它关系到你未来的学习、工作和个人生活，它与你的前途事业息息相关。我相信每一个人在做出最后决定前一定会一遍又一遍地问自己：

"我到底要不要出国留学？"

"我是否也应该像大多数人一样选择去欧美国家留学？"

首先我想说，决定留学或不留学其实没有对与错，留学只是一种学习方式的选择。而一旦涉及选择，就少不了分析与比较、思考与权衡。来新东方咨询留学的学生和家长，都会向我们提出类似的问题。

从某种意义上说，我们问自己"我到底要不要出国留学？"就如同问"我到底要不要上大学？"一样。大多数家长不会因为当下大学毕业生就业困难而不支持孩子上大学，也不会因为有一些成功的企业家没有读过大学而不让自己的孩子追求学业。大学生并非个个身怀绝技，并非都能获得我们期待的那些成功，但大学尤其是名校仍然倍受追捧。为什么？因为大家心中明白，相对于没有上过大学的人，一般来说，大学生的平均综合素质较高，毕业后在职场上具有更强的竞争力和职业发展后劲。也就是说，我们希望通过读大学读名校来提高自己的胜出概率。谈到此处，上述的两个问题也就迎刃而解了。欧美国家和名校一样，他们代表着这个世界的先进生产力。无论是科学技术，还是政治经济，还是文化教育，欧美的大部分国家正在引领世界的发展。换句话说，这些发达国家是大部分发展中国家学习和借鉴的榜样。而这些国家的大学又是他们意识形态和科学发展的前沿阵地。我们选择留学，选择到发达国家去学习，可以提高自己在世界舞台上的胜出概率，可以获得比其他人更多的成功机会。

那么为什么是否选择留学会在今天成为一个如此紧迫的问题呢？

可以说，这是全球一体化带来的必然社会趋势。所谓全球化，就是地区与地区之间，国家与国家之间，经济与经济体之间的交流和接触日益频繁，障碍逐个被扫除，资源和信息的流动变得前所未有地畅通。一句话，过去因为种种原因，我们闭关自守，隔断了自己和世界绝大部分地区和国家的交流，我们国家的年轻人除了自己不需要和任何国家的同龄人去竞争。但随着全球化步伐的不断迈进，国门不断打开，我们国家的年轻人已经和世界各国的年轻人走到了同一个舞台上，需要和全球同龄人去竞争。

今天，一个美国人可以很容易到中国找工作，他们到中国的公司找到一份工作就意味着中国人少了一份工作；相反，一个中国学生很容易到美国去留学，毕业后他们在华尔街谋到一份职业也就意味着抢走了美国人的一个饭碗。

在如此这般的全球同龄人竞争的格局下，越来越多的家长和学生认识到，自己如果要在职场上胜出，就必须掌握当今世界普遍认可的价值观和在全球范围内有竞争力的知识和职业技能。当我们开始去寻找这些东西准备充实自己的时候，陡然发现，这些我们所希望拥有的先进的科学文化知识、有竞争力的核心技术、创新的思维观念甚至符合人性发展的价值观等，大部分掌握在那些发达国家的手里，至少在目前这个历史发展阶段是如此。过去我们自己和自己比赛，规则和输赢我们自己说了算。但今天，我们要去和世界强队比赛，要按照国际比赛的规则去比，输赢由国际裁判决定。于是，我们不得不开始了解国际比赛，学习比赛规则。这就是为什么今天越来越多的家长要送自己的孩子出国留学，因为家长都希望自己的孩子在比赛中胜出。

事实上，我们背井离乡、负笈海外，或是去留学，或是去进修，或是去游历，都是中国人世代相传的教育理念的延伸和自我实践。几千年来，中国人通过读书改变自己命运的梦想从没有停止过。

过去，许多家庭省吃俭用，用攒下来的钱送孩子进私塾学校，接受教育；书生们则头悬梁、锥刺股，用面壁苦读换来最后的金榜题名，自此改变人生命运。后来我们有了高考，农村的孩子通过高考可以走进城市，获得城市户口，并且分配到一份衣食无忧、令人羡慕的工作。原本的城里人，可以通过上大学或读研究生，进一步提升自己的实力，获取一份比自己的父母更好的工作，去从事教师、工程师、医生和律师这些令人羡慕和受人尊敬的职业。学生通过高考走进了不同的城市，有小城市，也有大城市，当然也有北京、上海等超级大都市。人们渴望走进这些城市，是因为他们知道这些城市更加前卫，人们的思想更加解放，资源更加集中，发展更快，机会更多，实现个人价值的概率更大。

如今，我们出国留学，到伦敦、多伦多、悉尼和纽约这些国际大都市去深造进修，这与当初我们走进县城、省城以及到北京、上海去读书何其相似？长久以来，这些行为和决定背后的核心理念丝毫没有改变，那就是"读书改变命运"、"教育兴邦"、"教育报国"，唯一不同的是地缘和文化意义上的差异，我们只不过从国内走到了国外，走进了一个不同的文化、语言和价值观的新世界。

当然，我们也不能否认许多中国学生出国留学还有一个目的——把英语学得更好。上两个世纪英国和美国在文化、经济、军事、政治和科学上的领先地位使得英语成为一种准国际语言。世界上许多重要的社会活动、经济事件和科学发明都是用英语记录的，美英等这些发达国家的媒体也在用英语传播他们的信息、知识和观念，影响遍及世界各个角落。我们掌握了英语，就如同掌握了一门世界通用语言，从这个意义上讲，英语之于世界，如同普通话之于中国。当我们在选择学习普通话、方言还是少数民族语言时，大多数人会选择普通话，因为普通话适用范围更广，接受度更高，也更容易习得，更方便和中国各地或各民族背景的人们交流。

有的家长会问，既然英语是一门世界通用语言，那我们是不是早点把孩子送出去更好？我的回答是：如果孩子出去太早，他可能由于长期接受西方文化熏陶，从而脱离了中国的根基，最终成为一个香蕉人。反过来，如果孩子仅仅扎根中国，很少与外面的世界接触，那他可能会在和世界对话时缺少应有的准备。

我相信，21世纪的今天，随着世界一体化的深入，无论是世界舞台还是经济高速发展的中国，都需要一种跨区域、跨文化、跨技能和跨语言的多元化的桥梁性人才。他们往往是一种东西两栖动物，能够南北迁徙，既有中国文化的熏陶又有西方教育的洗礼；他们深谙世界的发展趋势，知道现在西方有更多的先进技术，现在的中国有更多的发展机遇；这种"东西合璧"型的人才无论在国内还是国外，都会很容易寻找到自己的发展空间和职业定位。

　　写到这里，我不禁想起了过去30年自己的生活、工作、留学和成长的历程。我上个世纪80年代上大学，毕业后留校任教10年，虽然是个英语专业的学生，但当时并没有想过要出国留学。突然有一天，我发现周围的朋友和同学都开始出国了，有的在国外大学当了教授，有的回国创业成为成功的企业家，有的把自己的跨国事业越做越红火。人是社会动物，不仅是为自己活着，他的思想、行为和价值观常常要受周围的人和他生活的那个社会的准则的影响，这是我对马克思所言"人的本质就其现实性而言是社会关系的总和"的一个新认识。于是，在这些朋友和同学的影响下，我也出国留学了。10年的大学英语老师生涯为我的澳洲留学做好了铺垫，海外的研究生专业学习和优异的考试成绩又为自己赢得了在BBC(英国广播公司)做记者的机会，英国的记者经历又为我日后加盟新东方提供了一份实力保障。今天，我已经把我的职业发展和新东方的发展连在了一起。

　　如果说，一个留学生只是一个点，那么千千万万的留学生就可以形成一股巨大的社会推动力。纵观中国的近现代史，中国社会每一次重大的社会变革和进步往往都是和留学生以及东西方思想的交汇紧密相关的，中国改革开放30多年所取得的成绩也佐证了这一点。这也许就是当面对21世纪的世界新格局时，中国学生出国留学以及中国留学生归国创业的大潮如此势不可挡的原动力吧！

　　30年后的今天，我自己的孩子也走到了是否要选择留学的关键时刻，我们也曾面对过许多家庭和同学一开始提出的问题，孩子自己犹豫过，退缩过，努力过，坚持过。不久前，他终于踏上了他的赴美留学之路。我深知这条路不会平坦，知道他在这条路上有时会倍感寂寞和孤独。但我为他喝彩，为他自豪，因为这是一个90后年轻人自己的选择，因为这是我从前走过的一条路，虽然坎坷崎岖，但路上的风景很美很醉人！

周成刚
新东方教育科技集团执行董事
新东方前途出国咨询公司总经理

目　录

Section 1

场景介绍

在欧美国家，音乐表演是非常普遍的。你经常会在街头看到各种形式的表演。另外，几乎每个季节都会有不同风格、不同主题的音乐会和音乐节。本节讲的是两位公司职员在讨论预定一个音乐节的不同演出的票。

本节必背词汇

loads of	大量，许多	flute	n. 笛子
come across	偶然碰到	spoil	v. 宠坏
brochure	n. 小册子	refreshments	n. 茶点，饮料
highlight	n.& v. (使)突出	bargain	n. 减价品，便宜货
stand	n. 架，台	senior citizen	老年人
lobby	n. 大堂，大厅	discount	n. 打折

词汇拓展

chromatic	adj. 半音阶的	xylophone	n. 木琴
diatonic	adj. 全音阶的	gong	n. 锣
major	n. & adj. 大音阶(的)	wood wind instrument	木管乐器
minor	n. & adj. 小音阶(的)	piccolo	n. 短笛
percussion	n. 打击乐器	clarinet	n. 单簧管；竖笛
snare drum	小军鼓	oboe	n. 双簧管
cymbal	n. 铙	bassoon	n. 巴松管，低音管
tambourine	n. 手鼓	contrabassoon	n. 低音巴松管
castanets	n. 响板	saxphone	n. 萨克斯

文本及疑难解析

1. Well, in that case we could sit right at the front — we'd have a really good view. 好的，那样的话，我们就坐在前边，这样会看得很清楚。in that case指的是前面George说的it's all one price。

2. I'm really bad at numbers. 我对数字不敏感。这句话也可以理解为"我的数学不好"。英美人一般不习惯说"I'm not good at calculating."

3. But I've noticed something on the booking form that might just persuade me! 订票单上的信息(有免费的茶点)让我能接收这个价格(一张票6英镑)。persuade原义为"劝说、说服"，在这里引申为"接受这个价格"。

4. I've just remembered that's my evening class night. 我刚想起来那天晚上我有课。that's my evening class night = I will have class that night.

1

5. I'll just have to go on my own. 那我就得自己去了。on my own = go by myself。

6. I can see we're going to have to go without food for the rest of the week. 我能预见，这个星期我们都会没饭吃。to go的意思是"度过"。

⚙ 题目解析

第1~2题是选择题。

1. 本题要通过关键词lobby在原文中定位。本题的难点在于，定位词在原文中出现在答案a video之后，所以该题是属于信息前置题，考查考生的短时记忆。

2. 本题在原文中有迷惑信息，Nina说坐在前面，而George则建议坐在后面，这样听音乐时效果会更好。

第3~10题是一份个人信息表格。考生要特别注意：做题指令将该部分分成两段，第一段中只有2个题目的答案，而后面有8个题目答案。这在雅思考试中是很罕见的。一般听力测试中，每节会包含10个题目，5-5、4-6、3-7的划分很常见，而2-8的题目分布是不常见的。

第3，4，5题比较容易预测，分别是地址、邮编和电话号码。

3. 本题要注意答案的完整性，不要丢掉最后的Avenue，也不能写成Street或Road。

4. 要注意答案是数字和字母的组合，而且不要把最后的H听成8，它们的发音比较接近。

5. 这道题的答案是一个11位的电话号码，考生在考试之前一定要多练习听数字，尤其是长数字和大数字，因为这是雅思听力测试中经常出现的考点。

第6~7题都是信息前置题。因为第6题的定位短语in the garden在原文中出现在refreshments和drinks之后；而第7题不管是用22 June还是用Anna Ventura定位，在原文中都是答案先出现。

第8~9题尽管只是两个数字信息题，然而要注意这里相应的听力原文信息密集，考生需要具备同时听和写的能力。

Section 2

📋 场景介绍

国外有很多博物馆向学生免费开放。本节讲的是一位博物馆工作人员向学校的老师介绍恐龙博物馆的参观要求以及一些馆内活动。

📖 本节必背词汇

dinosaur	n. 恐龙	fragile	a. 易碎的
in regard to	关于，至于	handout	n. 免费发放的传单
guided tour	有导游的游览	theatrette	n. 小剧院
brief	v. 作简单说明	ground floor	一楼
coach	n. 城际巴士	screening	n. 上映，放映
foyer	n. 门厅，休息室	documentary	n. 纪录片
backpack	n. 背包	habitat	n. (动物的)栖息地，住处
cloakroom	n. 衣帽间		

词汇拓展

archaeology museums	考古博物馆	natural history museums	自然历史博物馆
art museums	美术博物馆		
history museums	历史博物馆	open-air museums	露天博物馆
maritime museums	海洋博物馆	science museums	科技博物馆
military and war museums	军事战争博物馆	virtual museums	虚拟博物馆
mobile museums	汽车博物馆	zoological parks and botanic gardens	动、植物园

文本及疑难解析

1. Hello, and thank you for asking me to your teachers' meeting to talk about the Dinosaur Museum and to tell you a bit about what you can do with your students there. 大家好，感谢你们让我来给各位老师讲解关于带学生参观恐龙博物馆的注意事项。这句话告诉我们本节的主要内容是，学校在组织学生去博物馆之前邀请那里的工作人员来给大家解释参观的注意事项。

2. As far as the amount of time you'll need goes, if you bring a school group you should plan on allowing a minimum of 90minutes for the visit. 至于说你们所需要的时间，如果你们要带学生团体来参观的话，至少要计划90分钟的参观时间。本句中有两个难点：一个是goes，它的本意是"走"，这里指的是"时间的延续"，即参观博物馆所需的时间；第二个是allow，它的本意是"允许"，这里指的是"(参观)所允许的时间"。

3. This allows 15 minutes to get on and off the coach. 其中15分钟用来(让学生们)上下车。本句的难点在于"this"，这个代词指的是"在计划的全部时间——90分钟内"。

4. I'm afraid in the past we have had a few things gone missing after school visits so this is a strict rule. 恐怕是因为以前在有些学校参观结束后，我们丢失一些东西，所以这个规定很严格。要注意该句中的因果关系。英语中一般不会把表示"因为"和"所以"的两个单词用在同一个句子中。类似的还有"虽然"和"但是"等。

5. We do allow students to take photographs. 我们允许学生们拍照。本句中的*do*表示强调。

6. We used to have an activity room with more interactive things like making models of dinosaurs and drawing and painting pictures, even hunting for dinosaur eggs, but unfortunately the room was damaged in a bad storm recently when water came in the roof, so that's closed at the moment. 我们以前有一个活动室，在那里可以进行很多互动活动，比如制作恐龙模型或是画恐龙，甚至还有寻找恐龙蛋的活动。但不幸的是，这个活动室最近被一次暴风雨损毁了，水从屋顶灌进来，所以目前关闭了。这是一个长句子，其中有并列句也有主从复合句。只要弄明白主要结构，理解起来也不是很难。

题目解析

第11~15题是完成句子。其中第11题和第12题的答案距离很近，考查学生边听边写的能力。

11. 注意原文中先提到了平常是晚上8点闭馆，后面才提到周一的闭馆时间是下午1.30。另外需要特别注意的是题干中已经有p.m.了，所以写答案时无需重复这个信息。

12. 本题的答案可以有多种写法：25 Dec/25th Dec/25 December/25th December。其中第一种写法最为简洁，而且也是最不容易出现错误的写法。

13. 本题题干对应原文中两个句子：...when you arrive we ask you to remain with your group in the CAR PARK. One or more of the tour guides will welcome you there...这对于考生的定位产生一定的影响。而且答案出现在定位语之前，考查考生的短时记忆力。

14. 要注意排除干扰信息。答案45 minutes的前后分别出现了"15 minutes上下车"和"30 minutes参观后的活动"，只要注意题干定位词guided tour就不会被迷惑。

15. 注意同义词定位。题干中是behind，原文的表述是at the back。

第16~20题是多选题，第16~18题是7选3，第19~20题是5选2。

第16~18题的答案在原文中出现的距离很近，而且与目标选项的表述都属于同义转换：allow students to take photographs = C. cameras；they'll need to bring something to write for these = F. pens；we do provide school students with handouts with questions and quizzes on them = G. worksheets。另外要特别注意，这三个选项在原文中并不是按顺序出现的。还要注意的是原文中也提到了check in their backpacks with their books, lunch boxes...，这句话与A, B, D, E四个选项相关，具有一定的迷惑性。

第19~20题的出题角度与第16~18题类似，也是要听同义转换的内容：screenings of documentaries对应选项B中的films；dinosaur games对应选项E中的computer games。

Section 3

场景介绍

学生在大学学习过程中，经常要做一些实地考察研究。在此之前，学生们必须提前做方案，在和同学们讨论之后提交给老师。老师修改之后才能开始实际的考察。本节讲的是一个学生在与老师讨论她们小组的地理实地考察方案，老师对其提出一些修改建议。

本节必背词汇

feedback	n. 反馈
proposal	n. 建议；提案
field trip	实地考察
typos	n. 打字错误
layout	n. 布局，设计
sequence	v. 安排，排序
annotate	v. 注解，注释
consequence	n. 结果，后果
subheading	n. 副标题
train of thought	思路
cut down	删减
format	v. 编排格式
header	n. 页眉
footer	n. 脚注
bullet point	项目符号
be subjected to	被动地做某事
epic	n. 叙述英雄事迹和历险的电影或故事等
awesome	a. 极棒的

comprehensive	a. 全面的，广泛的
sandstone	n. 砂岩
plateau	n. 高原
cliff	n. 悬崖
erode	v. 侵蚀
outcrop	n. (岩层等的)露出地面
flock	v. 聚集
Navajo	n. 纳瓦霍人(美国印第安部落)
indication	n. 表示，指示，暗示
vegetation	n. 植被
presumably	adv. 大概，可能
invasion	n. 侵略
penetrate	v. 渗透
monolith	n. 巨型独石，独石柱
spire	n. 尖塔，尖顶
trek	v. 艰苦跋涉
vehicle	n. 交通工具

词汇拓展

Africa	非洲	Atlantic Ocean	大西洋
America	美洲	Pacific Ocean	太平洋
Antarctica	南极洲	Indian Ocean	印度洋
Asia	亚洲	Arctic Ocean	北冰洋
Europe	欧洲	Equator	赤道
Oceania	大洋洲		

文本及疑难解析

1. The one you're submitting for the Geography Society field trip competition. 你交上来的关于参加地理社会实地考察比赛的方案。本句的难点在于这不是一个完整的句子，只是对于前面proposal的解释。one指的就是上文的proposal。

2. And I've made a few notes on the proposal about things which could have been better sequenced. 我在你的方案中加了一些注释，告诉你有些内容的顺序可以安排得更加合理。things指的是方案中的一些实际内容；sequence是"安排顺序"的意思。

3. I feel you've often used complex structures and long sentences for the sake of it and as a consequence... although your paragraphing and inclusion of subheadings help...it's quite hard to follow your train of thought at times. 我觉得你过于频繁地使用复杂结构和长句子，为用而用，结果……尽管你的分段和一些小标题的添加会有一些帮助……但有时还是很难让人理解你的思路。这句话是老师在指出该学生方案的不足，而句子的中间部分是插入语，所起的作用就是让整句话听起来口气更加温和一些。

4. The subsequent research I did and the online photographs made me even keener. 我随后所做的研究和一些网络照片让我对这个项目更加热衷。这句话指的是Sandra从小就对西部片中的地理和人文风貌很感兴趣，而这次的研究使她更加喜欢这个项目。

5. Well, yes and no. 是，也不是。这句话是对前面Sandra提问的回答，也就是说，她的方案内容说全面也全面，说不全面也不全面。

6. It's hardly surprising that tourists flock to see the area. 为什么游客会蜂拥而至也就不奇怪了。hardly＝not。后面的从句是实际主语，而前面的it只是形式主语。

7. Well, I agree it's interesting, but it's not immediately relevant to your proposal. 好吧，我承认这很有趣，但这跟你的方案并不直接相关。it指的是当地印第安人的文化和历史，后面的it也指代了相同的内容。老师的意思是，这个考察是关于地理的，而不是关于当地文化和历史的研究。

8. But you are right, there's not much apart from some very shallow-rooted species. 你是对的，除了一些浅根的植物，那里基本上没什么植被。apart from的意思是"除了"。

9. That's a practical detail that you haven't included. 这是你的方案中没有涉及的一个很实际的细节问题。that指的是前文的accommodation。

10. There's nowhere to stay in the park itself, but there's an old trading post called Goulding quite near. 在这个公园里面没有住处，但是有一个叫做Goulding的旧贸易点离公园很近。itself指的是公园，最后的near指的是这个贸易点离公园很近。

题目解析

第21~24题是单项选择题。这四个题的共同点是：选项比较长，需要听同义词，都有迷惑信息的干扰。

21. 答案为A。注意原文中的better sequenced(＝re-ordered in some parts)及and even in the contents page使得B，C两项具有较强的干扰性。

22. 答案为C。原文中的complex structures...long sentences...cut them down＝shortened her sentences。原文也提到了subheadings和paragraph，但这是Sandra的方案中已具备的特点。

23. 答案为A。原文提到listing ideas clearly is important，即Sandra的方案的问题之一就是separate points were not clearly identified。原文中也提到了选项B、C中的headings和page numbering，但选项的表述与原文意思不一致。

24. 答案为B。原文中的seeing all the epics＝movies she saw。原文中也提到了online photographs，但这是使她keener的原因之一，而不是让她became interested的原因。

第25~27题是多项选择题。选项C是对原文中提到的sandstone plateaux and cliffs的概括；原文中的what the students on the trip could actually do对应选项B；原文中的something about the local wildlife, and vegetation对应选项F。要注意B、F两个选项在原文中距离很近，而且B，C，F三个选项在原文中出现的顺序与选项的排列顺序并不一致，这需要考生在听的同时观察所有的选项。另外原文也提到了天气和旅游，因此选项A和D也具有一定的迷惑性。

第28~30题是完成句子题，要注意题目要求中对字数的限制。

28. 本题的特点是原文中有干扰信息，除了提到的12,000 hectares之外，原文中还提到了另外一个数字：5,850 metres；另外题干中已经有了"hectares"，所以答题纸上不能再写这个词。

29. 要注意排除干扰信息。文中提到了four-wheel drive jeeps，horses，biking，private vehicles，但Sandra推荐的交通工具只有horses。

30. 注意信息提示语worth visiting。

Section 4

场景介绍

雅思听力测试每套题的第四节一般都是老师讲课的场景。本节讲的是地理课，涉及课程介绍及知识运用。在前半部分，老师介绍了该地理课程会从生物物理地理学、地形学、社会地理学、政治地理学、经济地理学、历史地理学、城市地理学以及地图学几方面进行研究。后半部分介绍了地理研究的工作内容，包括地理信息的收集和分析、研究结果的传播等。

本节必背词汇

basics	n. 基本原理	historical geography	历史地理学
branch	n. 分支；方面	urban geography	城市地理学
impact	n. 冲击，影响	migration	n. 迁移
semester	n. 学期	cartography	n. 地图学
bio-physical geography	生物物理地理学	census	n. 人口调查
topography	n. 地形学	disposal	n. 使用，利用
political geography	政治地理学	pattern	n. 模式，典型
social geography	社会地理学	confidential	adj. 机密的
economic geography	经济地理学	fold	v. 折起来

atlas	*n.* 地图册	distortion	*n.* 失真，变形
depict	*v.* 描绘	aerial photograph	航摄照片
drawback	*n.* 不利条件，缺点	Landsat	*n.* (美国)地球资源探测卫星
replicate	*v.* 复制		
three-dimensional	*adj.* 三维的，立体的	transmit	*v.* 传递

词汇拓展

magnitude	*n.* 震级	contour	等高线地图
crust	*n.* 地壳	topping-out ceremony	平顶仪式
topographical surveying	地形测量		

文本及疑难解析

1. Well, we learn a great deal about all the processes that have affected and that continue to affect the earth's surface. 我们会学习很多曾经且现在仍然继续影响地球表面形状的活动和过程。well在这里没有实际含义，是个语气词。processes指的是影响地球表面的一些地质活动。

2. There's the study of the nature of our planet — its physical features, what it actually looks like — and then there's the study of the ways in which we choose to live and of the impact of those on our planet. （地理学中包含）关于地球自然特性的研究——它的物理属性、实际外观，以及关于我们所选择的生活方式及其对地球产生的影响的研究。该句的难点是those，它指代前面的the ways in which we choose to live。

3. But there are more specific study areas to consider too, and we'll be looking at each of these in turn throughout this semester. 但是地理学中还包含了更加具体的一些领域，我们将在这个学期一一进行研究。each指的是下面提到的地理研究的各个方面。

4. So, by definition, we wouldn't be in an informed position to work out how to solve any of them. 因此，很显然，我们也不会具备解决其中任何一个问题的能力。them指的是上文提到的problems。

5. We might, for example, conduct a census-count a population in a given area perhaps. 我们也许可以，比如，进行人口普查——清点一个特定区域内的人口数量。count a population in a given area是对前面的单词census的解释。

6. You can't exactly replicate something that is three-dimensional, like our planet, on a flat piece of paper, because paper has only two dimensions, and that means there'll always be a certain degree of distortion on a map. 你不可能在一张平面的纸上精确复制三维的物体，比如我们的地球，因为纸张只有两维，也就是说(三维的东西)表现在纸上肯定会有某种程度的失真。该句的难点在于distortion，意思是"歪曲、变形、失真"，也可以指"被扭曲的形象"。

7. You can easily illustrate areas of diseased trees or how much traffic is on the roads at a given time or information about deep sea beds, for example. 你可以很容易地标出这样一些区域，例如得病的树林、在特定时间某条路上的交通情况，甚至深海海底的情况。我们很难在地面上获得这些信息，所以高空摄影可以很有帮助。

题目解析

第31~40题是提纲填空题。

31. 题干中的the effects of different processes是原文中的the processes that have affected...的同义转述。

32. 题干中的population对应原文中的people。

33. 本题属于信息前置和派生词定位，题干中的定位词their对应原文中的those，而且出现在答案impact之后。

34. 本题距离33题很远，这就要求考生在听的过程中集中注意力，稍微不留神答案就会被错过。

35. 本题属于信息前置和同义词定位，题干中的associated对应原文中的relate to，而且原文中定位词出现在答案之后。

36. 本题是信息前置题，题干中的using computer and satellite technology在原文中出现在答案images之后。

37. 本题可以通过同义词进行定位，题干中的identify对应原文中的look for。

38. 本题距离第37题也比较远，可以通过two-dimension进行定位。

39. 题干中的vegetation problems，density，ocean floor 分别对应原文中的diseased trees，how much，deep sea beds。

40. 题干中的monitoring对应原文中的information。

Reading

Reading Passage 1

📑 篇章结构

体裁	说明文
主题	时间记录的历史
结构	A段：人类计算时间的历史
	B段：纬度对于计时的影响
	C段：月、日的划分以及日光时的产生
	D段：测量昼夜日光时的工具
	E段：各国用机械钟计时的不同方法
	F段：早期机械钟的发展
	G段：机械钟的改进和落地摆钟的产生
	H段：当代计时技术及其影响

🌐 解题地图

难度系数：★★★★

解题顺序： LABELLING → MATCHING (5~8) → MATCHING (1~4)

友情提示： 遇到段落信息配对题，可以先放下做别的题，最后再来对付它！

📖 必背词汇

1. coordinate *v.* 协调，配合

   The agencies are working together to *coordinate* policy on food safety.

   各机构正在共同努力，以配合相关食品安全政策的实施。

   I couldn't get my brain to function or *coordinate* my muscles.

   我不能让我的大脑(正常地)活动或者与我的肌肉相协调。

2. successive *adj.* 连续的，相继的

   The team has had five *successive* victories. 球队已经取得5次连续的胜利。

   Successive governments have tried to deal with this issue. 历届政府都试图解决这个问题。

3. artificial *adj.* 人工的，人造的

   This product contains no *artificial* preservatives. 本产品不含任何人工防腐剂。

   Prior to treatment water may be stored in natural or *artificial* basins.

   治疗前的水可以储存在自然或人工的盆地内。

4. crucial *adj.* 决定性的, 关键的

This aid money is *crucial* to the government's economic policies.

这项援助资金对政府的经济政策来说是至关重要的。

Parents play a *crucial* role in preparing their child for school. 父母在准备孩子上学一事上起着重要的作用。

5. approximate *v.* 近似, 接近

This figure *approximates* to a quarter of the UK's annual consumption.

这个数字接近英国年度消费额的四分之一。

Your story only *approximates* to the real facts. 你的故事仅仅是接近事实真相。

6. commence *v.* 开始

Work will *commence* on the new building immediately. 工作马上在新的大楼开始。

She *commenced* her medical career in 1956. 1956年时, 她就开始了她的医药事业。

7. accurate *adj.* 正确无误的; 精确的

It is difficult to get *accurate* figures on population numbers. 很难得到关于人口数量的准确数字。

The cutter is *accurate* to within a millimetre. 刀具可精确到一毫米之内。

认知词汇

archaeological	*adj.* 考古学的, 考古学上的	counterpart	*n.* 对应的事物
advent	*n.* 出现, 到来	denote	*v.* 表示, 象征
shipment	*n.* 运输, 运送; 运输的货物	dip	*v.* 下降, 下沉; 浸, 蘸
solar	*adj.* 太阳的	inscribe	*v.* 在……上刻
rotate	*v.* (使)旋转; 轮换	scheme	*n.* 计划, 方案 *v.* 密谋
phase	*n.* 月相, 月亮的盈亏; 时期, 阶段	astronomical	*adj.* 天文学的; 巨大的
orbit	*v.* 绕轨道而行 *n.* 轨道	supersede	*v.* 取代, 接替
accompany	*v.* 伴随……发生; 陪伴	split	*v.* 分开; 分裂
equator	*n.* 赤道	decending	*adj.* 下降的; 下行的
wax	*v.* 月亮渐盈	gear	*n.* 齿轮, 传动装置
wane	*v.* 月亮渐亏	coiled	*adj.* 盘绕的, 卷成圈的
conspicuous	*adj.* 显而易见的, 明显的	fusee	*n.* 均力圆锥轮
latitude	*n.* 纬度	pendulum	*n.* 钟摆
clime	*n.* 气候带; (具有某种气候的)地区	arc	*n.* 弧, 弧形
formulate	*v.* 制定; 规划; 确切表达	anchor	*n.* 锚 *v.* 抛锚; 主持
municipal	*adj.* 市政的	quartz	*n.* 石英
cosmic	*adj.* 宇宙的	beam	*v.* 发射电波, 传送
interval	*n.* (时间上的)间隔; 幕间休息	calibrate	*v.* 校准, 测定
temporal	*adj.* 时间的; 现世的	precision	*n.* 精确; 准确; 细致
equinox	*n.* 昼夜平分时; 春分; 秋分	navigation	*n.* 导航; 领航
disseminate	*v.* 传播, 散布	grid	*n.* 输电网; 煤气输送网
sundial	*n.* 日晷	integral	*adj.* 必需的, 不可或缺的; 完整的

佳句赏析

1. They based their calendars on three natural cycles: the solar day, marked by the successive periods of light and darkness as the earth rotates on its axis; the lunar month, following the phases of the moon as it orbits the earth; and the solar year, defined by the changing seasons that accompany our planet's revolution around the sun.

    *   **参考译文**：日历的编排基于三个自然周期：以由地球绕地轴自转形成的连续的光明与黑暗为标记的太阳日；以由月球环绕地球公转形成的月相来衡量的太阴月；以及根据地球绕太阳公转形成的四季来定义的回归年。
    *   **语言点**：

        （1）句型分析：

        此句较长，理解时要注意抓住主干They based their calendars on three natural cycles: the solar day, the lunar month, and the solar year，即"日历的编排基于三个自然周期：太阳日、太阴月和回归年"。其余部分都是对这三个术语的解释说明，理解时要避免受到干扰。

        （2）base...on...以……为基础

        Their relationship was based on mutual respect. 他们的关系建立在相互尊重的基础上。

2. Temporal hours, which were first adopted by the Greeks and then the Romans, who disseminated them through Europe, remained in use for more than 2,500 years.

    *   **参考译文**：日光时最早被希腊人采用，然后由罗马人采用并传到欧洲，一直使用了2500多年。
    *   **语言点**：此句包含两个定语从句：which引导的从句修饰temporal hours, who引导的从句修饰the Romans。句子的主干是Temporal hours remained in use for more than 2,500 years.

3. The revolutionary aspect of this new timekeeper was neither the descending weight that provided its motive force nor the gear wheels (which had been around for at least 1,300 years) that transferred the power; it was the part called the escapement.

    *   **参考译文**：这种新型计时器所具有的革命意义既不在于依靠向下的重力提供起动力，也不在于依靠齿轮（至少有1300年的使用历史）传递动力，而在于它使用了一个叫做擒纵机构棘轮装置的部件。
    *   **语言点**：

        （1）句型分析：

        认清句子核心结构是理解的关键。由于用neither...nor...这个否定结构连接，分号前的descending weight和the gear wheels都不是真正的 revolutionary aspect。该句的重点是分号后面的the part called escapement，理解时要分辨清楚。

        （2）neither...nor... 既不……也不……

        Neither riches nor honours can corrupt him; neither poverty nor humbleness can make him swerve from principle; and neither threats nor forces can subdue him.

        富贵不能淫，贫贱不能移，威武不能屈。

4. So integral have these time-based technologies become to day-to-day existence that our dependency on them is recognised only when they fail to work.

    *   **参考译文**：这些以时间为基础的技术已完全成为日常生活的一部分，只有当它们无法正常工作时，我们才会意识到人类多么依赖这些技术。
    *   **语言点**：

        （1）句型分析：

        该句部分倒装，用来强调形容词integral。其正常语序是these time-based technologies have become so integral to day-to-day existence that...，其中的 so...that... 意思是"如此……以至于……"。

（2）day-to-day 日常的

The manager is responsible for the day-to-day running of the hotel. 经理负责酒店的日常运作。

⚙️ 试题解析

Questions 1–4

- 题目类型：MATCHING
- 题目解析：

1. a description of an early timekeeping invention affected by cold temperatures

参考译文	对于早期受到寒冷气温影响的计时发明的描述
定位词	early timekeeping invention, cold temperatures
文中对应点	D段： Although these devices performed satisfactorily around the Mediterranean, they could not always be depended on in the cloudy and often freezing weather of northern Europe. 全文只有该句中提及寒冷气温。该句含义为"尽管这些装置在地中海地区十分好用，但在多云并常有严寒天气的欧洲北部却不能一直使用。"与题干中描述的内容相符。

2. an explanation of the importance of geography in the development of the calendar in farming communities

参考译文	对于农业社会中地理学对日历发展的重要性进行的解释
定位词	geography, development of the calendar, farming communities
文中对应点	B段： 该段一共五句话，从第二句开始每一句话都介绍了一个地理位置的变化对calendar的影响。分别是： And, for those living near the equator in particular, ... Hence, the calendars that were developed at the lower latitudes, ... In more northern climes, however, ... As the Roman Empire expanded northward, ...

3. a description of the origins of the pendulum clock

参考译文	对于摆钟起源的描述
定位词	pendulum clock, origins
文中对应点	F段： 定位词第一次出现在F段，对应句为By the 16th century, a pendulum clock had been devised, but the pendulum swung in a large arc and thus was not very efficient, 含义为"到了16世纪，人们发明了摆钟。但由于钟摆摆动弧度很大，因此并不十分有效"。此句中devised意为"发明"，与题干中的origins对应。

4. details of the simultaneous efforts of different societies to calculate time using uniform hours

参考译文	关于不同国家为使用统一时间来计时而同时做出努力的细节
定位词	simultaneous efforts, different societies, uniform hours
文中对应点	E段： 此题需要在文章中扫描大量出现大写字母、国家和地区处，对应E段中The schemes that divided the day into 24 equal parts varied according to the start of the count: Italian hours began at sunset, Babylonian hours at sunrise, astronomical hours at midday and 'great clock' hours, used for some large public clocks in Germany, at midnight, 含义为"人们计划将一天分为24个等份，而这些计划因为计时起点的不同而不同：意大利时间从日落开始算起，巴比伦时间从日出开始，天文学时间从中午开始，而德国一些大型公共时钟使用的'大钟'时间从午夜开始算起"。

Questions 5–8

- 题目类型：MATCHING
- 题目解析：

题号	定位词	文中对应点
5	civil calendar, months, equal	**题目：** They devised a civil calendar in which the months were equal in length. **译文：** 他们发明了一种月份等长的民用日历。 **C 段：** ..., the Egyptians had formulated a municipal calendar having 12 months of 30 days... 该句提到埃及人制定了市政日历，规定一年有 12 个月，每月有 30 天。所以答案为 B。
6	day, two equal halves	**题目：** They divided the day into two equal halves. **译文：** 他们将一天均分为两部分。 **E 段：** ...or French hours, which split the day into two 12-hour periods commencing at midnight. ……即法国时间所取代，它将一天分成两个 12 小时时段，从午夜开始算起。所以答案为 F。
7	new cabinet shape	**题目：** They developed a new cabinet shape for a type of timekeeper. **译文：** 他们为一种计时器设计了一个新的柜式外形。 **G 段：** ... and thus led to the development of a new floor-standing case design ... 此句中的 floor-standing case design 就对应着 cabinet shape，且该段第一行就出现了 England 这个代表国家的词汇。所以答案为 D。
8	organise, public events	**题目：** They created a calendar to organise public events and work schedules. **译文：** 他们创造出了一种日光来安排公共事务和工作日程。 **A 段：** …the Babylonians began to measure time, introducing calendars to co-ordinate communal activities, to plan the shipment of goods and, in particular, to regulate planting and harvesting. 此句中的 co-ordinate（协调）对应题干中的 organise；communal activities 对应 public events。所以答案为 A。

Questions 9–13

- 题目类型：LABELLING (DIAGRAM)
- 题目解析：

图表或图形题一般考查一个流程或一个体系的说明，通常按顺序原则出题。若题目含有小标题，则应扫读各段首句，根据标题关键词确定出题段落(此题就是通过扫读段首句定位于G段)；若无小标题，则需通过题目中的明显定位词扫读全文进行定位。另外还需注意本题字数限制为2。

题号	定位词	文中对应点	题目解析
9	escapement, resembling	It was called the anchor escapement, which was a lever-based device shaped like a ship's anchor.	通过定位词很容易找到文中定位句，此句中的like对应resembling，所以答案为（ship's）anchor / (an/the) anchor。
10	无	The motion of a pendulum rocks this device so that it catches and then releases each tooth of the escape wheel …	按照顺序原则，此空应从第9题定位句处往后看，图中要填的是整个轮的名称，为名词，所以答案为（escape）wheel。
11	无	同10题	此题与第10题同时解出，图中要填的是轮上齿的名称，为名词，所以答案为tooth。
12	beats, each	Moreover, this invention allowed the use of a long pendulum which could beat once a second and …	通过定位词很容易找到文中定位句，图中要填的是beats这个动作的发出者，为名词，所以答案为(long) pendulum。
13	同12题	同12题	此题可与第12题同时解出，此句中的once对应题干中的each，所以答案为second。

参考译文

—— 时间记录的历史 ——
我们对时间的概念取决于我们测量时间的方式

有考古证据表明，至少5000年前，早在罗马帝国尚未出现之时，巴比伦人就开始测量时间，他们引进日历来统筹公共活动，计划货物装运，特别是管控作物种植和收割。日历的编排基于三个自然周期：以由地球绕地轴自转形成的连续的光明与黑暗为标记的太阳日；以由月球环绕地球公转形成的月相来衡量的太阴月；以及根据地球绕太阳公转形成的四季来定义的回归年。

在人造光发明以前，月亮对社会产生的影响尤为显著。尤其对于赤道附近的居民而言，月圆月缺比季节更替更加明显。因此，低纬度地区日历的形成更多受到月运周期的影响，而不是回归年。然而，在践行季节性农业的更偏北的气候带，回归年则更为重要。随着罗马帝国向北扩张，它的活动图表通常都是根据回归年而编排的。

早在罗马帝国建立几个世纪以前，埃及人就已制定了市政日历，规定一年有12个月，每月有30天，此外还有5天用来补充一个近似回归年。每10天以特定星群的出现为标志，这些星群被称作"德坎"(黄道十度分度)。天狼星刚好在日出之前升起，此时可以看见12个德坎横跨天空，而这一现象会在每年极其重要的尼罗河泛洪前后出现。埃及人赋予12个德坎的宇宙意义使他们形成一种新的系统，他们将每一个黑夜区间(之后又将每一个白昼区间)分成12等份。这些时段被称为日光时，因为它的持续时间随着季节更替引起的昼夜长度的变化而变化。夏季日光时长，冬季日光时短；只有在春分和秋分时白昼与黑夜的时长才是一致的。日光时最早被希腊人采用，然后由罗马人采用并传到欧洲，一直使用了2500多年。

为了在白天记录日光时，发明家们创造了日晷，用太阳阴影的长度和方向来指示时间。水钟与日晷作用相当，用于在夜晚测量日光时。最早的水钟之一是一个水盆，盆底附近有一个小孔，水通过小孔滴出来。随着水降至盆子内表面刻着的小时刻度线以下，水位降低的刻度就表示流逝的时间长度。尽管这些装置在地中海地区十分好用，但在多云并常有严寒天气的欧洲北部却不能一直使用。

机械钟的出现意味着尽管人们可以调试它以记录日光时，但机械钟本身更适合于记录长度相同的时间段。由此引发了一个问题，即计时该从何时开始。于是14世纪初，许多新型计时系统逐渐形成。人们计划将一天分为24个等份，而这些计划因为计时起点的不同而不同：意大利时间从日落开始算起，巴比伦时间从日出开始，天文学时间从中午开始，而德国一些大型公共时钟使用的"大钟"时间从午夜开始算起。最终，这些计时方法被"小钟"时间，即法国时间所取代，它将一天分成两个12小时时段，从午夜开始算起。

最早有记载的以重量驱动的机械钟1283年建于英国贝德福德郡。这种新型计时器所具有的革命意义既不在于依靠向下的重力提供起动力，也不在于依靠齿轮(至少有1300年的使用历史)传递动力，而在于它使用了一个叫做擒纵机构棘轮装置的部件。15世纪初人们又创造出了螺旋弹簧，也被称为均力圆锥轮。尽管主发条承受着不断变化的张力，但该装置仍能为钟表齿轮提供恒力。到了16世纪，人们发明了摆钟。但由于钟摆摆动弧度很大，因此并不十分有效。

为了解决这个问题，原有擒纵机构棘轮装置的改进装置1670年在英格兰发明出来。该装置被称为锚型擒纵机构，以杠杆为基础，形状像一艘船的锚。钟摆的动作对该设备产生振动，以使它抓紧而后释放擒纵机构棘轮装置的每一个齿，从而使得齿轮精确地旋转。与早期摆钟中所使用的原始装置不同，锚型擒纵机构使钟摆的摆动弧度变得很小。此外，这一发明使得摆钟中可以使用长摆，一秒钟摆动一下，从而引发了新型落地柜式造型的开发，也就是落地摆钟。

如今，高度精确的计时工具为大多数电子设备设置时间。几乎所有的计算机都带有石英钟以控制其运行。此外，从全球定位系统卫星发射的时间信号不仅校准精密导航设备的功能，还被用于移动电话、即时股票交易系统和全国电力分配网。这些以时间为基础的技术已完全成为日常生活的一部分，只有当它们无法正常工作时，我们才会意识到人类多么依赖这些技术。

Reading Passage 2

篇章结构

体裁	说明文
主题	美国航空交通管制
结构	A段：航空灾难促进了行动
	B段：早期的航空交通管制
	C段：两个偶然事件促进了航空交通管制的发展
	D段：很多人对航空交通管制理解有误
	E段：航空交通管制几乎遍及整个美国
	F段：FAA确认了两种飞行环境
	G段：管制空域的类型

解题地图

难度系数：★ ★ ★ ☆

解题顺序：LIST OF HEADINGS → TRUE/FALSE/NOT GIVEN

友情提示：一般情况下，都是先做LIST OF HEADINGS，但是要先把TRUE/FALSE/NOT GIVEN大致浏览一遍，记住一些明显的定位信息，这也有助于在做LIST OF HEADINGS时进行定位。

必背词汇

1. regulate *v.* 控制，管理

   The activities of credit companies are *regulated* by law. 信贷公司的活动受法律约束。

   People sweat to *regulate* their body heat. 人们通过出汗来调节自己的体温。

2. oversee *v.* 监督，监视

   A team leader was appointed to *oversee* the project. 团队领导被指派监督项目的运作。

   United Nations observers *oversaw* the elections. 联合国观察员负责监督选举。

3. metropolitan *adj.* 大城市的，大都市的

   At the *metropolitan* twilight, I felt a haunting loneliness sometimes.

   在大都市的黄昏时刻，我有时会感到被孤独困扰。

   In one large *metropolitan* area I surveyed, fewer than half the millionaires lived in high-rent districts.

   在我调查过的一个大都市区内，只有不到一半的百万富翁居住在高租金区。

4. consist (of) *v.* 由……组成

   Their diet *consisted* largely of vegetables. 他们的饮食主要包括蔬菜。

   The buffet *consisted* of several different Indian dishes. 自助餐由几种不同的印度菜组成。

5. accommodate *v.* 容纳，提供空间

   He bought a huge house to *accommodate* his library. 他买了大房子以容纳他的图书馆。

   The island was used to *accommodate* child refugees. 这座岛屿用来收容儿童难民。

6. blanket *v.* 以厚层覆盖

   There is sufficient sand available to *blanket* the unconformity. 有足够的沙子可用于覆盖不整合面。

   Snow soon *blanketed* the frozen ground. 大雪很快覆盖了结冰的大地。

7. impose *v.* 推行，采用；强制实行

   The government *imposed* a ban on the sale of ivory. 政府强制实施了象牙销售禁令。

   A new tax was *imposed* on fuel. 新的燃油税已被强制实行。

8. correspond *v.* 相一致，相符合

   The two halves of the document did not *correspond*. 该文件的两部分不一致。

   The numbers *correspond* to points on the map. 这些数字对应地图上的点。

认知词汇

Grand Canyon	大峡谷(美国)	margin of error	误差幅度
aviation	*n.* 航空，飞行	meteorological	*adj.* 气象的，气象学的
congested	*adj.* 堵塞的，拥挤的	VFR	*n.* (Visual Flight Rules)目测飞行规则
rudimentary	*adj.* 初步的，基本的		
manually	*adv.* 手动地，用手地	necessitate	*v.* 使成为必需，需要
vicinity	*n.* 附近，近处	IFR	*n.* (Instrumental Flight Rules)仪表飞行规则
fortuitous	*adj.* 偶然的，意外的		

instrument panel	仪表盘，仪表操纵板		altitude	n. 海拔
license	n. 许可证，执照 v. 批准，许可		respectively	adv. 分别地
designate	v. 标示，命名		explicit	adj. 明确的，清楚的
turboprop	n. 涡轮螺旋桨飞机		clearance	n. (人、交通工具出入空港或出
realm	n. 领域，范围			入境的)许可，准许

⚙ 佳句赏析

1. It was only after the creation of the FAA that full-scale regulation of America's airspace took place...
   - 参考译文：直到联邦航空局创建以后，美国才开始全面的领空管制……
   - 语言点：It was...that是强调句的标志。所强调部分是that之前的内容。为便于理解，初读时可将强调句标志拿掉，句意不变。

2. The FAA realised that the airspace over the United States would at any time have many different kinds of planes, flying for many different purposes, in a variety of weather conditions...
   - 参考译文：美国联邦航空局认识到每时每刻都会有许多不同种类的飞机，为了这样那样的目的，在各种各样的天气情况下飞行在美国的空中……
   - 语言点：
     （1）句型分析：
        flying for...结构用来修饰different kinds of planes，不要将它与前面的have混在一起理解。
     （2）a variety of something: a lot of things of the same type that are different from each other in some way.
        There is a wide variety of patterns to choose from. 有种类繁多的图案可供选择。
        This tool can be used in a variety of ways. 这一工具有多种用途。

3. Controlled airspace is that airspace in which FAA regulations apply.
   - 参考译文：管制空域是美国联邦航空局规定适用的空域。
   - 语言点：此句虽短却包含了较复杂的从句结构。可拆成两个分句 controlled airspace is an airspace 和 FAA regulations apply in the airspace来理解。

4. The difference between Class E and A airspace is that in Class A, all operations are IFR, and pilots must be instrument-rated, that is, skilled and licensed in aircraft instrumentation.
   - 参考译文：E级和A级之间的区别在于A级空域中所有的操作都遵循仪表飞行规则，飞行员必须具有仪表级别，换言之，必须熟练掌握飞机仪表的使用并获得许可。
   - 语言点：that is为插入语成分，是"换言之，也就是说"的意思，其后面的内容用于解释instrument-rated一词的含义。

⚙ 试题解析

Questions 14–19

- 题目类型：LIST OF HEADINGS
- 题目解析：

i. 违反FAA规章制度	vi. 控制飞行员执照
ii. 航空灾难促使行动	vii. 界定空域类型
iii. 两项偶然的发展成果	viii. 根据天气情况设立规则
iv. 划分空域	ix. 安全起飞
v. 一种过度简化的观点	x. 航空交通管制的第一步

题号	定位词	文中对应点	题目解析
14	aviation disaster, prompts	A段首句： An accident that occurred in the skies over the Grand Canyon in 1956 resulted in the establishment of the Federal Aviation Administration（FAA）to regulate and oversee the operation of aircraft in the skies over the United States, which were becoming quite congested.	A段共两句话，首句主要介绍了一次事故（an accident）以及其结果（resulted in），即建立起FAA来regulate and oversee（管理和监督）越来越拥挤的天空。因此答案为ii。
15	coincidental, developments	C段前两句： In the 1940s, ATC centres could and did take advantage of the newly developed radar and improved radio communication brought about by the Second World War... It was only after the creation of the FAA that full-scale regulation of America's airspace took place, and this was fortuitous, for the advent of the jet engine suddenly resulted in a large number of very fast planes...demanding some set of rules to keep everyone well separated and operating safely in the air.	C段首句说明了ATC取得的第一个development，即利用了第二次世界大战催生出的新研制的雷达和改进后的无线电通讯技术而建立的不成熟的管制系统。第二句则提到喷气式发动机的产生突然导致大批快速飞机的出现，因此促使美国开始进行全面的空中管制，两个逗号之间的部分指出了这一development的偶然性（fortuitous），与iii中的coincidental含义一致。因此答案为iii。
16	oversimplified	D段第一、二句： Many people think that...This is a very incomplete part of the picture.	D段首句阐述了一个大众观点（many people think...），接着第二句指出这个观点过于片面。题干中的oversimplified相当于原句中的incomplete。因此答案为v。
17	altitude zones	E段第二句以及其他关键词： First, ATC extends over virtually the entire United Sates.	E段第二句中提出让航空交通管制几乎遍及整个美国，接着分别讲述了不同高度的空域管制情况（from 365m above the ground and higher, 215m above the ground, below 365m...）。因此答案为iv。
18	weather conditions	F段首句： The FAA then recognised two types of operating environments.	F段首句提出FAA确认了两种飞行环境。接着对这两种环境进行了解释说明，即在气象条件良好的情况下，飞行员可按照目视飞行规则（VFR）飞行；在低能见度的情况下，飞行员则须按照仪表飞行规则（IFR）飞行。因此答案是viii。
19	airspace categories	G段首句： Controlled airspace is divided into several different types, ...	G段首句点出此段主要阐述管制空域的分类（controlled airplace ... different types）。因此答案为vii。

Questions 20–26

- 题目类型：TRUE/FALSE/NOT GIVEN
- 题目解析：

20. The FAA was created as a result of the introduction of the jet engine.

参考译文	FAA是随着喷气式发动机的产生而产生的。
定位词	FAA
解题关键词	as a result of
文中对应点	A段首句： An accident that occurred in the skies over the Grand Canyon in 1956 resulted in the establishment of the Federal Aviation Administration (FAA) ... 通过定位词可以迅速定位至第一段首句，由该句内容可知，FAA建立（establishment）原因为1956年的accident，与题干原因（jet engine）不一致。故此题答案为FALSE。

21. Air Traffic Control started after the Grand Canyon crash in 1956.

参考译文	航空交通管制是在1956年的大峡谷空难后开始的。
定位词	Air Traffic Control, Grand Canyon
解题关键词	after
文中对应点	B段首句： Rudimentary air traffic control (ATC) existed well before the Grand Canyon disaster. 此题定位没有难度。定位句中的before与解题关键词after明显自相矛盾。 故此题答案为FALSE。

22. Beacons and flashing lights are still used by ATC today.

参考译文	灯标和闪光灯至今仍被ATC使用。
定位词	beacons and flashing lights
解题关键词	still used, today
文中对应点	B段： ...while beacons and flashing lights were placed along cross-country routes to establish the earliest airways. 此题的定位词在文中原词出现，按照顺序原则可以迅速定位。文中定位处仅指出beacons和flashing lights在当时的使用情况，对于题干中所指的如今的使用状况只字未提。故此题答案为NOT GIVEN。

23. Some improvements were made in radio communication during World War II.

参考译文	在二战期间无线电通讯技术取得了一些进展。
定位词	improvements, radio communication, World War II
解题关键词	during
文中对应点	C段： ...improved radio communication brought about by the Second World War... 此题定位很简单，定位句含义为"第二次世界大战催生出的……改进后的无线电通讯技术"，与题干含义无异。故此题答案为TRUE。

24. Class F airspace is airspace which is below 365m and not near airports.

参考译文	F级空域为365米以下的区间且离飞机场不近。
定位词	Class F, 365m
解题关键词	below 365m, not near airports
文中对应点	G段： Uncontrolled airspace is designated Class F... 通过定位词Class F可快速定位至此处，但是只能确定Class F为uncontrolled airspace，通过该短语及365m可继续定位于E段。 E段： In general, from 365m above the ground and higher, the entire country is blanketed by controlled airspace. In certain areas, mainly near airports, controlled airspace extends down to 215m above the ground... 此句说明从365米往上的区间为controlled airspace，且在大部分near airports的区域，215米以上的区间都是controlled airspace，因此可以逆推出uncontrolled airspace的情况。故此题答案为TRUE。

25. All aircraft in Class E airspace must use IFR.

参考译文	E级空域的所有飞机必须使用仪表飞行规则。
定位词	Class E, IFR
解题关键词	all, must
文中对应点	G段： The difference between Class E and A airspace is that in Class A, all operations are IFR, ... 此题通过定位词能够迅速定位。定位句的含义为"E级和A级之间的区别在于A级领空中所有的操作都遵循仪表飞行规则"。显然题干信息与定位句内容矛盾。此题还可以按照绝对化词汇all和must来快速判定答案。故此题答案为FALSE。

26. A pilot entering Class C airspace is flying over an average-sized city.

参考译文	进入C级空域的飞行员主要飞越中等规模的城市。
定位词	Class C
解题关键词	average-sized
文中对应点	G段： Three other types of airspace, Classes D, C and B, govern the vicinity of airports. These correspond roughly to small municipal, medium-sized metropolitan and major metropolitan airports respectively... 译文：其他三个等级：D级、C级和B级用于管理机场附近的区域。这三个级别大致分别适用于小型城市、中等城市和大型城市的机场…… 此题通过定位词能够迅速定位。定位句中的medium-sized与题干中的average-sized属于同义转述。故此题答案为TRUE。

美国航空交通管制

A. 1956年美国大峡谷上空发生的一起事故促成了联邦航空局(FAA)的成立。该局负责管理和监督美国越来越拥挤的天空。由此形成的空中交通管制结构大大增加了飞机在美国的飞行安全，世界其他很多地方也采取了类似的空中交通管制程序。

B. 早在大峡谷灾难发生之前就存在雏形的航空交通管制(ATC)。早在20世纪20年代初，最早的空中交通管制员在机场附近用灯和标志旗手动引导飞机。当时，灯标和闪光灯沿着越野路线放置以建立最早的航线。然而，这种纯粹的视觉系统在恶劣天气情况下是无用的。到20世纪30年代，航空交通管制开始使用无线电通讯。首个采用类似于今天的航空交通管制的地方是纽约市，其他主要的大都市紧随其后。

C. 20世纪40年代，航空交通管制中心利用了第二次世界大战催生出的新研制的雷达和改进后的无线电通讯技术，但管制系统仍然很不成熟。直到联邦航空局创建以后，美国才开始进行全面的领空管制。而这一事件却是偶然的，因为喷气式发动机的产生突然导致大批快速飞机的出现。这些飞机减少了飞行员的误差幅度，并且需要实际的整套规则以使飞机之间保持良好的分离状态，在空中安全行驶。

D. 很多人认为，航空交通管制就是一排管理人员坐在国家机场的雷达屏幕前指挥着抵港及离港的交通。这只是整个场景中的一部分。美国联邦航空局认识到每时每刻都会有许多不同种类的飞机，为了这样那样的目的，在各种各样的天气情况下飞行在美国的空中。因此，急需一个能够容纳所有情况的同一体系。

E. 为了迎接这一挑战，美国联邦航空局实施了以下重要措施。首先，让航空交通管制几乎遍及整个美国。一般来说，离地面365米以及更高的地方，整个国家都被管制空域覆盖。在某些地区，主要是靠近机场的地带，管制空域扩大到自地面215米以上的范围，而在紧邻机场的区域，管制空域包括地面以上所有区域。管制空域是美国联邦航空局规定适用的空域。在其他非受控空域，飞行员受到的限制较少。如此一来，那些出于娱乐目的只想短时间飞行而不受美国联邦航空局规定限制的飞行员就只能停留在365米以下的非受控领空，而希望得到航空局保护的飞行员可以很容易地进入管制空域。

F. 然后，美国联邦航空局确认了两种类型的飞行环境。在气象条件良好的情况下，飞行员可按照目视飞行规则(VFR)飞行。该规则主要依靠视觉线索来维持可接受的安全水平。低能见度使建立一套仪表飞行规则(IFR)成为必需。根据该规则，飞行员依靠飞机仪表盘提供的飞行高度和导航信息确保飞行安全。天气晴朗时，管制空域内的飞行员可以选择在目视飞行规则或仪表飞行规则下飞行，而美国联邦航空局的规定在同一空域同时适用于两套规则的实施。但如果飞行员的仪表等级超出或低于了其必须持有的基本飞行员执照规定的等级，飞行员只能选择遵循仪表飞行规则。

G. 管制空域分为几个不同的类型，以英文字母命名。非受控空域被定为F级，而海拔5490米以下非紧邻机场的受控空域被定为E级。5490米以上的所有空域被定为A级。E级和A级是根据其间飞行的不同飞机类型而划分的。一般来说，通用航空飞机(这类飞机的飞行高度大多不超过5490米)和商业涡轮螺旋桨飞机在E级空域飞行。5490米以上是大型喷气机的领空，因为喷气式发动机的效率随着高度的增加而增高。E级和A级之间的区别在于A级空域中所有的操作都遵循仪表飞行规则，飞行员必须具有仪表级别，换言之，必须熟练掌握飞机仪表的使用并获得许可。因为航空交通管制对整个空域的控制是至关重要的。其他三个等级：D级、C级和B级用于管理机场附近的区域。这三个级别大致分别适用于小型城市、中等城市和大型城市的机场，包含了一套越来越严格的规章制度。例如，目视飞行规则下飞行员如要进入C级空域，必须与航空交通管制建立双向无线电联系。航空交通管制无需提供明确的进入许可，但飞行员必须始终遵守在目视飞行规则下飞行的所有规定。如要进入B级空域，比如飞临主要城市机场，则必须有明确的航空交通管制许可。未经许可进入领空的私人飞行员可能会被吊销飞行执照。

Reading Passage 3

🔁 篇章结构

体裁	说明文
主题	心灵感应
结构	第1段：引出心灵感应实验 第2段：试验结果的分歧和共性 第3段：超感官知觉全域测试实验及其结果 第4段：超感官知觉全域测试方法的漏洞 第5段：改进后的方法 第6段：心灵感应的影响需要大量样本支持 第7段：主流科学家的态度 第8段：从其他角度进行的研究

🌐 解题地图

难度系数：★ ★ ★

解题顺序：TABLE COMPLETION → SENIENCE COMPLETION

友情提示：大部分TABLE COMPLETION 的题目都比较容易，尽量先将其解决。通过题干粗略定位，发现此SENTENCE COMPLETION为全文考查型，所以一定要最后再做。

📖 必背词汇

1. **constitute** *v.* 组成，构成

   Female workers *constitute* the majority of the labour force. 女性职员构成了劳动力的大半。

   The rise in crime *constitutes* a threat to society. 犯罪率上升对社会构成了威胁。

2. **genuine** *adj.* 真的；真诚的

   We need laws that will protect *genuine* refugees. 我们需要能够保护真正难民的法律。

   The reforms are motivated by a *genuine* concern for the disabled.
   这些改革的动机是出于对残疾人真正的关心。

3. **suspect** *v.* 猜想，怀疑

   I *suspected* that there was something wrong with the engine. 我怀疑发动机出了问题。

   The drug is *suspected* of causing over 200 deaths. 这种药物被怀疑造成了200多人死亡。

4. **seal** *v.* 封闭，密封

   The organs are kept in *sealed* plastic bags. 这些器官被保存在密封的塑料袋中。

   He wrote the address and *sealed* the envelope. 他写好地址并封好信封。

5. **reveal** *v.* 展现，揭露

   Details of the murder were *revealed* by the local paper. 谋杀的细节被当地报纸披露出来。

   He *revealed* that he had been in prison twice before. 他透露他曾经两次入狱。

6. **flaw** *n.* 缺陷，瑕疵

   The report reveals fatal *flaws* in security at the airport. 这篇报道揭露了机场安全方面存在的致命缺陷。

There is a fundamental *flaw* in Walton's argument. Walton的论点中存在一个根本的缺陷。

7. overlook *v.* 未注意到，忽略

   It is easy to *overlook* a small detail like that. 很容易忽视像那样的一个小细节。

   He seems to have *overlooked* one important fact. 他似乎忽略了一个重要的事实。

认知词汇

telepathy	*n.* 心灵感应	conventional	*adj.* 传统的，惯例的
parapsychologist	*n.* 超心理学家	sensory	*adj.* 知觉的，感觉的
derision	*n.* 嘲笑	leakage	*n.* 泄漏，渗漏
sceptical	*adj.* 怀疑的；猜疑论的	outright	*adj.* 彻底的，完全的
rigorous	*adj.* 严格的，谨慎的	fraud	*n.* 诈骗，骗子
implication	*n.* 含义，暗示	automated	*adj.* 自动化的
compelling	*adj.* 令人信服的	minimise	*v.* 使……最小化
sceptic	*n.* 怀疑(论)者；持怀疑态度的人	consistency	*n.* 一致性
advocate	*n.* 提倡者，拥护者	detect	*v.* 探测；察觉
concur	*v.* 一致，同意	marginally	*adv.* 轻微地，很少地
ganzfeld	*n.* 超感官知觉全域测试	mainstream	*n.* 主流
meditation	*n.* 冥想；沉思	plausible	*adj.* 有道理的，可信的
swamp	*v.* 淹没	mechanism	*n.* 机制
tranquility	*n.* 宁静，安静	esoteric	*adj.* 深奥的，难懂的
filter	*n.* 滤光器；滤波器	entanglement	*n.* 纠缠
random	*adj.* 随机的，任意的	transform	*v.* 改变，改观
		trial	*n.* 试验，尝试

佳句赏析

1. Other parapsychologists believe the field is on the brink of collapse, having tried to produce definitive scientific proof and failed.

   - **参考译文**：其他超心理学家则认为该学科曾试图提出明确的科学论证，但却失败了，因此正处于瓦解的边缘。
   - 语言点：
     （1）句型分析：

     having done结构表示已经完成。因此，此句中的produce definitive scientific proof and failed是在超心理学家得出"该学科正处于瓦解的边缘"这一结论之前完成的。由于having done之后的结构较长，故放在句尾。
     （2）be on the brink of sth 在……的边缘

     The company had huge debts and was on the brink of collapse.

     该公司背负巨额债务，正处于崩溃边缘。

2. They pointed to typical hit-rates of better than 30 per cent — a small effect, but one which statistical tests suggested could not be put down to chance.

   - **参考译文**：研究结果显示了高于30%的典型命中率。虽然效果不甚明显，但统计测试显示不能将它归因于偶然。

- 语言点：
  - （1）句型分析：

    a small effect是插入语，随后用one指代，紧跟的定语从句which...进一步用来修饰asmall effect。
  - （2）put sth down to sth: to think that something is caused by something else

    He put the dispute down to some misunderstanding. 他把争论归因于某种误会。

3. These ranged from 'sensory leakage' — where clues about the pictures accidentally reach the receiver—to outright fraud.
   - 参考译文：这些可能性既包括"感官泄漏"，即与图片有关的线索意外地传给了接收者，也包括彻底的欺诈。
   - 语言点：
     - （1）句型分析：

       该句的主干是These ranged from...to...，其中where引导的从句用来修饰'sensory leakage'。
     - （2）range from ... to ... 从……到……变化

       The show had a massive audience, ranging from children to grandparents.

       这个节目覆盖了从孩子到他们的爷爷奶奶之间的观众群。

4. Only when many studies are combined in a meta-analysis will the faint signal of telepathy really become apparent.
   - 参考译文：只有当大量研究结合在一个荟萃分析之中，心灵感应的微弱信号才会真正明显起来。
   - 语言点：该句为倒装句。以only修饰状语（副词，介词短语，状语从句）开头的句子，句子的主谓要部分倒装。

5. While physicists have demonstrated entanglement with specially prepared atoms, no-one knows if it also exists between atoms making up human minds.
   - 参考译文：虽然物理学家们用专门准备的原子演示了"纠缠"，但这一现象是否同样存在于构成人类头脑的原子中却无人知晓。
   - 语言点：
     - （1）句型分析：

       此处while并非引导时间状语从句，而是表示转折。即使不了解while的这一用法，也可以从两个分句所使用的不同时态加以判断。
     - （2）make up sth: to combine together to form something (= constitute)

       Women make up only a small proportion of the prison population.

       女性只占监狱人口的一小部分。

试题解析

Questions 27–30

- 题目类型：SENTENCE COMPLETION
- 解题方法：
  1. 此题为配对形式的完成句子题，考生应首先利用题干信息加到文章粗略定位，然后分析选项关键词进行解题。
  2. 此类题目的题干一般遵循顺序原则，可利用此原则简化定位过程。
- 题目解析：

题号	定位词	文中对应点	题目解析
27	researchers with differing attitudes, agree on	第二段第三句： Sceptics and advocates alike do concur on one issue, however: that the most impressive evidence so far has come from the so-called 'ganzfeld'experiments...	此题定位较难，但解题较易。 定位句中sceptics和advocates为持不同态度的研究者（researchers with differing attitudes），他们都在ganzfeld实验的重要性上达成了共识。原文中的concur on对应题干中的agree on。故正确答案为E。
28	experiences, meditation	第二段第五句： In this case, such signals might be more easily detected by those experiencing meditation-like tranquility in a relaxing 'whole field'of light, sound and warmth.	此题定位较易，为第二段第五句。 含义为：如此说来，这种信号可能更容易被那些沉浸于冥想般宁静中的人检测到。他们所处的"整个领域"有着令人放松的灯光，怡人的声音和温暖的环境。 该句主要指出了环境对于实验的影响。故正确答案为B。
29	attitudes, parapsychology, alter	第八段第四、五句： Answering such questions would transform parapsychology. This has prompted some researchers to argue that the future lies not in collecting more evidence for telepathy, but in probing possible mechanisms.	此题由关键词和顺序原则可迅速定位，第四句中的transform对应题干中的alter，第五句中才提及研究者们的attitude，即该研究的未来在于探究可能的机制（mechanisms）。故正确答案为A。
30	autoganzfeld trials, success	第八段倒数第二、三句： Some work has begun already, with researchers trying to identify people who are particularly successful in autoganzfeld trials. Early results show that creative and artistic people do much better than average...	此题通过定位词可以迅速定位到第八段倒数第三句，倒数第二句指出有创造力和艺术性的人们表现得更好。因此可知样本的选择对命中率会有很大影响。故正确答案为F。.

Questions 31–40

- 题目类型：TABLE COMPLETION
- 题目解析：

    表格填空题按照顺序出题，定位时要严格依照题号顺序查找；

    解题思路同一般填空题，需要先分析空格所填词的词性，然后通过空格前后词进行定位，在文章定位处查找相关词汇，最后核对题目与文章含义是否一致。

题号	定位词	文中对应点	题目解析
31	Ganzfeld studies, 1982, person, acting as	第三段： The idea was that a person acting as a 'sender' would attempt to beam the image over to the 'receiver'relaxing in the sealed room.	此题定位较易。空格中所填词应为person扮演的角色。很明显答案为sender。

题号	定位词	文中对应点	题目解析
32	random selection, four	第三段： In early ganzfeld experiments, the telepathy test involved identification of a picture chosen from a random selection of four taken from a large image bank.	此题轻微乱序，但定位词很明显且定位句是上一题定位句的前一句。空格所填词应为从 random selections of four 中 picked out 的宾语。所以此题填 picture/image。题干中的 picked out 与原文中的 chosen from 属于同义转述。
33	identify	第三段： Once the session was over, this person was asked to identify which...	此题定位较易。空格所填词应为 identify 这一动作的发出者，定位句中与之相对应的是指代词 this person，于是倒着往回看上一句，即第31题对应句，可以找出 this person 的具体指代对象。所以此题填 receiver。
34	positive results	第四段： ...there were many other ways of getting positive results. These ranged from 'sensory leakage' — where clues about the pictures accidentally reach the receiver—to outright fraud.	此题根据定位词及顺序原则可定位至第四段第四行最后，其中 many other ways 对应题干中的 factors，具体内容在接下来的一句中。所以此题填 sensory leakage 或 (outright) fraud。
35	同34题	同34题	此空与34题为并列关系。很明显答案为 (outright)fraud 或 sensory leakage。
36	key tasks	第五段： ...an automated variant of the technique which used computers to perform many of the key tasks such as ...	此题定位较易。空格所填词应为被用来完成key tasks的对象，文中的 perform对应题干中的were used for。所以此题填computers。
37	limit	第五段： By minimising human involvement ...	此题按照顺序原则定位，原文中的 minimising对应题干中的limit，空格所填词应为被限制的对象。所以此题填human involvement。
38	results, subjected to	第五段： In 1987, results from hundreds of autoganzfeld tests were studied by Honorton in a 'metaanalysis' ...	此题定位较易。空格所填词应为 subject to 的对象。所以此题填 meta-analysis。
39	different test results	第六段： Yet some parapsychologists remain disturbed by the lack of consistency between individual ganzfeld studies.	此题定位较难，文中的 individual ganzfeld studies 与题干中的different test对应。空格所填词应为不同实验结果之间的关系。所以此题填lack of consistency。
40	sample groups	第六段： ...the group is just not big enough.	此题定位较易。空格所填词应为 sample groups 的特征，而且此题可以通过否定词not帮助判断答案。所以此题填big/large enough。

心灵感应

人类可以仅凭思想沟通吗？一个多世纪以来，心灵感应问题一直使科学界意见不一，直至今天依然在学界精英中引发着激烈的争论。

上世纪70年代以来，世界各地顶尖高校和科研院所的超心理学家冒着遭受那些持怀疑态度的同事们嘲笑的危险，将关于心灵感应的各种断言假说放入几十个严谨的科学研究中进行试验。试验的结果及其启示甚至将发现该结果的研究者们也分成了几派。

一些研究者认为试验结果构成令人信服的证据，表明心灵感应是真实存在的。其他超心理学家则认为该学科曾试图提出明确的科学论证，但却失败了，因此正处于瓦解的边缘。不过，怀疑者和倡导者却在一个问题上达成共识：即迄今为止令人印象最为深刻的证据出自所谓的 "ganzfeld"（超感官知觉全域测试）实验中，这一德文术语的意思是"整个领域"。人类在冥想状态下的心灵感应体验报告使超心理学家怀疑心灵感应可能包含人与人之间传递的"信号"。这种信号十分微弱，以至于往往被正常的大脑活动所淹没。如此说来，这种信号可能更容易被那些沉浸于冥想般宁静中的人检测到。他们所处的"整个领域"有着令人放松的灯光，怡人的声音和温暖的环境。

超感官知觉全域测试试图重新营造这些条件，让参与者坐在一个封闭房间里的柔软躺椅上，听着令人放松的声音，用特殊滤光器将参与者的眼睛蒙住，使他们只能看见柔和的粉红色光线。在早期的超感官知觉全域测试实验中，心灵感应测试包括识别从大型图片库中随机选择的四张图片中的其中一张。试验的想法是有一个人作为"发送者"，尝试把图像发送给在封闭房间中休息的"接收者"。传递过程结束时，接收者需要回答四张图片中的哪一张是刚刚使用过的。随机猜测的命中率是25%，但如果心灵感应是真实存在的，命中率应该更高。1982年，此项研究的先驱者之一，美国超心理学家Charles Honorton对第一批超感官知觉全域测试研究结果进行了分析。研究结果显示了高于30%的典型命中率。虽然效果不甚明显，但统计测试显示不能将它归因于偶然。

其言下之意是超感官知觉全域测试方法揭示了心灵感应的真实证据。但这种说法有一个关键的漏洞——一个在较传统的科学领域经常被忽视的问题。仅仅由于这种解释排除了偶然因素并不能证明心灵感应一定存在；通过很多其他的方法也能获得积极结果。这些可能性既包括"感官泄露"，即与图片有关的线索意外地传递给了接收者，也包括彻底的欺诈。作为回应，研究者们发表了一份综述，总结了1985年以前进行的所有超感官知觉全域测试研究，以表明80%的研究都发现了有统计意义的证据。但他们也同意目前实验中尚有太多的问题可能导致积极的结果，他们还草拟了一份清单，要求为今后的研究设立新的标准。

此后，许多研究人员转向了自动超感官知觉全域测试，这是一种技术的自动化变体，也就是使用电脑完成许多关键任务，如随机选择图像。通过最大限度地减少人为参与，这一想法是要将有缺陷的结果最小化。1987年，Honorton使用"荟萃分析"，即从一系列研究中寻找整体结果的统计技术，对上百次的自动超感官知觉全域测试结果进行了研究。结果虽然没有以往引人注目，却仍然令人印象深刻。

然而，一些超心理学家仍然为单个超感官知觉全域测试研究之间缺乏一致性感到烦恼。心灵感应捍卫者指出，要求每一项研究都提供令人印象深刻的证据忽略了一个基本的统计事实：检测这些微小影响需要大量的样本支持。如果像目前研究结果表明的那样，心灵感应的命中率仅仅略高于概率预测的25%，涉及40人左右的典型超感官知觉全域测试也不太可能检测得到：试验群体根本不够大。只有当大量研究结合在一个荟萃分析之中，心灵感应的微弱信号才会真正明显起来。而这似乎正是研究者们所发现的。

然而，他们肯定不会发现主流科学家们的态度有任何变化：大部分人仍然完全排斥心灵感应的观点。至少一部分问题在于心灵感应缺乏合理的机制。

各种理论都被提了出来，很多以理论物理学的深奥思想为重点。其中包括"量子纠缠"：无论两组原子间距离多么遥远，影响一组原子的事件都会立即影响另一组原子。虽然物理学家们用专门准备的原子演示了"纠缠"，但这一现象是否同样存在于构成人类头脑的原子中却无人知晓。对于这些问题的回答将改变超心理学。这使得一些研究人员认为该学科的未来不在于收集更多心灵感应的证据，而在于探索其可能的机制。一些工作已经开始进行，研究人员试图识别在自动超感官知觉全域测试中特别成功的被试者。早期的结果表明有创造力和艺术性的人们的表现要远远高于平均水平：在爱丁堡大学的一次研究中，音乐家的测试命中率高达56%。或许更多诸如此类的测试最终将为研究人员提供他们正在寻求的证据，巩固加强心灵感应存在的依据。

Writing

Task 1

题目要求

（见"剑8"P30）

审题

本题为组合图题型，由饼状图和表格组成。饼状图显示了农业用地产量下降的主要原因。表格显示了这些原因在20世纪90年代是如何影响北美、欧洲和大洋洲的。

写作思路

雅思考试考组合图的次数不是很多，但2011年2月17日的小作文考的就是饼状图和表格的组合图。组合图的文章架构相对比较简单，通常是每幅图各写一段，重点描述图中体现的主要趋势和核心信息。结尾指出两幅图之间的关系，进行比较和对比。如果没有直接关系的话，结尾部分简要总结两幅图的主要特点即可。

本题的难点主要在表格，关键在于如何从众多的数字中理清思路，找到切入点，做到描写的时候有条理。

考官范文

（见"剑8"P162）

参考译文

饼状图显示了当今世界农田退化的四个主要原因。在全球范围内，65%的退化是由过度放牧和滥砍滥伐导致的，分别占35%和30%。另外28%的全球退化是由于农作物的过度耕作。其他原因只占总量的7%。

这些原因在90年代对不同地区造成了不同程度的影响。欧洲多达9.8%的退化是由于滥砍滥伐，而大洋洲和北美洲受此影响相对较小，分别只有1.7%和0.2%的土地受影响。欧洲土地退化的总比率最高（23%），除滥砍滥伐外也受害于过度耕作（7.7%）和过度放牧（5.5%）。与此不同的是，大洋洲有13%的土地退化，其主要原因是过度放牧（11.3%）。北美洲土地的退化比例较低，只有5%，主要原因是过度耕作（3.3%），其次是过度放牧（1.5%）。

总之，我们可以看到，和其他地区相比，欧洲的农田退化最严重，其主要原因是滥伐森林和过度耕种。

分析

第一段分析

本段共四句话。第一句是对题目的改写，交代了图一的核心信息。第二、三、四句是对饼状图信息的分析。饼状图的描写顺序通常有两种：一种是按照划分的类别来安排描写顺序，另一种是以比例的大小安排描写顺序。这篇考官范文是按照从大到小的顺序，也就是按照重要性从高到低的顺序来安排的。

在学习这篇范文的时候，需注意用词和句型的变化。图一的关键信息在于土地退化的原因。图中共有四方面的原因，在描述原因的时候，如果不是特别注意，考生的文章中很容易出现用词重复和句型雷同的问题。同样表示原因，范文在前两句话里以百分比为主语，但分别用了is caused by和is due to这两种表达。在最后一句话里，作者把句子的主语和宾语位置进行了互换，先说原因，而后通过动词词组account for引出百分比。另外，值得注意的是，描写图表的时候，不仅要指出趋势，还要用具体数据加以说明。

雅思作文的评分标准共有四项，其中有一项是lexical resources，即词汇的运用。高分作文通常需要做到两个方面的结合：准确性（accuracy）和多样化（range）。"准确性"涉及词汇的选择、词性的运用和拼写等。"多样化"指的是词汇丰富，用法灵活。不过，值得注意的是，考生有时候会误解"多样化"，以为同一个单词在文章中只能使用一次，或者题目要求（directions）中的单词在文章中不能使用。在这篇考官范文中，题目中的show在文章中就重复使用了。当然，也不能一味重复题目中的用词，否则会导致失分。实现"多样化"的重要方式之一是对题目中的指令和说明性文字进行改写。改写可以通过变化词性来实现，比如图中的degradation在文章中被改写成degraded；还可以使用同义词替代，比如题目中的agricultural land在文章中变为farmland。

单词替换

reasons → causes

degradation → degraded

over-grazing → too much animal grazing

agricultural land → farmland

worldwide → in the world, globally

deforestation → tree clearance

第二段分析

相对来说，图二表格的信息量要比图一的饼状图大。描写表格的难点主要在于信息的梳理。描写表格最忌讳的是按部就班——从上到下或者从左到右对数字进行罗列。考生需要做的是对信息进行整理。

在描写表格的时候，同样要先概括主要内容：不同原因影响不同地区的程度不同，然后具体分析各个方面。上一段主要是以原因为描写对象，而这一段主要是以地区为描写对象。先写占百分比最多的欧洲，指出在deforestation方面，欧洲的9.8%要远远大于大洋洲的1.7%和北美洲的0.2%。描述的时候可以把前者和后两者进行对比，在本文中是用while引导的比较状语从句实现对比的。描写完欧洲之后，接下来描写土地退化比例第二高的大洋洲，先写土地退化的总比率，然后写主要原因——过度放牧。最后写土地退化比例最低的北美洲，同样也是先写土地退化的总比率，然后按照严重程度的顺序交代原因。总之，在描写这个表格的时候，主要按照土地退化比例大小的顺序进行，先大后小，依次描述。

这篇考官范文主要是以纵坐标的三个地区为描写切入点。我们也可以采用其他的写法，结合纵坐标的地区和横坐标的原因，进行比较和对比。可以先写total land degraded（退化土地的总量），指出欧洲最多（23%），几乎是位居其次的大洋洲（13%）的两倍，比例较小的是北美洲（5%）。然后描写在deforestation和over-cultivation这两个方面，欧洲同样居首位，分别为9.8%和7.7%。而在over-grazing方面，欧洲为5.5%，低于大洋洲的11.3%。与之相反，大洋洲在deforestation方面只有1.7%，且没有over-cultivation。而北美洲在deforestation和over-grazing方面都是这三个地区土地退化比率最小的，只是在over-cultivation上为3.3%，仅次于欧洲。

在连贯与衔接方面，这一段以含有代词的these causes（这些原因）开头，指的是上一段讲到的four main causes，起到了承上启下的作用。许多考生在描写图表作文的时候，只注意到连接词，往往忽略了代词所起的衔接作用（cohesion）。事实上，在这段里共用了四次指示代词（these一次，this三次）。

结尾段分析

图表作文的结尾不能照抄题目原文，也不能完全重复主体段落的内容。相反，结尾应该总结（summarise）主体段落中的核心信息。第一段的核心信息是世界农田退化的四个主要原因，这已经在第二段中得到了体现，所以结尾主要应该总结第二段，即表格的内容，指出三大地区土地退化最严重的是欧洲，而欧洲土地受损的最主要原因是滥伐森林和过度耕种。

本文难词释义

degradation	*n.* 退化	constitute	*v.* 占，构成
deforestation	*n.* 滥砍滥伐	respectively	*adv.* 分别，各自
degrade	*v.* 退化	account for	*v.* 占，导致
over-grazing	*n.* 过度放牧	collectively	*adv.* 全体，共同
over-cultivation	*n.* 过度耕作	minimal	*adj.* 最小的，最少的
clearance	*n.* 清除，清理		

注意时态

在图表作文的语法方面，时态的使用是重要环节。本题的饼状图涉及目前的状况，描写的时候需要使用一般现在时，而表格中有明显的时间状语the 1990s（20世纪90年代），在描写具体信息的时候，要使用一般过去时。

Task 2

题目要求

（见"剑8"P31）

审题

题目翻译：一些人认为家长应该教导孩子如何成为好的社会成员；而其他人则认为学校才是孩子学习如何成为社会好成员的地方。讨论双方观点并给出你自己的看法。

本题在题材上属于教育类话题，题型上属于讨论类（Discuss）。讨论类题型是雅思的常考题型，在2010年的48次考试中占12次。而2011年的前11次考试中，已经考了5次讨论类题型。讨论类的写作最重要的思路是：不能只提出自己的观点，而要先把对立双方的观点进行分析。

写作架构

讨论类（Discuss）题目的特点是，题目中常蕴含针锋相对的两种观点，要求考生讨论双方的观点并提出自己的看法。写作的关键是需要对两方的观点都进行分析和论证，然后在此基础上提出自己的意见。在具体写的时候，可以有多种写法。下面把剑6、剑7、剑8里的四道附有考官范文的讨论类文章的架构进行分析和对比：

剑6 Test 2

作为讨论类题材，本文的写作方法是在第一段引出话题，交代问题争论的焦点。第二段提出反方的观点及理由。作者在提出反方理由之后，进行了相应的反驳，然后在第三段提出正方的观点，并进行论证支持。最后在结论段里倾向正方观点并有所深化。

剑6 Test 4

第一段不仅交代事实，引出话题，同时提出作者自己的观点。第二段反驳反方的观点及理由。第三段指出正方理由的缺陷。结尾总结观点，再次提出自己看法。总之，本文并没有采用平衡式的论证方法，而是指出两种观点在某种程度上的合理之处以及局限所在，从而得出自己的看法。这种写法比较适合Discuss中的两种观点说服力都不够，无法让人完全赞同的时候。

剑7 Test 1

　　第一段直接引入话题，没有提出正反两方的观点，也没有表明作者自己的立场。第二段涉及作者相对不太赞同的观点，而第三段则提出作者相对比较赞同的观点。第四段点明，虽然作者有明显倾向，但还是分析了两种观点之间的复杂关联，在观点和论证上体现出折中。

剑8 Test 1

　　第一段引出话题，并提出观点。第二段针对观点一进行分析和论证，提出家长扮演的重要角色。第三段针对观点二进行分析和论证，指出学校起到更大的作用。结尾段指出，不能仅靠家长和学校，而是有赖于全社会的共同努力。

☕ 考官范文

　　（见"剑8"P163）

🔄 参考译文

　　孩子的教育从来都不仅仅是学习信息和基本技能。它一直都包含一项内容：教育下一代人如何成为好的社会成员。因此，这不应该仅仅是家长的责任。

　　为了成为好的社会成员，个体必须尊重和遵守社会规则，共享社会的价值观念。教育孩子了解遵守规则和尊敬他人的必要性总是从家里开始的，而且人们普遍认为这是家长的责任。家长当然是最早让孩子知道生活中什么是重要的，教他们应该如何行事，告诉他们在他们的世界里要扮演什么样的角色的人。

　　但是，学习理解和共享全社会的价值体系的过程不可能只在家里就能完成。一旦孩子上学以后，他们就进入了一个更广阔的社会，在那里老师和同学的影响会和父母在家里的影响一样大。孩子们在学校里会和来自更广阔社会，有着完全不同背景的人们一起做事和生活。这一经历应该教会他们怎样彼此合作，以及如何为团体生活做贡献。

　　但是，学习成为任何团体中有价值的一员都和学习简单技能不一样。成为有价值社会成员是个人在一生中需要不断学习的，每个社会成员都有责任帮助年轻一代成为积极能干的社会成员。

⚙ 分析

段落分析

　　第一段的作用是引出话题，并提出观点。本文的论题是：谁应该承担教育孩子成为好的社会成员的职责？从广义的角度说是儿童教育的话题，那么在开头可以先说明儿童教育应该包含的内容。本段通过一正一反的角度，说明儿童教育不仅仅是学习和获得知识与技能，还是如何融入社会，成为社会的合格成员。而要想成为社会成员，那么自然不能局限于家庭，光靠家长来教育。

　　第二段论证家长在教育孩子成为好的社会成员方面所扮演的角色。作者在首段末句明确提出，教育孩子成为好的社会成员不仅仅是家长的职责，因此在本段论证的时候，需要先说明家长为什么要承担责任，教育孩子融入社会。本段的论证是先表述好的社会成员的标准，然后说明为了要达到这一标准必须从小开始。而孩子自出生以后自然是先和父母在一起生活，从父母那儿学习如何成为好的社会成员。"成为好的社会成员"是个比较抽象的概念，作者在本段使用了解释说明的论证方法，明确了要成为好的社会成员需要学习的内容：遵守规则，尊敬他人，明确生活目的，学习行为方式等等。

　　第三段是论证学校在教育孩子融入社会方面所扮演的角色。首句指出，帮助儿童融入社会，共享社会价值观念不仅仅是家长的责任。本句起到了承上启下的作用，从上一段的家长过渡到本段的学校。儿童到上学年龄后，学校里的老师和同学起到的作用已经可以与家长的作用相提并论了，而且孩子在学校里接触的社会要比在家里接触到的更广阔、更多样，对于培养孩子的社会性起到更大的作用。

结尾段先是呼应文章的开头，指出孩子学习成为好的社会成员的过程和学习技能大不相同，不是在短时间内就能掌握的。事实上，这一过程会贯穿一个人的一生，那么帮助孩子融入社会就不仅仅是家长和学校的职责，而是每个人的责任。这样的结尾就超越了题目中提到的家长和学校，使论点有所升华。

词汇学习

本篇考官范文用的词汇基本都是3000高频词汇以内的简单单词，也就是高中英语新课标要求掌握的单词。可见，一篇优秀的雅思作文其实不需要用特别难的单词。事实上，雅思高分作文的关键在于能否实现对单词的natural and sophisticated control。考生可以反复研读并琢磨这篇范文，细细体会和揣摩考官的用词。

句型学习

表达观点时，否定句和肯定句的交叉运用：

在第一段中，第一句否定句(...has never been about...)，第二句肯定句(...has always included...)，第三句又是否定句(...cannot be...)。

在结尾段中，第一句否定句(...is not like...)，第二句肯定句(...is something that...)。

Speaking

Part 1

在第一部分，考官会介绍自己并确认考生身份，然后打开录音机/笔，报出考试名称、时间、地点等考试信息。考官接下来会围绕考生的学习、工作、住宿或其他相关话题展开提问。

话题举例

Neighbours

1. **How well do you know the people who live next door to you?**

   I know all my neighbours. There are a couple living next door who are in their late 20's. They have two kids and lots of other family members, that I have mostly met. The mom works as a *respiratory therapist* and the dad is a *cop*. They are almost like *extended family* to me. They are always willing to help us if in need and we feel the same for them.

respiratory therapist 呼吸治疗师	cop 警察
extended family 大家庭	

2. **How often do you see them?** [Why/Why not?]

   Very often. My neighbours have always invited me for dinner. They are the best neighbours I've ever known. The great thing about them is that they aren't *fakes* but really are *genuine* and nice people. I am about to move soon and I am really going to miss them. Hopefully, I will have such great neighbours in the next *neighbourhood*.

fake 虚伪的人，骗子	genuine 真诚的
neighbourhood 小区，社区	

3. **What kinds of problem do people sometimes have with their neighbours?**

   Neighbourhood disputes are a very common occurrence. I have been affected by some of the issues that frequently *crop up*. The most common issue that causes *tension* between neighbours seems to be noise. Arguments can arise over who looks after shared facilities, or garden areas, especially in flats. *Boundary disputes* are also a popular reason for *complaint* about the neighbours.

crop up 突然发生	tension 紧张
boundary dispute 边界争执	complaint 抱怨，投诉

4. **How do you think neighbours can help each other?**

   There are many things to do. To *keep an eye on* others' place as the neighbours work at night or go out of town. To exchange cell numbers with neighbours so just in case anyone needs any help with anything. To invite neighbours if possible to *functions* you may host at your home. People who know each other in their *community* are more likely to turn to each other for help, and *in the long term* cope better with crises and emergencies.

keep an eye on 照看，留意	function 聚会
community 小区，社区	in the long term 长期来说

Part 2

考官给考生一张话题卡（Cue Card）。考生有1分钟准备时间，并可以做笔记（考官会给考生笔和纸）。之后考生要做1~2分钟的陈述。考生讲完后，考官会就考生的阐述内容提一两个相关问题，由考生做简要回答。

CUE CARD

Describe a time when you were asked to give your opinion in a questionnaire or survey.

You should say:

what the questionnaire/survey was about

why you were asked to give your opinions

and explain how you felt about giving your opinions in this questionnaire/survey.

➡ 话题卡说明

各位考生需要注意的是，这张话题卡是一次被问卷调查的经历及个人感受，而不是描述一张调查问卷。因此，如果考生将这张卡片当作物品题去描述是不妥当的。一次调查（survey），一次问卷（questionnaire），或者是下面这篇口语素材中谈到的一次评估（evaluation），都是不错的选材。

何种问卷	Well it was hard to think of a questionnaire that I *filled out*, but I could talk about the *evaluations* we had to fill out at the end of every semester in university.
问卷目的	Obviously, the school wanted our feedback on the quality of the teacher and our interest in the course. Teacher evaluation by students can *go a long way* in *enhancing* the professional performance of teachers. The school also wanted any suggestions that we might have about how to improve in the future.
答卷感受	I wanted to be helpful to the school, and the form never took very long to fill out, but I still felt a bit uncomfortable with the process. Even though the form was *confidential*, I was a little concerned about teachers figuring out which form was mine and it seemed awkward to say anything particularly bad about any of the teachers, even if I hadn't really cared for their classes. It is said that teacher evaluation is *vital* because it provides specific tips for improvement so that the teacher can learn and grow as much as possible by this. But in my opinion, it's still hard to give *negative feedback* about a person. In addition, I never really had any particular suggestions for the school and usually just left that part blank. But hopefully it was still at least a little helpful.

🔲 重点词句

fill out 填写
enhance 提高，增强
negative feedback 负面反馈意见

evaluation 评估
confidential 保密的

go a long way 对……有很大帮助
vital 至关重要的

Part 3

第三部分：双向讨论（4~5分钟）考官与考生围绕由第二部分引申出来的一些比较抽象的话题进行讨论。第三部分的话题是对第二部分话题卡内容的深化和拓展。

话题举例

Asking questions

1. **What kinds of organisation want to find out about people's opinions?**

   Businesses, schools, news sites, and *governmental* departments all need to do surveys to find out people's opinions. Businesses need to do market research to learn how people might react to new products and how much they are willing to pay. If they don't know about their customers well it can be a disaster. Universities need to know that their students are satisfied with *campus life* and learn what new programs students might like. Newspapers always want to learn people's opinions about different *social issues*. And of course, governments occasionally do a *census* to learn as much as they can about their citizens.

governmental 政府的，政府性质的	campus life 校园生活
social issue 社会问题	census 社会调查，普查

2. **Do you think that questionnaires or surveys are good ways of finding out people's opinions?**

   Surveys have a lot of problems, but they are probably the best way to find out opinions. One major disadvantage of questionnaires is that many people won't really take them very seriously. I don't like to fill out surveys and often throw them out or fill them in without *thinking* things *over*. So maybe the information *gathered* isn't very reliable. However, there is no other more *cost-effective* way to get opinions from a large group of people.

think over 认真思考	gather 收集
cost-effective 有成本效益的，划算的	

3. **What reasons might people have for not wanting to give their opinions?**

   I suppose there are a lot of reasons for not giving their opinions. Some people are *naturally* shy and feel *intimidated* by questions. Other people might be very busy and not want the *hassle* of stopping to give a response. There are a lot of groups that demand our attention these days. A third reason that people might not want to share their opinions is that they don't have any *well-defined* opinions to give. I'm sometimes very *impartial* to a lot of things — especially new products — and don't want to have to take the time to think through my opinion. I guess other people feel that way too.

naturally 天生地	intimidated 胆怯的
hassle 烦扰，麻烦	well-defined 清楚的，清晰可辨的
impartial 公正的，不偏不倚的	

Questionnaires in school

1. **Do you think it would be a good idea for schools to ask students their opinions about lessons?**

   It's definitely a good idea. I feel that schools need to get *constructive* feedback in order to develop classes that students will find useful. Education techniques change very quickly these days and I think it's important for a university to regularly change and adapt. *Academic organisations* should be as *innovative* as possible. They can try new programs, ask students their opinions and then decide if they should keep them or not. Also, learning really depends on the quality of the teacher and a school needs to know how students feel about their teachers' teaching methods so they can make sure they are using the best teachers available.

constructive 建设性的	academic organisation 学术机构
innovative 创新的	

2. **What would the advantages for schools be if they asked students their opinions?**

There are many *potential advantages* of asking students for opinions. They need to *keep up to date* with students' desires in order to give them a good *learning experience*. In addition, it's possible that students might have really *creative suggestions* for new programs or services that school administration couldn't have thought of on their own.

potential advantage 潜在优势	keep up to date 与时俱进
learning experience 学习体验	creative suggestion 创造性的建议

3. **Would there be any disadvantages in asking students' opinions?**

Overall I think there are more advantages than disadvantages to asking students for their opinions, but I suppose I could think of a few disadvantages. One, for example, is that schools need to focus on the *core quality* of the education but students might put more *emphasis* on less essential issues, like *extracurricular* activities or groups. As a result, the school might feel *pressured* to change their focus. Additionally, maybe some opinions should be ignored, like if students think coursework is too difficult, the school shouldn't necessarily *ease requirements*.

core quality 核心质量	emphasis 重点，强调
extracurricular 课余的	pressured 有压力的
ease requirement 简化需求	

话题相关材料

相信很多考生都有过在大街上或商店里被访问、做问卷的经历。有人的受访经历很愉快，有人的受访经历则可能不堪回首，导致今后再次遇到类似问卷或调查的活动时会早早就绕道而行。其实，调查问卷是管理咨询中获取信息的一种常用方法。下面我们就一起来看一下，成功的调查问卷需要注意哪些细节。

Successful Survey Tips
—How to Get "All of It" From Your Surveys

Successful surveys don't just happen. They are a function of doing some very logical simple things really, really well. The first element is knowing what you want to know; defining objectives, laying out what decisions you're making and planning out the infrastructure of the survey. Another *element of the series* is actually writing the questions and making it easy for the *respondent* to participate. Next, we're going to focus on leaving our respondent happy and preparing ourselves for analyzing the data.

If we really want to get all the benefit from the work that we had done in defining our objectives and creating *engaging questions*, then the very least we can do is finish the job and get as much information and future cooperation from our respondents. This next set of tips is designed to reduce the amount of work for you and also reduce the need to go back to your respondents for information you might have missed.

- *Segment your sample.* If you are using an existing customer list, *pre-segment* your sample using the "custom variable" feature in QuestionPro. You have the ability to use as many as 255 custom variables. If you already know *specific demographics* about your respondents, then this is the ideal place to program them in.In addition to that, you can place up to 5 custom *variables* in an e-mail invitation to personalize it to each respondent. You can also compare as many as 10 segments at a time by the specific questions that you ask.

- *Pre-test your survey.* The easiest way to test your survey is to *literally* give it *internally* to your company or a trusted group of respondents. Be sure to tell your test group who the audience or the respondents are and to act as if they were the target respondent when answering the questions. Look for two specific types of feedback; first check for clarity of the questions. Did the respondent *perceive* the question as it was intended? Next check the test data and see if you can make the decision that was the core of your objective. If you don't have enough information to make the decision, then you will have to go back and *tweak* the questions.

- *Use a Thank You.* QuestionPro gives you a variety of ways to say "thank you" to your respondents. There is, of course, a Thank You page. This is actually a wonderful piece of promotional real estate where you can give your customers a "*downloadable*" thank you gift. Another use of the Thank You page is to send your respondents to another page on your website where they can get more information about the topic that they've been surveyed about — maybe even a blog post where they can provide more feedback. You can also send your respondents a Thank You e-mail in addition to a Thank You page. I would recommend using BOTH the Thank You page AND a Thank You e-mail especially if you are providing a downloadable gift.

Section 1

场景介绍

保险是人们生活中的一个重要组成部分，它涉及各个领域，如：医疗、失业、养老、理财、货运等。保险索赔也是商务活动中的常见场景。本节讲述的是Michael从中国运送一些物品到澳大利亚的悉尼，而有些物品在运送过程中产生了一些损坏，他打电话到保险公司索赔。

本节必背词汇

belonging	*n.* 所有物，财产	crack	*n.* 破裂
take out insurance	买保险	cabinet	*n.* 柜橱
claim	*n.* 索赔	towel	*n.* 毛巾，浴巾
current	*adj.* 目前的，现在的	Indonesia	*n.* 印度尼西亚
suburb	*n.* 郊区	quote	*v.* 开价，报价
via	*prep.* 经由	saucer	*n.* 茶盘托
reference number	咨询号码	replacement	*n.* 替代，替换

词汇拓展

term/policy period	保险单有效期	premium	保险费
sum assured/insurance amount/cover		premium paying term	保费交纳期限
	赔付费	maturity benefit	期限利益
death benefit	死亡保险金		

文本及疑难解析

1. Some items were damaged during the move so I need to make a claim. 有些物品在运输过程中被损坏了，所以我要索赔。该句有两个单词需要注意：move在这里的意思是"运输"，而不是"运动"；claim指"索赔"，而不是"声明"的意思。

2. Now, who was the shipping agent, Mr Alexander? 那么，是哪家公司负责运输的呢，Alexander先生？agent可以指代理人，也可以指代理公司。

3. Don't worry, all of that information will be in the documentation. 不要担心，单证里会包含所有信息。information指的是所有被损坏物品的信息。

4. I need to take down a few details of the actual damage over the phone before you put in a full report. 我需要在你提交全面报告之前，先在电话里记录有关实际损毁情况的一些详细信息。over the phone的意思是"在电话里"，也可以说on the phone。

5. And what is the extent of the damage? 损坏的程度如何？ extent指的是程度。

6. I had an estimate done on this actually because it is a very special table to us. 事实上我曾经请人对此做过评估，因为这张桌子对我们来说很特别。had...done表示"让别人做某事"。

第1~3题是个人信息表格题。

1. 本题考查地名拼写。一般答案要求填入人名或地名时，录音中都会把该词拼读出来，所以考生在听到某个地名发音后要注意辨听其字母的拼读。另外还要注意"RR"的读法，有时会读成"double R"，有时会读成"R–R"，不管遇到哪种情况都要快速作出反应。
2. 要注意答案的最后一个单词Movers是复数。注意，答案中的名词只要不是特指某一个的话，一般用复数。
3. 注意定位答案。听力原文中先出现的是离开的日期，随后才提到到达日期。月份可以写缩写，日期写成基数词、序数词都可以。

第4~10题是表格题。

4. 题干中的damage=原文中的crack。原文中提到的new one指的是screen，这里考查考生将代词还原的能力，而且这个信息也是被重复的信息。
5. 注意信息前置。题干中的cabinet在原文中出现在答案bathroom之前。
6. 题干中的damage对应原文中的has a huge hole in it。
7. 要注意录音中的干扰信息。录音先提到以前是花了$125买的，后面才说在悉尼需要$140。
8. 注意信息前置，题干中的split在原文中也是出现在答案之后，需要考生利用短时记忆。
9. 注意信息前置，题干中的six在原文中出现在plate之后。
10. 注意前面提到了每个盘子$10，那么六个盘子一共是$60；题干中的in total=原文中的altogether。

Section 2

📖 **场景介绍**

　　雅思听力考试的第二节经常出现旅游度假场景。本节讲的是一个导游带领客人在一个刚开业一周的农业科技园参观，向客人介绍了里面的布局以及该农业园的宗旨和目的——这是一个以教育和研究为主要目的的农业园。

📝 **本节必背词汇**

amongst	prep. 在……之中	complex	n. 综合建筑物
remit	n. 宗旨	plan	n. 图纸，平面图
situate	v. 坐落	block	n. 区域
route	n. 路线	graze	v. 放牧
circular	adj. 圆形的	rectangular	adj. 长方形的
marsh	n. 沼泽	out of bounds	禁止进入
poultry	n. 家禽	nutritional	adj. 营养的
breed	n. 品种	broaden	v. 变宽，增加
display	n. 展示	orchard	n. 果园
browse	v. 浏览	diversify	v. 使不同，使多样化

accommodationcapacity	接待能力	after-departure charge	离开后付费（比如
accounting period	账户期		电话费，在离开酒
adventure tourism	（需要一定技能的）		店 的 时 候 一 般 不
	探险旅游		收，以后再通过信
affinity group	有共同兴趣、爱好		用卡支付）
	的旅游组		

文本及疑难解析

1. As you know, we have only been open a week so you are amongst our first visitors. 正如大家所知，我们刚开业一周，所以你们是最早一批来参观的客人。注意amongst=among=of。

2. We are also thinking of bringing in cows and horses but we do not, as yet, have facilities for these bigger animals. 我们也一直想引进奶牛和马，但是我们目前还没有饲养这些大型牲口的设施。as yet指的是目前还没有。

3. These are very popular with the public but of course we mustn't lose sight of the main purpose of having this section, not as such to preserve rare animals but to maintain the diversity of breeds to broaden the gene pool for agricultural development. 虽然公众很喜欢这些，但是我们也不能忘记我们保留这个部分的目的：不是为了保护稀有动物而是为了保持品种的多样性以丰富基因库，进而促进农业的发展。该句中的两个代词是难点：these指代上一句的内容，即由公众喂养动物以及向公众简单地讲授相关知识；such指的是the main purpose of having this section。

4. May will be perhaps our most spectacular month with the arrival of the Canada geese and when our fruit trees will be in full blossom, but there are interesting events on all year round. 五月将会是我们这里最热闹的月份，届时会从加拿大运一批鹅过来，另外我们的果树都会开花，不过我们这里全年都有有趣的活动。with短语解释了May will be perhaps our most spectacular month的原因。

题目解析

11. 题干关键词purpose在原文中对应了一个比较难的同义词 remit（职权范围）。不过考生可以很容易听到选项B中的两个单词education和research。

第12~14题是地图标记题。

12. 本题需要用地图中给出的Grazing Area去定位，原文在提到这个信息之后说再往东就是Forest Area。要注意，题干已给出Area，答案中不必再重复。

13. 本题可以通过middle...circular和 two... rectangular定位答案Fish Farm(s)。

14. 本题可以通过south-eastern和marsh定位答案Market Garden。注意本题与上一题的答案距离比较近。

第15~20题是单项选择题。

15. 注意题干中的closed to the public=原文中的out of bounds；选项C中的short time=原文中的temporarily。另外，A、B两个选项的意思比较接近——凡是意思差不多的选项一般都不是正确答案。

16. 注意本题的信息比较分散，选项A中的三个信息分布在两个句子中。

17. 原文提到了三种动物goats，sheep，hens，所以正确选项是C；另外，原文中也提到了cows和horses，所以A、B两项也具有一定的干扰性。

18. 选项B中的variety对应原文中的diversity。注意听同义词。

19. 本题也要听同义词。题干中的at the present time=原文中的currently。

20. 选项A中的animals对应原文中的wildlife。

Section 3

🗂 场景介绍

雅思考试涉及的范围非常广泛，天文地理无所不包。本部分是昆虫教授向学生讲解亚洲蜜蜂是如何通过自身携带的寄生虫来影响澳洲蜜蜂的。

📖 本节必背词汇

quarantine	*n. & v.* 检疫，隔离	moisten	*v.* 使潮湿
infest	*v.* 扰乱，骚扰	scrunch	*v.* 揉皱；紧缩
microscopic	*adj.* 极小的，极微小的	eradicate	*v.* 根除，扑灭
die out	灭绝	mite	*n.* 小虫；螨类
devastating	*adj.* 破坏性极大的，毁灭性的	wipe out	消灭，彻底摧毁
skeleton	*n.* 骨骼	pollinate	*v.* 给……授花粉
pellet	*n.* 小球	indigestible	*a.* 不能消化的
		cough up	咳出

📖 词汇拓展

butterfly	蝴蝶	flea	跳蚤
scorpion	蝎子	moth	蛾
mosquito	蚊子	mantis	螳螂
ant	蚂蚁	roach	蟑螂
beetle	甲壳虫	termite	白蚁
cricket	蟋蟀		

⚙ 文本及疑难解析

1. Well, obviously they want to protect Australia from diseases that might come in with imported goods, but they also want to prevent insect pests from being introduced into the country, and that's where I have a part to play. 很明显，他们的目的是保护澳大利亚不被进口货物中带来的疾病困扰，另外他们还想阻止外来的有害昆虫进入这个国家，而这也正是我所研究的领域。首先they指代前文中的Quarantine Service；其次where指的是Grant的研究领域to prevent insect pests from being introduced into the country。

2. Oh, and another thing is, if you're stung by an Asian Honey Bee, it can produce an allergic reaction in some people. 噢，还有就是，如果被亚洲蜜蜂蛰到的话，有些人会产生过敏反应。it指的是if you are stung by an Asian Honey Bee。

3. Then they bring up all the indigestible bits of skeleton and, of course, the wings in a pellet — a small ball of waste material which they cough up. 然后它们会把一些不能消化的骨骼，当然包括翅膀之类的东西，弄成一个小球吐出来。which指的是pellet；cough up本意是"咳嗽"，在这里是"吐出来"的意思。

4. So far our research shows that Asian bees have not entered Australia in any number — it's a good result and much more reliable than trying to find living ones as evidence of introduced insects. 到目前为止，我们的研究证明还

没有一只亚洲蜜蜂进入澳大利亚——这是一个不错的结果，而且比试图找到活着的进口昆虫作为证据要更加可靠。该句的难点在于其中的对比。more reliable说的是前面提到的方法——通过分析Rainbow Bee Eater所吐出来的小球的成分来确定是否有亚洲蜜蜂进入澳大利亚——比去找活着的亚洲蜜蜂更加可靠。

题目解析

第21~24题是单项选择题。

21. 本题要排除选项B、C的干扰，原文中提到了New South Wales and other states，但这些地方是要确保预防亚洲蜜蜂进入，而并非发现亚洲蜜蜂的地方。

22. 本题难点在于词义转换。选项B中的carry parasites=原文中的infested with mites；选项C有一定的干扰性，因为原文中出现了damage。

23. 本题难点在于词义转换。选项C中的sold to customers abroad=原文中的exports native Queen bees to a large number of countries。

24. 选项A中的the country's economy would be affected=原文中的We could lose a lot of money。

第25~30题是概要填空题。要特别注意题目要求中对字数的限制：ONE WORD ONLY。

25. 注意同义转换，题干中的only对应原文中的as long as。

26. 要注意同义词定位和信息前置，题干中的location=原文中的spots，且该词出现在答案feeding之后。

27. 定位关键词：collect，take；for analysis对应原文中的to examine。

28. 注意同义词定位以及句子结构的变化。题干中的soften=原文中的moisten；原文是主动句，而题干是被动句。

29. 定位关键词：look for。

30. 定位关键词：more...than...。

Section 4

场景介绍

本节是一个研究人员对于所进行的关于医疗体系的研究的陈述。她通过不同国家的研究生用调查问卷的方式进行研究，而且只调查18岁以上且正在工作的男性。研究的群体越集中，结果就越精确。在调查中确实获取了很多有趣的信息。

本节必背词汇

rationale	*n.* 基本原理，原理的阐述	recruit	*v.* 招募
questionnaire	*n.* 调查问卷	counteract	*v.* 与……互动
collate	*v.* 整理，校对	revert	*v.* 恢复(原状)，回到
implement	*v.* 使生效、贯彻	subject	*n.* 被采访对象
be taken aback	吃惊；困惑	reassurance	*n.* 再次保证
encounter	*v.* 遇到	seminar	*n.* 讨论
traceable	*a.* 可以追踪的	substance	*n.* 物质
bizarre	*a.* 奇怪的		
eye-opener	*n.* 令人大开眼界的东西		

词汇拓展

assignment	*n.* 作业	wording	*n.* 措词
assess	*v.* 评估	draft	*n.* 草稿，初稿
sample	*n.* 样品，抽样	presentation	*n.* 开题报告
random	*n.* 随机		

文本及疑难解析

1. Now I had to set up my programme of research in three different countries so I approached postgraduates in my field overseas department, contacting them by email, to organise things for me at their end. 现在我要在三个不同的国家进行这个项目，所以我通过电子邮件联系了国外我们这个领域的大学的研究生，让他们在那里为我做一些事情。end在这里指的是那三个不同的国家。

2. I know questionnaires are a very controlled way to do things but I thought I could do taped interviews later on to counteract the effect of this. 我知道问卷调查是一个非常受限制的研究方式，但是我随后会做录音采访，以与调查问卷的结果进行互补。该句的难点在于最后的this，它指代的是用调查问卷得出的结果。

3. Government reforms have been proposed at all levels and although their success is not guaranteed, long-term hospital care is in fact probably less of an issue than the media would have us believe. 政府改革已经在各个层面展开，虽然不能保证一定能成功，但事实上关于长期住院治疗的问题不用太担心，并不像媒体说的那么严重。would have us believe是"让我们相信"的意思。

4. Certainly I will need to do more far-reaching research than I had anticipated in order to establish if people want extra medical staff invested in the community, or if they want care to revert to fewer, but larger, key medical units. 当然我要做比我预期的更加深入的研究，以确认人们是想在社区中增加医疗人员，还是想恢复以前那种虽然少但更大型的关键医疗机构。establish是"发现，确认"的意思；key的意思是"关键的，重要的"。

5. This first stage has proved very valuable though. 然而这第一步已被证实是很有价值的。though在句子中的位置很灵活，既可以在句首，也可以在句尾，有时候还可以放在句子中间。

6. But I was taken aback and rather concerned that something I thought I'd set up very well didn't necessarily seem that way to everyone in my own department. 但我还是很意外，而且很担心——尽管我觉得我的一些设计很好，但未必系里所有的同事都会这么认为。be taken aback在这里的意思是"吃惊，意外"。

7. There were odd cases that threw me — one of the subjects who I had approached while he was out shopping in town, decided to pull out when it came to the second round. 有些奇怪的案例把我难住了。有这样一位受访者，我第一次找到他是他正在城里购物，到了第二阶段是他决定退出采访。threw me在这里的意思是"让我很困惑、惊讶、不理解"。pull out意思是"退出，放弃"。

题目解析

第31~36题是单项选择题。

31. B。注意同义转换。选项B中的students=原文中的postgraduates；另外，选项C有一定的迷惑性，因为原文后面提到...and sometimes their tutors got involved too。

32. B。本题可用排除法。虽然原文提到了选项A和C的内容：people under 18 should be excluded；set up something for people who didn't have jobs and for employed women later on，但都与题意不符。

33. 选项A总结归纳了原文中的表述；get a wide range of data对应原文中的include as much variety as possible。注意这道题的选项B是不符合常识的，一般来说此类选项不会是正确答案。

34. 本题难度较大，因为选项A在原文中对应的表述是解释性的，而且选项B中的government和 选项C中的hospital都出现在原文中，干扰性较强。不过有一点需要注意，选项A的关键词press在原文中出现了两处对应内容：newspapers和media。像这种重复信息一般都是正确答案，这也是做题的技巧之一。

35. C。原文也是解释性的，说的是公众的倾向性。选项B有比较强的迷惑性，因为原文中也提到了extra，但原文中说的是额外的医疗人员，不是资金。

36. 选项C中的colleagues do not always agree对应原文中的didn't necessarily seem that way to everyone in my own department。

第37~40题是搭配题。

37. B。注意同义替换；decided to stop participating=原文中的decided to pull out。

38. F。 原文中提到一个一年级的本科生想让Shona保证不让别人知道他的名字或者信息来源；选项F的意思是"担心个人信息以及隐私的泄漏"，是对原文的解释和归纳。

39. D。原文说的是她的一个同事在决定是否同意接受采访这个问题上，改变了几次主意。

40. C。refused to tell Shona about their job对应原文中的he wouldn't tell me exactly what his work involved。

Reading

Reading Passage 1

📑 **篇章结构**

体裁	说明文
主题	玻璃板制造：浮法工艺
结构	第1段：古老的玻璃制造法及其缺陷 第2段：一种改进后的可连续制造玻璃的工艺 第3段：浮法制玻工艺的产生 第4段：浮法制玻工艺原理 第5段：该工艺的工业化生产应用 第6段：现今该工艺的改进 第7段：新科技的应用

🌐 **解题地图**

难度系数：★★★

解题顺序：按出题顺序解题即可

友情提示： 此篇文章为典型的"划片"型，第1~8题对应前三段，第9~13题对应第三段后半部分以及其后的段落，可按照顺序逐个答题。

🔤 **必背词汇**

1. molten *adj.* 熔化的

   molten iron 熔铁，铁水

   molten lava（=liquid rock from a volcano）熔岩，岩浆

2. virtually *adv.* 实际上；几乎

   Virtually all the children come to school by bus. 几乎所有的孩子都乘公交车上学。

   He was *virtually* unknown before running for office. 他参加竞选前几乎不为人知。

3. guarantee *v.* 保证，担保

   I *guarantee* you'll love this film. 我保证你会喜欢这部电影的。

   The law *guarantees* equal rights for men and women. 这部法律保证了男女享有平等的权利。

4. coincidence *n.* 巧合，一致

   By *coincidence*, John and I both ended up at Yale. John和我碰巧都进入了耶鲁。

   It was a happy *coincidence* that Robert arrived at the same time.

   Robert也同时到达，真是个令人开心的巧合。

5. inspection *n.* 视察，检查

   An *inspection* was carried out at the school. 学校接受了一次视察。

   However, on closer *inspection*, a number of problems emerged.

   然而，经过更为仔细的检查，发现了很多问题。

6. automated *adj.* 自动化的

   a highly *automated* factory 高度自动化的工厂

   The production process is now fully *automated.* 如今，生产过程是全自动的。

7. pattern *n.* 式样，图案，样式，模式

   A general *pattern* began to emerge. 开始发现了综合模式。

   Their descriptions seemed to follow a set *pattern.* 他们的描述似乎遵循了一个固定的模式。

认知词汇

Mesopotamian	*n.* 美索不达米亚人	gravity	*n.* 重力
Egyptian	*n.* 埃及人	horizontal	*adj.* 水平的
lime	*n.* 石灰	roller	*n.* 滚筒，滚轴
spin	*v.* 旋转	full-scale	*adj.* (指模型等)照原尺寸的，全面的
unblemished	*adj.* 清白的，无疵的		
labour	*n.* 劳动，劳力	homogenise	*v.* 使均匀
intensive	*adj.* 密集的	simultaneously	*adv.* 同时地
continuous	*adj.* 连续的，继续的	relieve	*v.* 释放
ribbon	*n.* 带状物	mar	*v.* 破坏，毁坏
grind	*v.* 打磨	bubble	*n.* 气泡
polish	*v.* 磨光	tremor	*n.* 颤动，颤抖
rub	*v.* 擦，搓，摩擦	ripple	*n.* 皱纹，波纹，涟漪
tinted	*adj.* 带色彩的	upstream	*adv.* 向上游，逆流地
eliminate	*v.* 除去，剔除	unaided	*adj.* 未受协助的，独立的
bath	*n.* 洗澡，浴室	downstream	*adv.* 向下游
tin	*n.* 锡	steer	*v.* 操纵，驾驶，掌舵；引导

佳句赏析

1. When heated to about 1500 degrees Celsius（℃）this becomes a molten mass that hardens when slowly cooled.

   - 参考译文：该混合物被加热到约1500摄氏度时会变成熔质，慢慢冷却后会硬化。
   - 句型分析：该句的主句为this becomes a molten mass，when结构作时间状语，that从句修饰molten mass，且该从句中包含一个when引导的时间状语从句。

2. This allowed glass of virtually any thickness to be made non-stop, but the rollers would leave both sides of the glass marked, and these would then need to be ground and polished.

   - 参考译文：该工艺可以连续不断地制造几乎各种厚度的玻璃，但是滚轴会在玻璃板的两面都留下痕迹，这就需要对玻璃进行打磨、抛光。
   - 语言点：
     （1）句型分析：

       该句逻辑关系较复杂，共有三个部分先转折、后并列。最后一个并列部分中出现指代关系词these，指代对象并不是the rollers而是glass上的marks。
     （2）leave sth + adj. 这个结构表示让某物保持某种形态、位置、状况等。如：

       You've left your lights on. 你走的时候没关灯。

       She must have left the phone off the hook. 她肯定是没挂好电话。

3. The glass settled to a thickness of six millimetres because of surface tension interactions between the glass and the tin.

  - 参考译文：玻璃和锡的表面张力相互作用会使成形的玻璃板的厚度稳定在6毫米。
  - 语言点：
    （1）句型分析：

      此句较易错将谓语settled当作过去分词作定语，但若按照一句话只有一个动词的原则，还是可以较快地判断出句子结构。主句为the glass settled to...，because of 结构为状语。

    （2）settle的意思为"稳定，确定"。

4. Several processes — melting, refining, homogenising — take place simultaneously in the 2000 tonnes of molten glass in the furnace.

  - 参考译文：在容纳了2000吨熔化玻璃的熔炉内，同时进行着多个程序——熔化、精炼、均质化。
  - 语言点：
    （1）句型分析：

      此句中通过破折号插入了解释成分（melting, refining, homogenising），其余部分为主句。

    （2）simultaneously adv. 同时发生地

      The opera will be broadcast simultaneously on television and radio.

      该歌剧将通过电视和广播同步播出。

试题解析

Questions 1–8

  - 题目类型：TABLE & DIAGRAM COMPLETION
  - 题目解析：

      此题为表格填空和图形填空的结合，但同样是按照顺序出题，定位时要严格依照题号顺序查找；

      本题的解题思路同一般填空题，需要先分析空格内所填词的词性，然后通过空格前后的内容进行定位，在文章定位处查找相关词汇，最后核对题目与文章的含义是否一致。

      在解题过程中要仔细看懂图中各部分的关系。

题号	定位词	文中对应点	题目解析
1	method	第一段： The first successful method for making clear, flat glass involved spinning.	此题的定位较容易。空格中所填词应为method的名称。 所以此题填：spinning。
2	remained	第一段： ...so it stayed perfectly unblemished, ...	此题的定位词被同义转述为stayed。 所以此题填：（perfectly）unblemished。
3	slow	第一段： However, the process took a long time and was labour intensive.	此题的定位词被同义转述为took a long time，空格中所填词为与slow并列的一个缺点。 所以此题填：labour/labor-intensive。
4	Ribbon, varying	第二段： This allowed glass of virtually any thickness to be made non-stop, ...	此题通过Ribbon可以定位到第二段，其中Advantage部分集中在第三句；文中any对应题中varying。 所以此题填：thickness。

题号	定位词	文中对应点	题目解析
5	glass, 20%	第二段： ...but the rollers would leave both sides of the glass marked, ...	此题通过20%定位于对应句之后的那一句，按照顺序原则找到对应处中的glass。空格中所填词应为glass的状态。 所以此题填：marked。
6	Pilkington, float process	第三段： Pilkington had been experimenting with improving the melting process, and in 1952 he had the idea of using a bed of molten metal to form the flat glass, eliminating altogether the need for rollers within the float bath.	此题的定位较易，且连续三个空格所填词均于一句话中确定，需要看懂图中流程。空格中所填词为流进整个装置的物质。 所以此题填：(molten) glass。
7	同6题	同6题	空格中所填词为在 glass 下面的物质，文中对应句里 bed 一词对应其位置。 所以此题填：(molten) tin/metal。
8	同6题	同6题	空格中所填词为glass两侧滚动装置的名称。 所以此题填：rollers。

Questions 9–13

- 题目类型：TURE/FALSE/NOT GIVEN
- 题目解析：

9. The metal used in the float process had to have specific properties.

参考译文	浮法工艺流程中使用的金属必须具备独特的属性。
定位词	metal
解题关键词	specific properties
文中对应点	第三段： The metal had to melt at a temperature less than the hardening point of glass（about 600℃），but could not boil at a temperature below the temperature of the molten glass（about 1500℃）. 本句指出：该金属的熔点必须低于玻璃的硬化温度(约600摄氏度)，但同时沸点要高于熔化玻璃的温度(约1500摄氏度)。文中对应句确实提到了该金属熔点上的特性。 故此题答案为：TRUE。

10. Pilkington invested some of his own money in his float plant.

参考译文	Pilkington给自己的浮法玻璃厂投了些钱。
定位词	Pilkington, float plant
解题关键词	his own money

文中对应点	第五段：
	Pilkington built a pilot plant in 1953 and by 1955 he had convinced his company to build a full-scale plant. However, it took 14 months of non-stop production, costing the company £100,000 a month...
	文中对应句仅提到公司给该车间投资，未提及Pilkington本人是否投资。
	故此题答案为NOT GIVEN。

11. Pilkington's first full-scale plant was an instant commercial success.

参考译文	Pilkington的第一套工业装置马上就取得了商业上的成功。
定位词	commercial success
解题关键词	instant
文中对应点	第五段：
	Furthermore, once they succeeded in making marketable flat glass, the machine was turned off for a service to prepare it for years of continuous production. When it started up again it took another four months to get the process right again. They finally succeeded in 1959...
	文中对应句指出，该工厂在1959年才获得成功，在那之前都是一些准备工作，这与题目中的"立即成功"矛盾。
	故此题答案为：FALSE。

12. The process invented by Pilkington has now been improved.

参考译文	Pilkington发明的流程现在已有所改进。
定位词	process, improved
解题关键词	improved
文中对应点	第七段：
	The principle of float glass is unchanged since the 1950s. However, the product has changed dramatically, from a single thickness of 6.8 mm to a range from sub-millimetre to 25 mm, from a ribbon frequently marred by inclusions and bubbles to almost optical perfection.
	文中对应句先肯定了整个工艺的原理一直没变化，随后又用一个长句子阐述了生产上的变化。
	故此题答案为：TRUE。

13. Computers are better than humans at detecting faults in glass.

参考译文	在检测玻璃上的瑕疵方面，电脑比人类强。
定位词	computers, detecting faults
解题关键词	better than humans
文中对应点	第七段：
	To ensure the highest quality, inspection takes place at every stage.
	本题考查比较级和最高级的同义转述。文中inspection是由电脑执行的，且能确保最高的质量，说明人在这方面确实不如电脑。
	故此题答案为：TRUE。

玻璃板制造：浮法工艺

早在美索不达米亚时期和古埃及时期人们就开始制造玻璃，当时制作出的玻璃只不过是沙子、碳酸钠和石灰的混合物而已。该混合物被加热到约1500摄氏度时会变成熔质，慢慢冷却后会硬化。最早成功制出透明、平整的玻璃的工艺中包括旋制法。该制法非常有效，因为玻璃在由软变硬的过程中不会接触任何表面，因此可以一直保持完美无瑕的状态，最后通过"火处理"收尾。然而，该过程耗时很长，而且要耗费大量的劳动力。

尽管如此，人们对平整玻璃的需求很高，全世界的玻璃制造者都在寻找可以连续制造玻璃的方法。第一个连续带式工艺过程是用两个高温滚轴挤压熔化的玻璃——类似老式的轧板机。该工艺可以连续不断地制造几乎各种厚度的玻璃，但是滚轴会在玻璃板的两面都留下痕迹，这就需要对玻璃进行打磨和抛光。这一过程会磨去约20%的玻璃，而且所用的机器也很昂贵。

Alistair Pilkington发明了浮法玻璃制造工艺。该制法可以用来制造用于建筑物上的透明、有色的加膜玻璃，也可以为车辆提供透明的有色玻璃。Pilkington一直在反复实验，研究如何改良熔化工艺。在1952年，他萌生了用熔化金属作基床加工玻璃板的想法，有了这样的金属液槽，就可以彻底淘汰滚轴了。该金属的熔点必须低于玻璃的硬化温度（约600摄氏度），但同时沸点要高于熔化玻璃的温度（约1500摄氏度）。最符合这些条件的金属是锡。

实现这一想法的另一个条件就是重力。重力可以保证熔化金属的表面完全平整且水平。因此，把熔化的玻璃浇在熔锡上时，玻璃的下表面也会完全平整。如果玻璃能够保持足够的高温，它就会在熔锡上慢慢流动，直到其上表面也平整、水平，并与下表面完全平行。一旦将玻璃冷却至604摄氏度或更低，玻璃就会硬化到表面不会被刮花的程度，这样就可以通过滚轴将其运送到冷却槽了。玻璃和锡的表面张力相互作用会使成形的玻璃板的厚度稳定在6毫米。幸运的巧合是，当时市场对玻璃板的需求有60%是6毫米玻璃板。

1953年，Pilkington建立了一个试点工厂。到1955年为止，他已经说服他的公司建立成套的工业装置。然而，他们经过14个月的不间断生产且每个月花费10万英镑，才在厂里首次生产出可用的玻璃。而且，他们在成功生产出能投入市场的玻璃之后，就将机器关闭了，为的是在接下来几年能够持续生产。当机器再次投入生产时，又花了四个月的时间来使生产流程走上正轨。1959年，他们终于成功了。如今浮法制玻工厂遍布全球，每一个工厂都能够15年不间断地日产玻璃千吨。

今天的浮法制玻工厂可以生产出接近光学质量的玻璃。在容纳了2000吨熔化玻璃的熔炉内，同时进行着多个程序——熔化、精炼、均质化。这些过程发生在由高温驱动的熔化玻璃流的不同区域，并汇总成为一个长达50小时的无间断熔炼过程，向金属液槽平稳、连续地提供玻璃。接着玻璃会被送往加膜区，最后会被送达热处理区——该区域能够缓释玻璃内部在冷却过程中产生的应力。

自20世纪50年代以来，浮法制玻的原理不曾改变过。然而，玻璃制品却经历了巨大变化：从之前单一的6.8毫米玻璃板到如今的亚毫米级至25毫米区间任意厚度的玻璃板；从之前很容易被内含物和气泡损毁的玻璃带到如今接近光学完美的玻璃。为了保证最高质量，每一个生产阶段都有监察。偶尔，在精炼过程中也会有一个气泡未被排出，一颗沙粒没有熔化，或是液锡的波动导致玻璃带产生波纹等情况。自动的在线监察有两项任务：一是向上游（生产前阶段）报告生产过程中可以修正的纰漏。监察技术可以在玻璃带上实现每秒超过一亿次的测量，以定位肉眼无法辨认的瑕疵；二是让下游（生产后阶段）计算机操控刀具切割掉有瑕疵的部分。

浮法玻璃是按平方米出售的。在生产的最后阶段，计算机会根据顾客的需求设计玻璃的裁割方案，以实现浪费的最小化。

Reading Passage 2

篇章结构

体裁	说明文
主题	小冰期
结构	A段：气候变化的历史及人类的应对情况
	B段：对小冰期的定义和作用的介绍
	C段：过去的气候条件的确定方法
	D段：公元900年至1200年间的气候状况
	E段：小冰期对欧洲的影响以及欧洲人采取的措施
	F段：人类活动对气候的影响——全球变暖

解题地图

难度系数：★★★★☆

解题顺序：按出题顺序解答

友情提示：这是一篇机经中深度骨灰级的文章，LIST OF HEADINGS难度很大，先做这部分，了解文章大意，同时扫描其他题目的定位词，顺手牵羊来定位。

必背词汇

1. embark *v.* 乘船；装载；着手，从事

   He *embarked* on a new career as a teacher. 他从事了新的职业，成为一名教师。

   Both countries have *embarked* on serious reform. 两国都开始了深度改革。

2. episode *n.* 片段；一段情节；插曲

   She decided she would try to forget the *episode* by the lake. 她决心忘记湖边的那段插曲。

   Being named the best actor of the year was an important *episode* in his life. 他被命名为当年的最佳男演员，这是他一生中的重要事件。

3. adapt *v.* 适应

   The children are finding it hard to *adapt* to the new school. 孩子们发现很难去适应新的学校。

   How do these insects *adapt* themselves to new environments? 这些昆虫是如何适应新环境的呢?

4. supplement *v.* 增补，补充

   Kate *supplements* her regular salary by tutoring in the evenings. 凯特通过晚上做家教来补贴日常工资。

   The payments are a *supplement* to his usual salary. 这笔款项成为他日常工资的补贴。

5. perish *v.* 毁灭；消失；(使)死亡

   Hundreds *perished* when the ship went down. 上百人死于沉船。

   We must protect our environment or we must *perish*. 我们必须保护环境，否则我们必将毁灭。

6. culminate *v.* 达到顶点；告终

   Their summer tour will *culminate* at a spectacular concert next week.
   下周的精彩的音乐会将为他们的夏季巡回演出画上句号。

7. trigger *v.* 触发

The assassination *triggered* off a wave of rioting. 这次刺杀事件引发了一场骚乱。

The burglars fled after *triggering* the alarm. 触响了警铃后这个窃贼逃走了。

认知词汇

climatic	*adj.* 气候上的
historical	*adj.* 与历史有关的
context	*n.* 上下文；环境；背景
opposed	*adj.* 反对的，对立的，敌对的
humanity	*n.* 人类；人性，人道
at the mercy of	在……的控制下；受……的支配
glacial	*adj.* 冰的，冰川(期)的
irregular	*adj.* 不规则的
dazzling	*adj.* 令人眼花缭乱的，耀眼的
opportunism	*n.* 机会主义
harsh	*adj.* 严酷的，恶劣的
unaccustomed	*adj.* 不习惯的，异乎惯例的
stock	*n.* 家畜
famine	*n.* 饥荒
unprecedented	*adj.* 空前的，前所未有的
seesaw	*n.* 上下往复的运动
interaction	*n.* 相互作用
switch	*v.* 转换
reconstruct	*v.* 重建，修复；重现
systematic	*adj.* 分类的，体系的
proxy	*n.* 代理人；代理权；委托书
	adj. 代理的
tree ring	(树木的)年轮
hemisphere	*n.* 半球
equator	*n.* 赤道
amplified	*v.* 放大；增强
drill	*v.* 钻孔 *n.* 钻孔机，钻子

variation	*n.* 变更，变化
narrative	*adj.* 叙述的，叙述体的
Medieval	*adj.* 中世纪的
roughly	*adv.* 粗略地，大约
Norse	*adj.* (古)斯堪的纳维亚语的
voyager	*n.* 航行者，航海者
constant	*adj.* 不变的，经常的
mean	*adj.* 平均的；中等的
cooling	*n.* 冷却
reroute	*v.* 变更旅行路线
cod	*n.* 鳕鱼
herring	*n.* 青鱼，鲱
fleet	*n.* 船队；舰队
offshore	*adj.* 近海的，离岸的
	adv. 离岸地；近海地
stem	*v.* (from) 起源(于……)；(由……而)造成
fodder	*n.* 饲料，草料，原料
livestock	*n.* 家畜，牲畜
migration	*n.* 移民，移往，移动
blight	*n.* 枯萎病 *v.* (使)枯萎；摧毁
hectare	*n.* 公顷
fossil	*n.* 化石
proliferate	*v.* 繁殖，增生
soar	*v.* 翱翔；高涨
regime	*n.* 政体，(统治)方式；状态
prolonged	*adj.* 持续很久的

佳句赏析

1. The Little Ice Age was far from a deep freeze, however; rather an irregular seesaw of rapid climatic shifts, few lasting more than a quarter-century, driven by complex and still little understood interactions between the atmosphere and the ocean.

- **参考译文**：然而，小冰期远非一个深度冰冻期，它实际上是由大气与海洋之间复杂难解的相互作用引起的、持续期普遍短于25年的一系列不规则气候剧变的集合。
- **语言点**：
  （1）句型分析：
  该句结构较复杂。however为插入成分，表示整句话为前一句的转折，该句主干即为however

之前的部分。rather结构作为far from结构的并列部分，起到说明作用。在此并列结构中插入一个现在分词短语（few lasting...），用两个逗号隔开，用于修饰rapid climatic shifts。

（2）far from sth这个结构表达的意思是"something very different is true or happens"；例如：Conditions are still far from ideal. 条件远远算不上理想。

2. We are close to a knowledge of annual summer and winter temperature variations over much of the northern hemisphere going back 600 years.
   - **参考译文**：我们很快就要掌握北半球大部600年前的年度冬夏温度的变化了。
   - **句型分析**：
   该句主干为We are close to a knowledge，其后的of介宾短语为后置定语。在该后置定语中，going back 600 years修饰的是temperature variations，而不是northern hemisphere。

3. The revolution involved intensive commercial farming and the growing of animal fodder on land not previously used for crops.
   - **参考译文**：这次革命带来了集中的商业耕种，以及为了种植动物饲料而在非农作物用地上进行的土地开垦。
   - **句型分析**：该句主干为The revolution involved...and...，and之后的not previously used for crops用来修饰land。

⚙ 试题解析

Questions 14–17

- 题目类型：LIST OF HEADINGS
- 题目解析：

i. 预测气候变化	vi. 日渐增长的对天气记录的需求
ii. 小冰期与今天的联系	vii. 一个历经千年的研究
iii. 城市在气候变化中的作用	viii. 人类总是对气候变化作出了回应
iv. 人类对气候的影响	ix. 最终事物足够
v. 如何确定过去的气候条件	

题号	段落主题句	题目解析
14	B段首句： The Little Ice Age lasted from roughly 1300 until the middle of the nineteenth century.	B段首句指出，小冰期大致从公元1300年持续到19世纪中期，且整段话就是在描述小冰期对于现在的一些影响。 因此答案为ii。
15	D段首句： This book is a narrative history of climatic shifts during the past ten centuries, and some of the ways in which people in Europe adapted to them.	D段首句强调，该书的内容是对1000年来气候变化的描述以及欧洲人的适应方式。 因此答案为vii。
16	E段末句： The increased productivity from farmland made some countries self-sufficient in grain and livestock and offered effective protection against famine.	E段末句指出，部分国家在粮食和家畜方面的自给自足为抵制饥荒提供了有效保障。 因此答案为ix。
17	F段首两句： Global temperatures began to rise slowly after 1850, with the beginning of the Modern Warm Period. There was a vast migration from Europe by land-hungry farmers and others, ...	F段首句和次句指出，全球气温的上升引起了大规模的人口迁徙，随后描述了其对气候变化的影响。 因此答案为iv。

Questions 18–22

- 题目类型: SUMMARY COMPLETION
- 题目解析:
    1. 此题为有词库的填空题, 且词库的词性均为名词, 故选项词汇与原文差别不大。
    2. 此题有小标题, 可以通过扫描每段话首句的方法快速定位于B、C段。
    3. 此题一般按顺序出现, 中间可能出现一个空格的乱序。

题号	定位词	文中对应点	题目解析
18	past, source of, knowledge	C 段: For the time before records began, we have only 'proxy records' reconstructed largely from tree rings and ice cores, ...	此题定位较难, 在C段中扫描到第三行才会发现past的反义词recent, 但也说明从其后开始就是答案的出处。空格中所填词应为对于过去气候认识的来源。 故此题答案为B或C。
19	同18题	同18题	此空所填词为另一种对于过去气候认识的来源, 且与18题为并列关系。 故此题答案为B或C。
20	consistent freezing	B段: The Little Ice Age was far from a deep freeze, however; rather an irregular seesaw of rapid climatic shifts, ...	此题定位很难, 出现了严重的乱序。定位词对应B段定位句中的deep freeze。空格中所填词应与consistent freezing的意思相反(rather than)。 故此题答案为A。
21	cold winters	B段: The seesaw brought cycles of intensely cold winters and easterly winds, then switched abruptly to years of heavy spring and early summer rains, mild winters, and frequent Atlantic storms, or to periods of droughts, light northeasterly winds, and summer heat waves.	此题按照顺序原则较易定位。空格中所填词应与heavy rains形成并列。 故此题答案为H。
22	同21题	同21题	此空所填词为with no rain所修饰的对象, 其对应文中的droughts。通过扫描剩余选项以及文中的对应句, 很容易得到答案。 故此题答案为G。

Questions 23–26

- 题目类型: MATCHING
- 解题方法:
    1. 此类型的MATCHING应该先用易定位的一组信息进行粗略定位, 然后分析其他几组信息关键词, 在之前的粗略定位处进行扫读, 找出文中与题目关键词一致的信息。
    2. MATCHING题无顺序性。

- 题目解析:

题号	定位词	文中对应点	题目解析
23	Europeans, farming abroad	F段: ...with the beginning of the Modern Warm Period. There was a vast migration from Europe by land-hungry farmers and others, ... Many Europeans started farming abroad.	**翻译:** 很多欧洲人开始在海外从事农业活动。 此题定位较易,根据定位词很容易找到对应段落,可知本题描述的是Modern Warm Period。 故此题答案为C。
24	cutting down of trees, affect the climate	F段: Millions of hectares of forest and woodland fell before the new comers' axes between 1850 and 1890, as intensive European farming methods expanded across the world. The unprecedented land clearance released vast quantities of carbon dioxide into the atmosphere, triggering for the first time humanly caused global warming. The cutting down of trees began to affect the climate.	**翻译:** 砍伐树林开始影响气候。 此题定位较易,定位句指出,数百万公顷的森林和林地毁于拓荒者的斧下,引起第一次人为的全球变暖。且此段整段均在谈论Modern Warm Period。 故此题答案为C。
25	Europeans, other land	D段: Part One describes the Medieval Warm Period, roughly 900 to 1200. During these three centuries, Norse voyagers from Northern Europe explored northern seas, settled Greenland, and visited North America. Europeans discovered other lands.	**翻译:** 欧洲人发现了新大陆。 此题定位较易,在定位的第二句中指出,古斯堪的纳维亚的航海者们从欧洲北部出发探索北海,在格陵兰岛定居,并探访了北美大陆。 故此题答案为A。
26	fishing patterns	E段: The Basques, Dutch, and English developed the first offshore fishing boats adapted to a colder and stormier Atlantic. Changes took place in fishing patterns.	**翻译:** 捕鱼的模式发生了变化。 此题定位后需要略读的内容较多,但是通过fishing还是较易定位。文中指出,巴斯克人、荷兰人和英国人最先造出了能够适应在寒冷多风暴的大西洋中航行的离岸渔船。 故此题答案为B。

参考译文

———— 小冰期 ————

A. 本书详细讨论了小冰期和其他气候变化,但是在我开始部分之前,我要向大家提供一个相关的历史背景。我们倾向于认为气候是不变的(与天气正好相反)。然而,人类自存在之日起就一直受到气候变化的支配——过去的73万年间至少出现过八次冰河期。自从大约一万年前的上一次大冰河期的末期开始,我们的祖先就凭借非凡的投机手段适应着普遍存在却并不规律的全球变暖。他们制定了各种策略,以便在周期性的大干旱、连绵数十年的暴雨或罕见的低温环境中存活；他们发展的农业和畜牧业给人类的生活带来了革命；他们在埃及、美索不达米亚和美洲大陆建立了世界上最早的前工业化文明。但是，气候骤变带来的恶果——饥荒、瘟疫和苦难，往往十分严重。

B. 小冰期大致从公元1300年持续到19世纪中期。仅两个世纪以前，欧洲遭遇了周期性的严冬，瑞士阿尔卑斯山脉的高山冰川的高度达到史上最低，冰岛周围常年被浮冰环绕。小冰期的气候活动不仅在塑造现代地球环境方面发挥了作用，也为如今史无前例的全球变暖现象提供了温床。然而，小冰期远非一个深度冰冻期，它实际上是由大气与海洋之间复杂难解的相互作用引起的、持续期普遍短于25年的一系列不规则气候剧变的集合。这样的起伏波动先是带来周期性的严冬和东风，然后又突然转变为持续数年的春季暴雨、夏季早雨、暖冬和频繁的大西洋风暴，抑或周期性干旱、轻东北风和酷暑热浪。

C. 重构过去的气候变化极其困难，因为系统的天气观测仅仅在几个世纪之前才始于欧洲和北美洲。印度和热带非洲的记录开始得更晚。至于有记录之前的年代，我们只有"代理记录"——大部分根据树木的年轮和冰芯(的数据)重建，并辅之以少量不完整的手写记录。如今，我们拥有几百份树木年轮的记录，遍布北半球和赤道以南的很多地区；我们还从南极洲、格陵兰岛、秘鲁安第斯及其他地区钻得的冰芯中得到了越来越多的温度数据时该记录进行补充。我们很快就要掌握北半球大部600前年的年度冬夏温度变化了。

D. 本书讲述了过去10个世纪间气候变化的历史，还介绍了欧洲人为了适应气候变化所采用的一些方法。第一部分描述了中世纪暖期，大致从公元900年持续到1200年。在这三个世纪中，古斯堪的纳维亚的航海者们从欧洲北部出发探索北海，在格陵兰岛定居，并探访了北美大陆。当时的气候就像大冰河期之后的所有时期一样，并非始终如一的暖期：雨量和温度经历着持续的变化。当时欧洲的平均温度和现在差不多，可能稍低一点。

E. 众所周知，大约从公元1200年起，格陵兰岛和北极开始降温，小冰期到来。由于北极浮冰向南扩散，古斯堪的纳维亚向西的航海路线变更至开放的大西洋，然后一切航行都终止了。北大西洋和北海的风暴增加。1315年至1319年间，更冷更潮湿的天气降临欧洲大陆，成千上万的人死于横扫整个大陆的饥荒。到了1400年，天气明显变得更加难以预测，狂风暴雨的几率大增，间或出现气温急转直下，在16世纪末的几十年寒期时降到谷底。在那些正在兴起的城镇里，食品供应向来重要，而鱼类是至关重要的商品。鳕鱼干和鲱鱼干已成为欧洲鱼类贸易的主要产品，但是水温的变化迫使渔船驶向更加远离海岸的海域。巴斯克人、荷兰人和英国人最先造出了能够适应在寒冷、多风暴的大西洋中航行的离岸渔船。在人口增加时期，对食物供应的关心导致了北欧渐进的农业革命。这次革命带来了集中的商业耕种，以及为了种植动物饲料而在非农作物用地上进行的土地开垦。农作物产量的提高使得部分国家能够实现粮食和家畜的自给自足，为抵制饥荒提供了有效保障。

F. 1850年以后，全球温度开始逐渐上升，拉开了现代暖期的序幕。一大批欧洲居民——从渴求土地的农民，到不堪爱尔兰马铃薯饥荒(由马铃薯枯萎病引起的)的饥民——移居到了北美、澳大利亚、新西兰和非洲南部。1850年至1890年间，由于集中式欧洲农耕法传遍全球，数百万公顷的森林和林地毁于拓荒者的斧下。前所未有的大规模开荒使得巨量的二氧化碳被排入大气，并引起第一次人为的全球变暖。到了20世纪，由于矿物燃料的使用激增、温室气体量的持续增加，气温攀升的速度进一步加快。尤其是20世纪80年代以来，升温的速度加剧。小冰期被一种新的气候变化模式取代，其显著特点是长期、稳定的升温。与此同时，极端天气，如五级以上的飓风，正变得更加频繁。

Reading Passage 3

📑 篇章结构

体裁	说明文
主题	气味的意义和力量
结构	A段：气味和感觉之间的关系
	B段：气味在人际关系中的作用
	C段：为什么我们的嗅觉不被重视
	D段：谈论气味的难处
	E段：将来对于气味的研究
	F段：气味是一种定义人群的因素

🌐 解题地图

难度系数：★★★

解题顺序：LIST OF HEADINGS → SENTENCE COMPLETION → MULTIPLE CHOICE

友情提示：此篇文章的内容乍一看很吓人，但解题很容易，关键是要把握正确的答题顺序。

🔤 必背词汇

1. be aware of 知道，察觉到

   The children *are aware of* the danger of taking drugs. 孩子们觉察到吸毒的危险。

   He has been *aware of* the importance of this task. 他已经意识到了这项工作的重要性。

2. impair *v.* 损伤

   The illness had *impaired* his ability to think and concentrate. 疾病已经损坏了他思考和集中精力的能力。

   impaired vision 受损的视力

3. apparent *adj.* 明显的，表面上的

   It was *apparent* to everyone that he was seriously ill. 每个人都看出来他显然病得很重。

   The difference in quality was immediately *apparent*. 质量的差别立即显现了出来。

4. agreeable *adj.* 愉悦的

   We spent a most *agreeable* couple of hours. 我们一起度过了很愉快的几个小时。

   an *agreeable* young man 一个随和的少年

5. distinguish *v.* 区别，辨认；使显著

   His attorney argued that Bill could not *distinguish* between right and wrong.
   Bill的律师辩护说，他无法辨别对错。

   The factor that *distinguishes* this company from the competition is customer service.
   使得这家公司在竞争中脱颖而出的是其客服。

6. perceive *v.* 察觉，认知

   I can not *perceive* any difference between the coins. 我感觉不到这些硬币之间有什么不同。

   Children who do badly in school tests often *perceive* themselves to be failures.
   那些在学校考试中表现不佳的孩子经常认为自己是失败的。

7. elusive *adj.* 难懂的，难以捉摸的

She managed to get an interview with that *elusive* man.

她设法与那个让人难以捉摸的男人进行了一次面谈。

She enjoys a firm reputation in this country but wider international success has been *elusive*.

她在这个国家享有稳定的声誉，但在国际上的成功却有些难以企及。

8. undertake *v.* 承担，从事；保证

Dr Johnson *undertook* the task of writing a comprehensive English dictionary.

Johnson博士承担了编纂综合英语词典的任务。

He *undertook* to pay the money back in six months. 他保证六个月后还钱。

认知词汇

olfaction	*n.* 嗅觉	reveal	*v.* 发现，透露，显露
odour	*n.* 气味	undervalue	*v.* 低估价值，看轻
aromas	*n.* 浓香，香气	feeble	*adj.* 虚弱的，无力的
faculty	*n.* 机能，官能	acute	*adj.* 敏锐的
participant	*n.* 参加者	realm	*n.* 领域，王国
evoke	*v.* 唤起，引起	recollection	*v.* 回忆，回想，记起
grimace	*n.* 鬼脸，痛苦的表情	odourless	*adj.* 没有气味的
olfactory	*adj.* 嗅觉的	psychology	*n.* 心理，心理学
fragrant	*adj.* 芳香的	offensive	*adj.* 令人不快的，冒犯的
sensation	*n.* 感觉，知觉	interacting	*n.* 相互影响
bonding	*n.* 形成的亲密关系	intimate	*adj.* 私人的
spouse	*n.* 配偶	interiorise	*v.* 使深入内心

佳句赏析

1. The perception of smell, therefore, consists not only of the sensation of the odours themselves, but of the experiences and emotions associated with them.
   - **参考译文**：因此，对于气味的感知不单单包括对其本身的感觉，也包括对与其相关的经历和情感的认知。
   - **语言点**：
     （1）句型分析：

       该句中的therefore为插入成分，主句为The perception of smell consists...。consist of为固定结构，该句中在of部分中嵌套了not only...but...结构。
     （2）consist of sth 的意思是"be formed from two or more things or people"；例如：

       The buffet consisted of several different Indian dishes. 这场盛宴包含了数道不同的印度菜肴。

2. In one well-known test, women and men were able to distinguish by smell alone clothing worn by their marriage partners from similar clothing worn by other people.
   - **参考译文**：在一项著名的测试中，被测女性和男性都能够仅通过气味在相同的衣物中区分自己的配偶穿过的衣服和其他人穿过的衣服。
   - **语言点**：
     （1）句型分析：

       该句中的distinguish后的by smell alone为状语，clothing为其真正的宾语；distinguish...from...构

成谓语部分, worn by结构为过去分词作定语。

（2）distinguish...from...：将……和……区分开

He can distinguish a genuine antique from a reproduction. 他能区别真正的古董与复制品。

3. The reason often given for the low regard in which smell is held is that, in comparison with its importance among animals, the human sense of smell is feeble and undeveloped.
   - 参考译文：嗅觉不受重视的原因常常被归结为：相对于十分重视嗅觉功能的动物而言，人类的嗅觉较弱而且不发达。
   - 语言点：
     （1）句型分析：
        该句主句为The reason often given for the low regard...is that...。句中的in which引导定语从句，修饰low regard。此外，in comparison结构为插入成分。that引导了一个表语从句，即为the reason的内容。
     （2）in comparison（with/to something）相较……而言
        In comparison to other recent video games, this one isn't very exciting.
        相比其他最近推出的电子游戏，这一个并不怎么令人兴奋。

4. In the realm of olfaction, we must make do with descriptions and recollections.
   - 参考译文：在嗅觉的领域里，我们只能勉强依赖于描述和回忆。
   - 语言点：
     make do 凑合，将就
     I usually make do with a cup of coffee for breakfast. 我早餐经常用一杯咖啡对付。

5. Different smells can provide us with intimate and emotionally charged experiences and the value that we attach to these experiences is interiorised by the members of society in a deeply personal way.
   - 参考译文：不同的气味能为我们提供私人的、感情充沛的经历，我们赋予这些经历的价值又被社会成员以极个人的方式吸纳。
   - 语言点：
     （1）句型分析：
        此句中的and连接两个句子，主语分别为different smells和the value。后半句中的that从句为主语从句，修饰the value。
     （2）attach sth to sth：把某物附在另一物上
        Attach a recent photograph to your application form. 在你的申请表中附上一张近照。

⚙ 试题解析

Questions 27–32

- 题目类型：LIST OF HEADINGS
- 题目解析：
  i. 讨论嗅觉的难处
  ii. 嗅觉在私人关系中的作用
  iii. 将来对嗅觉的研究
  iv. 大脑与鼻子之间的关系
  v. 对气味的解读是划分群体的一个因素
  vi. 为什么我们的嗅觉不受重视
  vii. 嗅觉是我们的高级感觉
  viii. 嗅觉与情感之间的关系

题号	段落主题句	题目解析
27	A段次句：It became apparent that smell can evoke strong emotional responses.	A段主题句指出，气味可以唤起强烈的情感回应，即指出了气味与感觉的关系。因此答案为viii。

题号	段落主题句	题目解析
28	B段首句： Odours are also essential cues in social bonding.	B段主题句强调气味是社会联系的基本线索，即指出了其在人际关系中的作用。 因此答案为ii。
29	C段首句： In spite of its importance to our emotional and sensory lives, smell is probably the most undervalued sense in many cultures.	C段主题句后半部分指出嗅觉在很多文化中被轻视，随后分析原因。 因此答案为vi。
30	D段次句： Odours, unlike colours, for instance, cannot be named in many languages because the specific vocabulary simply doesn't exist.	D段主题句直接指出了在很多语言中缺乏描述气味的词汇。 因此答案为i。
31	E段次句： Significant advances have been made in the understanding of the biological and chemical nature of olfaction, but many fundamental questions have yet to be answered.	E段主题句后半句转折之后指出，很多关于气味的最基本的问题还有待解决，即点明未来的研究任务。 因此答案为：iii。
32	F段倒数第二句： Importantly, our commonly held feelings about smells can help distinguish us from other cultures.	F段主题句较难确定。句中指出，对于气味的感觉可以区分不同的文化。关键要理解distinguish...from...的意思。 因此答案为v。

Questions 33–36

- 题目类型：MULTIPLE CHOICE
- 题目解析：

题号	定位词	解析
33	introduction, aware of	题目：根据导言，我们意识到嗅觉的重要性是当 A 我们发现一种新的气味时。 B 我们闻到一种很浓的气味时。 C 我们的嗅觉被破坏时。 D 我们被气味包围时。 此题定位在Introduction的第四句：只有当嗅觉因某种原因受损而失灵时，我们才开始意识到嗅觉在我们的幸福感中扮演的重要角色。 故正确答案为C。
34	experiment, paragraph B	题目：在B段中描述的实验 A 展示了我们如何在没有意识到的情况下使用气味。 B 演示了家庭成员有着类似的气味。 C 证明了对于气味的感觉是习得的。 D 比较了男、女性对于气味的感觉。 此题定位段已知，且较易定位于末句的后半部分，其含义为：就算没有这样的意识，气味仍然会给人留下印象。 故正确答案为A。

题号	定位词	解析
35	paragraph C	题目：作者在C段做了什么？ A 支持其他研究 B 提出一个建议 C 反对一个普遍观点 D 描述限制条件 此题需要扫读C段，或者根据第一大题中C段的heading来选择。其段落大意为：嗅觉在很多文化中被低估，人们一直认为，和嗅觉灵敏的动物相比，人类的嗅觉不是那么灵敏；然而其实我们的鼻子是相当灵敏的。 故正确答案为C。
36	atmosphere, paragraph E	题目：在E段中，作者通过对空气中的气味的研究暗示了什么？ A 对于气味的度量变得更加精确。 B 研究者认为，嗅觉纯粹是一种生理反应。 C 大部分气味是不招人反感的。 D 嗅觉仍需定义。 此题定位于E段第三句，其中air对应atmosphere。它的意思为：研究者们还需要判断嗅觉到底是一种还是两种感觉——一种感觉回应气味本身，另一种感觉记录空气中无味的化学成分。 故正确答案为D。

Questions 37—40

- 题目类型：SENTENCE COMPLETION
- 解题方法：

    完成句子题的解法类似于SUMMARY COMPLETION，题目依照顺序原则出现，且需先分析空格中需填入的词的词性，然后定位。

- 题目解析：

题号	定位词	文中对应点	题目解析
37	husbands and wives	B段： ... women and men were able to distinguish by smell alone clothing worn by their marriage partners from similar clothing worn by other people.	此题定位句中的marriage partners对应定位词。空格中所填词应为丈夫和妻子所拥有的一件东西，belonging to对应文中的worn by。 故此题答案为clothing。
38	linguistic groups, describing	D段： Odours, unlike colours, for instance, cannot be named in many languages because the specific vocabulary simply doesn't exist.	此题定位有难度，但依据顺序原则及对之前所做题目的印象还是能定位到D段，其中 named 对应 describing，languages 对应 linguistic groups。空格中所填词应为缺乏的东西。 故此题答案为vocabulary。
39	not smell, obvious odours	E段： ... one responding to odours proper and the other registering odourless chemicals in the air.	此题定位较难，但根据第36题的定位句就能直接解题。句中的 odourless 对应 not smell，空格中所填词应为闻不到的东西。 故此题答案为chemicals。

题号	定位词	文中对应点	题目解析
40	unpleasant	F段： ...smells that are considered to be offensive in some cultures may be perfectly acceptable in others.	此题定位需要根据句子中的对立关系，文中的offensive和perfectly acceptable即为对立，分别对应pleasant和unpleasant。空格中所填词应为被认为是unpleasant的地方。 故此题答案为cultures。

参考译文

——— 嗅觉的意义和力量 ———

对气味的感觉，或嗅觉，是十分强大的。气味在生理、心理和社会层面均对我们产生影响。然而，在大多数情况下，我们吸入周围的气味却并不自觉它们对我们的重要性。只有当嗅觉因某种原因受损而失灵时，我们才开始意识到嗅觉在我们的幸福感中扮演的重要角色。

A. 一项由Anthony Synott在蒙特利尔的Concordia大学开展的调查要求参与者评价一下嗅觉在他们的生活中的重要性。很明显，嗅觉能够唤起强烈的情感回应。某种和愉快经历相关的气味会带来欣喜之感；污浊的气味或与糟糕经历有关的气味则可能让人恶心得面部扭曲。这项调查的应答者们觉察到自身很多对嗅觉的好恶都基于情感联系。这样的联系在强到一定程度时，会让大众普遍不喜欢的气味变得令特定个体愉快，也会让大众公认为芬芳的气味变得让特定个体讨厌。因此，对于气味的感知不单单包括对其本身的感觉，也包括对与其相关的经历和情感的认知。

B. 气味是社会联系的重要线索。一位接受调查的人认为，如果不去触碰和嗅闻你所爱的人或物，那么你们之间就没有建立起真正的情感联系。事实上，婴儿在出生后不久后就会辨识母亲的气味，成人也往往可以通过气味辨认自己的孩子或伴侣。在一项著名的测试中，被测女性和男性都能够仅通过气味在相同的衣物中区分自己的配偶穿过的衣服和其他人穿过的衣服。大部分被测者在参加测试之前，很有可能从来都没有意识到气味也能成为辨认家庭成员的线索。然而正如试验所揭示的，就算没有这样的意识，气味仍然会给人留下印象。

C. 尽管嗅觉对我们的情感和感知生活都很重要，但它可能在很多文化中仍是最不受重视的官能。嗅觉遭受轻视的原因常常被归结为：相对于十分重视嗅觉功能的动物而言，人类的嗅觉功能较弱而且不发达。虽然人类的嗅觉确实不如某些动物的那样杰出，但是仍然相当敏锐。我们的鼻子能够分辨成千上万种气味，也可以感知极微量的气味。

D. 然而，嗅觉是种非常难以捉摸的现象。气味与色彩不同，例如，在很多种语言中都很难给气味进行命名，这是因为特定的词汇根本不存在。我们想要描述某种气味时，只能说"它闻起来像……"，绞尽脑汁地表达我们的嗅觉感受。气味也无法记录：没有有效的方法能够捕获或长时间地保存气味。在嗅觉的领域，我们只能勉强依赖描述和回忆，这就涉及对嗅觉的研究。

E. 迄今为止进行的多数关于嗅觉的研究都具有物理科学性质。对于气味的生化组成的了解已有了重要的发现，但是很多基本问题仍未得到解答。研究者们还需要判断嗅觉到底是一种还是两种感觉——一种感觉回应气味本身，另一种感觉记录空气中无味的化学成分。其他未解的问题包括鼻子是否唯一受气味影响的身体器官，以及如何客观地测量无形的气味。这样的问题意味着对于研究者来说，对嗅觉心理学的兴趣势必起到越来越重要的作用。

F. 然而，嗅觉并不只是一种生物学和心理学现象。嗅觉具有文化属性，因此也是一种社会学和历史学现象。嗅觉被赋予了文化价值：在有些文化中具有冒犯意味的气味到了其他文化中可能就变得可以为人所接受了。因此，我们的嗅觉是与世界进行互动的手段和模式。不同的气味能为我们提供私人的、感情充沛的经历，我们赋予这些经历的价值又会被社会成员以极个人的方式吸纳。重要的是，我们对气味所持有的共同感受能够帮助我们区分自身与其他文化群体。因此，对于气味的文化历史研究确实是深入人类文化本质的钻研。

Writing

Task 1

题目要求

（见"剑8"P53）

审题

本题为饼状图。这三个饼状图分别显示了英国某学校在1981年、1991年和2001年这三年每年的花费情况。

💡写作思路

本题共有三个饼状图。写作的时候，既要涉及同一年份不同花费项目之间的比较，也要描述同一花费项目在不同年份之间的变化。一般说来，既有"变化"又有"比较"的时候，要重点写"变化"。写"比较"时则要强调占据最大比例的支出项目。

☕考官范文

（见"剑8"P164）

〰参考译文

这些图表分别显示了英国某学校分别在1981年、1991年和2001年这三年在不同运营费用上的开销。

在这三个年份里，最大的支出是在员工工资上。虽然除教师之外的员工工资从1981年的28%下降到2001年的仅15%，但教师的薪水依然是最大的一笔支出，在1991年达到总开销的50%，2001年为45%。

诸如书本等资源方面的支出在1991年增长到20%，然后在最后一个时期下降到只有9%。与之相反，家具和设备的花费趋势与之相反。这方面的花费在1991年跌到只占总支出的5%，但在2001年急剧上升，达学校预算的23%。类似的是，保险开支也呈上升趋势，从仅2%增长到2001年的8%。

总之，教师工资构成了学校最大的支出，而虽然设备和保险方面的花费大幅度增加，但书本和其他职工的工资等方面的费用有相应的下降。

⚙分析

开头段分析

本文开头第一段事实上是对题目说明性文字的改写，提供了三方面的核心信息：时间、地点和对象。范文的主语和动词基本和题目相同，但对宾语进行了改写，从题目的名词改成了名词性的宾语从句。题目中的名词spending，也改为动词spent。

主体段分析

图表作文主体段落的写作，通常要先指出这几幅图最明显的特点，参见剑4 Test 1"考官范文"。当然，我们也可以把图表最突出的特点或趋势写在首段末句，参见剑5 Test 1"考官范文"。

能够对图表中涉及的诸多相关信息进行归类（grouping）是决定内容能否获得高分的关键因素之一。在这三个饼状图中，teachers' salaries（教师的工资）和other workers' salaries（其他职工的工资）都是工资，可以进行归类。而且把两者的工资合并以后，我们可以发现它是占学校总支出最大的项目。具体写的时候要注意描述工资在不同年份间的变化。具体的花费一共有五部分，写完教师和其他职工的工资以后，需要找出剩余三部分的共同点和差异性。如果从第一年的1981年看到最后的2001年，我们可以发现书本等资源的支出是呈下降趋势的，而家具和设备花费以及保险开支则总体上是增长的，因此我们同样可以把家具和设备花费以及保险开支进行归类。

结尾段分析

　　文章的结尾简明扼要，总结了这三幅饼状图最重要的特点，既指出静态的对比（每个饼状图内部），又有动态的变化（各个饼状图之间）。

表达

　　"所占份额"的表示方法有represent和constitute。除此以外，我们还可以用provide、account for和make up来表示。例如：

Coal provided 46.2% of the whole in 1970. 煤炭占1970年总量的46.2%。

Males accounted for 60% of the whole workforce. 男性占总劳动力人口的60%。

Students make up nearly 20% of the group. 学生约占小组人数的20%。

单词改写

　　teachers' salaries改为teachers' pay；

　　spending改为expenditure和cost。

关联词

　　类比关联词：similarly（还可以用likewise, in the same way, in the same manner）

　　转折与对比关联词：but, while, in contrast（还可以用whilst, whereas, on the contrary, by contrast, conversely）

　　总结关联词：overall

注意时态

　　本题的三个饼状图涉及1981年、1991年和2001年，都是过去的时间。在描写具体信息的时候，要使用一般过去时。即便是描述1981年到2001年间的变化趋势，也是用一般过去时，不需要用过去完成时，因为这是属于过去的一段时间。

Task 2

📓 题目要求

　　（见"剑8"P54）

🖋 审题

　　由于技术的影响，现在许多人互相交往的方式都发生了改变。科技在哪些方面影响了人们之间的关系？这些影响是积极的，还是消极的？本题就让你就这个问题来表述自己的观点。

💡 写作思路

　　本题包括两个问题。需要注意的是，论证的时候要对两个问题都进行充分地拓展，可以在篇幅上有所侧重，但不能忽略。段落分配上，可以分为四段。第一段简单交代背景，引入话题，指出技术改变了人与人之间的交往方式。第二段从各个方面具体分析技术如何对人们之间的交往产生影响，可以采用举例等论证手法。第三段和第四段分析技术带来的变化是正面的还是负面的，最好正反两方面的影响都有所涉及并指出利大于弊或者弊大于利。

考生作文

（见"剑8"P165）

参考译文

现在，由于技术的影响，人们互相交往的方式发生了改变。

是的，技术以一种不断增强的方式改变了人们相互之间的交往。

以前，人们常常等待并试图找到联系远方亲友的便捷方式。在过去，没有什么快速的技术可以用来进行联系，或在人与人之间实现交流。过去通讯系统的缺点在于它们太慢了，而且像电报和信件等一样耗时太久。由于通讯手段不安全，人们以前常常不敢给自己爱的人写私密性的回复。在职业层面上，隐私和准确性应该得到维护，但是在那时，没有什么安全的通讯方法。

现在事情发生了改变，相距很远的人们可以以轻松、快速的方式和心爱的人取得联系，从而改善了两人之间的交际水平。人们之间的交际质量得到了提高，这是因为人们拥有了能够促进交流的高科技技术。现在有很多的媒介可以使用，比如互联网，电话卡等。

技术提供了更快的移动性，使人们能够在世界任何地方、任何时间进行谈话或交流。

人们可以在任何他所希望的时间联系朋友或亲戚。和朋友、亲戚，甚至是陌生人交往变得更加容易和友好。

分析

本文5.5分。

考官点评

（见"剑8"P165）

参考译文

这篇文章的开头照抄了题目，照抄部分从总字数中扣除。这使得文章字数不够，只有236个单词，考生为此失分。

这篇文章对题目中的两个问题都进行了陈述，但第一个问题在人们之间真正的关系如何发生了改变这方面没有进行充分地拓展。不过，文章表达了明确的观点，即影响是正面的，关系得到了改善，并且有一些相关的观点加以支持。论证的过程总体上有连续性，有效运用了一些时间标志词和关联词。但也有一些重复。分段并不都有逻辑性，观点之间的衔接也不是都得体。运用了一些和话题相关的词汇，包括一些精确自然的表达。词形，选词和拼写方面有相当多的错误，但这些错误通常不影响理解。文中用了不同的句型，但并不都准确。语法和标点错误有时让人糊涂，但极少造成读者理解上的问题。

字数

这篇文章开头照抄题目，按照规定，照抄的部分要从总字数中扣除。这导致文章只有236个单词，低于考试规定的至少250词的要求，要被扣分。本来这篇文章大体上符合6分的基本要求，扣分后为5.5分。

内容

这篇文章对题目中的两个问题都进行了阐述，但在第一个问题——人们之间的关系如何得到改变这方面拓展得不够充分。这一点符合6分作文的要求：即"能够回应题目要求，但有的部分涵盖不够完整。"要在内容这一项上达到更高的成绩，关键在于对第一个问题进行充分的论证。

文章第一段照抄原文。第二段提出自己的观点。第三段指出人与人之间的交往在过去存在的问题是速度太慢，而且不够安全。第四段提到互联网和电话等技术的出现改进了人们之间的交往，有着正面的影响。第五段和第六段具体说明技术更便捷地促进了人们之间的交流。这篇文章需要在论证上改进的是，删去第一段，扩充第四段，不能仅仅提出技术改善了人际交往，而要进一步说明是如何改善的。比如与耗时甚久的书信相比，电话更加方便快捷，可以随时实现与人沟通，更加拉近了人与人之间的距离。而且人们能互相听到彼此的声音，使得关系更加亲密。另外，互联网技术的发展也使得交往的成本更低，电子邮件、视频通讯和微博等新发明在保留了书面沟通的基础上，既增强了彼此之间的互动，也使得交往的范围不断扩大。人们不仅能在个体之间进行交往，而且能实现个体和群体的互动。最后在结尾段简要总结一下技术带来了交往上的便利。为了更加平衡，结尾可以稍加提及技术对人际交往的负面影响，比如说如果人们过度依赖技术可能会忽视面对面交流这种最贴心的方式。

结构

论证的过程总体上有连续性，但也有一些重复。分段并不都有逻辑性，观点之间的衔接也不都得体。信息组织的总体是否有延续性是区别5分与6分的一个指标。要往7分方向努力的话，需要在分段的逻辑性和衔接的有效性上加强。

词汇和语法

这篇文章有一些精确自然的表达值得学习。但词形、选词和拼写方面有相当多的错误。文中用了不同的句型，但并不都准确。语法和标点上的错误有时让人糊涂，但极少造成读者理解上的问题。6分作文与5分作文在用词和语法方面的最大区别在于所犯的错误有没有影响到信息的传递和理解，与7分作文的最大区别则在于错误的量和用词的多样化。

1. 精确自然的表达

   in an enhanced manner 以增强的方式

   mobility n. 移动性

   when it comes to 当涉及；就……而论

   be in touch with 接触；联系

   establish communication 实现交流

   medium of communication 交流媒介；通讯手段

   be equipped with 拥有

2. 本文中的时间标杆词

   第三段：earlier, in the past, to that time

   第四段：now

3. 错误示例（这些错误不至于影响文章得6分，到如果要得6.5以上成绩则需要避免）

   词形：use to应为used to（过去经常）；should be maintain应为should be maintained（被动语态）

   拼写：leaving far应为living far；feriend应为friend

   单复数：easy way应为easy ways；two person应为two people

   重复与累赘：between one person to another person应为between one person and another

   主谓一致：it were very slow and were应为it was very slow and was

   动词缺失：People used to afraid to write应为People used to be afraid to write

Speaking

Part 1

在第一部分，考官会介绍自己并确认考生身份，然后打开录音机/笔，报出考试名称、时间、地点等考试信息。考官接下来会围绕考生的学习、工作、住宿或其他相关话题展开提问。

🔍 话题举例

Newspapers and Magazines

1. **Which magazines and newspapers do you read?** [Why?]

   I'd like to **keep myself informed** about international politics and business. *The Economist* offers the best quality. I really like it. It gives thorough **coverage** of news from around the world, including places that are often **overlooked** in other sources. Also, it has a **wry sense of humor**. I find the **captions** of the photos to be quite enjoyable.

keep someone informed 使某人被告之	coverage 新闻报道
overlook 忽略，忽视	wry 挖苦的，讽刺的
sense of humor 幽默感	caption 说明文字

2. **What kinds of article are you most interested in?** [Why?]

   I enjoy reading articles about **international affairs**, economic analyses, technological developments, **trends**, food and travel. I prefer **neutral analysis**, not just opinions from the left and right. I am not interested in reading any **gossip** and **speculation**. I want the facts as far as it is possible, although I know that "facts" are not as they appear.

international affairs 国际事务	trend 潮流趋势
neutral analysis 中立的分析	gossip 绯闻，流言
speculation 炒作	

3. **Have you ever read a newspaper or magazine in a foreign language?** [When/Why?]

   I learned German for two years at university and during this time we **were supposed** to read German novels as part of the course, but I normally read the English translation as I felt that my German was not at the **appropriate level**. However, I then realized the only way to get it to the appropriate level is to just read and practice. We should start with children's books and **work our way up**.

be supposed to 应该(做某事)	appropriate level 适合的水平
work one's way up 努力向上	

4. **Do you think reading a newspaper or magazine in a foreign language is a good way to learn the language?** [Why/Why not?]

   Yes. Buy the **unabridged** audio books or magazines to read and listen at the same time, so the **audio components** are an **advantageous** help to develop pronunciation skills. It is a very good and effective method to learn a second language.

unabridged 未删减的，完整的	audio component 音频部分
advantageous 有利的，有益的	

Part 2

考官给考生一张话题卡(Cue Card)。考生有一分钟准备时间,并可以做笔记(考官会给考生笔和纸)。之后考生要做1~2分钟的陈述。考生讲完后,考官会就考生的阐述内容提一两个相关问题,由考生作简要回答。

CUE CARD

Describe a restaurant that you enjoyed going to.

You should say:

where the restaurant was

why you chose this restaurant

what type of food you cate in this restaurant and

explain why you enjoyed eating in this restaurant.

➡️ 话题卡说明

"一个餐厅",对于这个话题卡,考生可以选择的素材很多。大家可以描述中餐馆,如火锅店、拉面店、饺子馆。也可以描述西餐厅,如比萨店、汉堡店,但重点是要多说明题目中要求的why you enjoy ed eating in this restaurant,最好能多说一些个人感受。第三部分是围绕食物特色的问题展开的,也是和我们日常生活息息相关的话题。这里给大家提供的是一篇描述小胡同里的饺子馆的口语素材,这家饺子馆菜品美味,服务周到,但很少有人知道,颇有点酒香巷子深的感觉。

引出话题	I often eat at a dumpling restaurant in a *hutong* near the Forbidden City. *It's down* a small street and is a real *best-kept-secret*.
去的频率	I don't go there often because it's right in the center of Beijing and I live *on the outskirts*, so it's pretty difficult to get there unless you're already nearby. I'd say I go there every couple of weeks or so.
食物	Being a dumpling restaurant, they obviously serve dumplings! You get around twenty dumplings in each serving which is more than enough for me. They don't serve other types of food but *make up* for it by making especially nice dumplings. I like to *dip* them in vinegar and then eat them whole. When I took some friends there they said the dumplings were the best ones they'd ever eaten.
为何喜欢	After a meal at this place you feel really full and satisfied. It's guaranteed to stop you feeling hungry. I also like it because it's really cheap! It's only a small restaurant and there's no decoration apart from a few *ornaments* behind the counter, but that's part of its charm: it's a simple, friendly place. The neighborhood is great too: it's historical and *picturesque* and there's always some interesting people walking around or riding their bicycle. You can relax and enjoy your meal without *feeling rushed* as you are at larger places that play annoying music or are too crowded. Another great thing is that you always get your food served right away without having to wait, so you can walk right in and start eating.

📖 重点词句

hutong 胡同

on the outskirts 在郊区

ornament 装饰物

It's down...在……的尽头

make up 补偿

picturesque 风景如画的

best-kept-secret 不为人知的秘密

dip 蘸

feel rushed 感觉匆忙的

Part 3

第三部分：双向讨论(4~5分钟)。考官与考生围绕由第二部分引申出来的一些比较抽象的话题进行讨论。第三部分的话题是对第二部分话题卡内容的深化和拓展。

🔍 话题举例

Restaurants

1. **Why do you think people go to restaurants when they want to celebrate something?**

   Well, I think there are probably a lot of reasons why people go to restaurants, but two of the main ones are that it's very easy for everyone to relax and have a good time and that it's not as much of a hassle as having a party at home. Most restaurants these days have really fun *causal* atmospheres so people *instantly* feel comfortable talking. You can also *reserve* a private room if you like. Perhaps the more important reason is that throwing a party at your home is a lot more trouble. You need to do lots of planning and food preparation. Then, after the party your house is a mess. I held a party once and when everyone left, my home looked like a *disaster zone*. It took me a long time to clean up. So, I personally would rather celebrate in a restaurant.

causal 随意的，休闲的	instantly 立即地
reserve 预订	disaster zone 灾区

2. **Which are more popular in your country: fast food restaurants or traditional restaurants? Why do you think that is?**

   It depends on what you want to do. Fast food restaurants are rapidly becoming popular for several reasons. One is that *white collar* workers have really *hectic schedules* and may just want to grab a quick bite for lunch before getting back to work. So now there are rows and rows of fast food chains in the business districts. Another reason that fast food is becoming popular is that places like McDonald's create a family friendly atmosphere, they even have play areas. Families with *toddlers* may not take them to a more formal place. However, here in China, traditional restaurants will also continue to be popular for a long time. Chinese people take their *cuisine* very seriously and traditional restaurants are the best place to go if you want a huge variety of food or *authentic dishes*. Traditional restaurants are also extremely important for occasions like big business events or family *get-togethers*.

white collar 白领	hectic schedule 紧张、忙乱的日程
toddler 刚学会走路的孩子	cuisine 饭菜
authentic dish 地道的食物	get-together 聚会

3. **Some people say that food in an expensive restaurant is always better than food in a cheap restaurant — would you agree?**

   I can see why some people would say that, but I have to disagree. At least, it's not always better. Some of my favorite meals have been in small local *eateries* and even *dive restaurants*. Although the food is simple, it's often both hearty and delicious — like a home cooked meal. Of course, if you are a person with *refined tastes*, you might still be better off going to a *high-end restaurant*.

eatery 小餐馆	dive restaurant 价格便宜的餐厅
refined taste 高雅的品味	high-end restaurant 高档餐厅

Producing food

1. **Do you think there will be a greater choice of food available in shops in the future, or will there be less choice?**

   Yes, there is already a much greater variety of food available in shops than there was a decade ago and I think this trend will continue for a long time. When my parents were my age, they had virtually no choice whatsoever. They could only buy what was available in the small local shop or vegetable market. Now there are countless supermarkets with huge selections of food. For example, in addition to regular items most supermarkets have an international *aisle* where you can buy imported foods. Also many seasonal fruits and vegetable can now be bought year round. If you can't find what you want in a regular supermarket, you can also visit specialty shops that *exclusively* sell tea or chocolate or other *gourmet* items.

aisle 通道	exclusively 专门地
gourmet 美食家	

2. **What effects has modern technology had on the way food is produced?**

   Modern technology has affected food in a great number of ways. Farming is *mechanized* now, so fields are more productive, and also there are less people involved in farming than before. Another way modern technology has affected food production is now scientists can *bioengineer* new foods, like bigger tomatoes or *seedless* watermelons. Perhaps one more way food production has been affected is people buy a lot of *prepackaged foods*, which are extremely convenient, but don't always taste as good. Thus, modern technology is both good and bad for food production.

mechanized 机械化的	bioengineer 生物工程
seedless 无籽的	prepackaged food 预先包装好的食物

3. **How important is it for a country to be able to grow all the food it needs, without importing any from other countries?**

   Well I think it's extremely important that a country is *self-sufficient*, and that it can always provide enough for its people, but a country doesn't necessarily need to grow all of its own food. For example, if we have free trade, we can import a variety of foods and products that can't be made *domestically*. It's definitely important that a country *is capable of* growing all its most basic foods though, for example, staple foods like rice and grain. If we have to import rice from other countries, there is a risk that prices might *fluctuate* sharply and that could negatively affect lower income people.

self-sufficient 自给自足的	domestically 本土地, 国内地
be capable of 有能力的, 能……的	fluctuate 波动, 浮动

话题相关材料

　　A 意大利食物以健康、可口和容易烹饪闻名于世。大家想到意大利食物, 最先浮现在脑海的一定是比萨(Pizza)和意大利面(Spaghetti)。今天我们就来看看如何烹制出一份地道的意大利面(Spaghetti)。

　　Spaghetti is a delicious Italian meal that most kids will love. In fact, adults and kids alike will surely enjoy a spaghetti lunch or dinner any day. *The problem, however, in most spaghetti dishes is the soggy pasta. A lot of cooks tend to overcook spaghetti and thus ruin the whole taste.* They say that *the best way to cook spaghetti is to cook it al dente.* This means it *should be slightly chewy and not pasty.* Let's learn how to cook spaghetti noodles al dente.

When you purchase your spaghetti pasta, you will see cooking instructions on the label. *Make sure that you check the instructions and follow them carefully as these instructions already teach you how to cook that specific pasta al dente.* At the same time, these labels already include the quantity of water and the time you'll need to cook it. So it's very important to refer to the label instructions to come up with spaghetti noodles al dente.

Perhaps another thing that you always tend to forget is to cook enough for the number of people eating. *Generally, 500 grams of pasta is good for 4 people.* If you look at a bundle of dry noodles, the diameter of about a US quarter coin will yield 1 cup.

Now if you are cooking the spaghetti, *make sure that you have a good sized pan large enough to allow the pasta enough space.* This will avoid your pasta sticking together or sticking to the pan. Another technique to avoid this is to add oil. Once your water boils, add oil as you add in your pasta too. It's also best to toss your pasta every now and then to avoid sticking. Use tongs or chopsticks so you don't ruin the noodles.

For 500 grams of pasta, you will need to pour in about 4 liters of water for boiling. However, it will be best to check on your pasta's label for instructions as it may vary. At the same time, if cooking about 500 grams of pasta, add about 2 tablespoons of salt. *Salt allows of your pasta noodles to cook evenly.* Add it after the water boils and not before. Adding salt prior to boiling will require much longer time to boil.

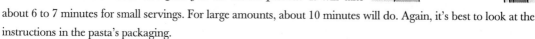

When timing your pasta, *make sure to add the noodles once the water boils. Don't cover the pan for al dente pasta.* It will take about 6 to 7 minutes for small servings. For large amounts, about 10 minutes will do. Again, it's best to look at the instructions in the pasta's packaging.

Now, to determine whether your noodles are already cooked al dente, *make sure that you taste a piece of the spaghetti as soon as the recommended time is finished.* It should be slightly chewy and when you look at the piece you've bitten, *there must be a small white dot in the center.*

If you're still cooking the sauce, *make sure that you drain your noodles first and run cold water on them to stop the heating process.* If you don't let it cool right away, it will continue to heat and cook and give you soggy noodles, taking away the al dente texture.

Listening

Section 1

场景介绍

一位男士希望在学习期间与三位朋友合租一套房子，在与房屋租赁中介沟通时间及房子的价格、设施及周边配套设施。中介推荐时涉及多处房屋，但都不符合男士的要求。作为学生，在租房时一般希望租期相对较长、稳定，且周围比较安静，价格又能在经济承受能力之内。

本节必背词汇

rent	v. 租 n. 租金	kitchen-diner	n. (有就餐区域的)大厨房
location	n. 地点，位置	study	n. 书房
suburb	n. 郊区	whereabouts	adv. 在哪里
minimum	adj. 最低的 n. 最少，最低值	decorate	v. 装修，装饰
let	n. 出租，租赁	scheme	n. 计划
living room	起居室	district	n. 地区
dining room	餐厅	construction	n. 建设
garage	n. 车库	impressive	adj. 令人印象深刻的
cloakroom	n. 盥洗室	schedule	n. 计划；时刻表
cope with	应付，处理	convert	v. 改建，改造

词汇拓展

accommodation	n. 住宿；宿舍	flatmate	n. 室友
apartment	n. 〈美〉公寓	homestay	n. 寄宿
budget	n. 预算	off campus	在校外
contract	n. 合同	on campus	在校内
double room	双人间	studio	n. 〈美〉小套间
flat	n. 公寓		

文本及疑难解析

1. That might be difficult, as most houses of that size are in the suburbs. Still, there are a few. What's your upper limit for the rent? 这可能有些困难，因为大多数这种面积的房子都在郊区。不过我们还是有一些的。您所能承受的租金上限是多少？ 此处size不应理解为"尺寸"，而应为"面积"。rent一词作动词时表示"租"，作名词里表示"租金"。

2. But we can't go beyond that. 但是我们不能出比这更高的价了。此处beyond指"比……高，比……有所……"，例如：His exam result is way beyond my expectation. 他的考试成绩比我预期的高出许多。

3. Right. And how soon do you want to move in? All our lets start on the first on the month. 好的。你们想要多快入住？我们的租赁都是从每月一号开始的。let一词在本节中的含义是考生不太熟悉的"出租，租赁"，而非动词"让"。

4. It doesn't have a garage, though you can park in the road. 这栋房子没有车库，但你们可以把车停在街边。本句需要掌握短语in the road，一般指"东西挡在路上"。

5. That looks rather nice. But whereabouts in Hamilton Road? 这个看上去很不错。具体在Hamilton 路的什么位置？ whereabouts 一词通常用于进一步询问位置。

6. But this one hasn't been decorated for a few years, which has kept the rent down a bit. 但这一栋房子已经多年没有装修过了，所以价格比较低。 keep...down 意思是"使……低"，在本句中意为"使租金保持在低位"。

7. The only one closed down last year, and it's now in the process of being converted into a film museum. 唯一的一家去年关闭了，目前正在被改建成电影博物馆。此处convert一词表示"改建、改造"，且一定指将小建筑变为大建筑，固定搭配为convert...into...。

题目解析

本节出现的题型依然以典型Section 1出现频率极高的纵轴个人信息表格（form）及信息比对表格（table）为主。需填写的信息仍主要为名称、地点、价格等。

1. 答案为直叙。It'd nice to be central. 题干中的location一词成为重要的提示，原文重现。

2. 本题要求填写金额，原文提到£500及£600两个金额。前者是租房者的理想租价，但后者也可接受。题干中的maximum与原文的up to为同义替换。注意：在考试中maximum和up to同义替换的情况很多。

3. 有的考生会因为原文提及的是we're at college here for two years而错过答案，但原文紧接着又强调we don't want to have to move during that time if we can avoid it. （如果可以避免的话，我们不想在此期间搬家。）意指需要租房的时长与学习的时长相同。

4. 答案为直叙。先听到£550，之后 it doesn't have a garage即点明答案。

5. 原文先提到big garden，之后租房者指出"我们照顾不了"，即租房者认为花园太大了。

6. Hamilton Road为明显信号词，答案立刻出现。study一词作名词的含义为"书房"，相对少用。

7. 再次对Hamilton Road进行强调，后出现答案that'll be very noisy。

8. 本题答案出现时无任何混淆性信息，直接给出595。

9.& 10. 多选题相对难度稍高。出现多处混淆性信息。先提及sports centre，但是under construction （建设中），考生必须把握该词组才能排除干扰选项D。In fact the swimming pool's already opened. 事实上，游泳池已经开放，表明是现有的设施。而后又提到cinema，但已经关闭，考生需要注意有关cinema的解释性信息。the existing concert hall中的existing（现存的，现有的）为解题的关键。

Section 2

场景介绍

该广播节目介绍了国家艺术中心的内部构造、发展史、现有活动安排及其举办时间、价格等情况。艺术中心在战争年代被摧毁，但之后又被当地居民重建。该艺术中心几乎全年无休开放。重点介绍了最近的各种表演活动，详细阐述举办时间、地点、票价、大致内容等情况。

本节必背词汇

spotlight	n. 聚光灯	classical music	古典音乐
throughout	prep. 遍及	concert	n. 演唱会，音乐会
venue	n. 地点	complex	n. 建筑群；联合体

cater	v. 满足，迎合	attraction	n. 吸引物
art gallery	画廊，美术馆	recommend	v. 推荐
enormous	adj. 众多的	spectacular	adj. 引人入胜的，壮观的
eventually	adv. 最终	fantastic	adj. 精彩的，绝妙的
symphony	n. 交响乐	review	n. 影评
orchestra	n. 管弦乐团	exhibition	n. 展览
selection	n. 挑选，精选；选集	collection	n. 收藏；收集

词汇拓展

stopping points	停靠地(点)	shallow	adj. 浅的；肤浅的
palace	n. 宫殿	arcade	n. 拱廊；有拱廊的街道
residence	n. 居所，住处	commentary	n. 解说
refreshment	n. 小点心	departure	n. 出发，离开
commercial	adj. 商业的	hop-on hop-off	随到随发；随时上下

文本及疑难解析

1. Every Friday evening we put the spotlight on different arts and culture facilities, and look at the shows and events that are on offer in the coming week. 每周五晚上我们都会聚焦于不同的艺术与文化设施，并且会介绍其接下来一周要推出的表演和活动。spotlight为名词，在本句中理解为动词"聚焦"更加适合。

2. But did you know that it is actually much more than just a place to hear concerts? The Centre itself is a huge complex that caters for a great range of arts. 但你们是否知道这实际上不仅仅是一个听音乐会的地方？该中心本身就是一个能够满足各种艺术表演需求的大型综合体。complex一词在地图题中经常出现，解释为"街区"，与美语中的block意思相同。

3. Both our National Symphony Orchestra and National Theatre Company were involved in the planning of the project, and they are now based there — giving regular performances every week — and as the Centre is open 363 days of the year, there are plenty of performances to choose from. 国家管弦交响乐团和国家影视公司都参与了项目策划，他们每周都在这里进行常规表演。中心每年363天开放，提供了大量可选的表演。be involved in等同于participate.

4. So, to give you some idea of what's on, and to help you choose from the many possibilities, we've made a selection of the star attractions. 因此，为了让大家了解目前正在进行的活动，并帮助大家从诸多表演中进行选择，我们制作了一个"精品活动"特辑。what's on可以理解为"正在进行的活动"。

题目解析

本节难度适中。所有题目均为原文重现。

第11~16题为笔记(Note)填空。

11. 题干中的 well known for 对应原文的 It's famous throughout the world as. 考生需要把握这两个短语，方可抓住答案信息 venues for classical music。

12. 题干涉及的各大内部结构均在原文中被提及，且顺序一致，注意听录音即可给出答案。

13. 本题难度相对较高。题干中的格式可能使有些考生不明白需要在原文中捕捉何种信息。题干将1960s~1970s并列给出，而原文中分别给出。1960s对应的是planned，1970s对应的是built。解答本题时需注意单词的拼写。

14. 原文在opened to the public之后立刻给出年份1983。

15. 原文中run一词表示"经营、运营"，与题干中的managed属同义替换，题干中的by决定了答案必须是人或机构。

16. 题干open原文重现，之后立刻给出数字363。

第17~20题为信息比对表格，信息均以标准表格的横向顺序列出。

17. 以Mozart为定位词，原文在Mozart后直接出现地点Garden Hall。

18. 原文8 pm后出现Cinema 2可能导致考生惊慌，但立刻出现Three Lives。此题难度并不高，但答题时需注意节目名称为专有名词，首字母需大写。可参照表格中的已有信息。

19. 本题较容易，仔细听录音即可，但需注意书写格式。

20. 以11 am to 10 pm为定位词，注意听其后出现的内容。原文中的it's...called...为信号词。

Section 3

📓 场景介绍

Paul与一位女士在讨论个人陈述中提及的南美工作经历，涉及Paul的工作体验、职责，而后讨论了对未来所学科目的期待。起初Paul对这份工作有比较高的期待，而后发觉工作内容和性质极其没有系统化，最后放弃。但Paul依然认为这对自己的未来学习有帮助。

🔤 本节必背词汇

personal statement	个人陈述	administration	n. 行政管理
fluency	n. 流利	lodging	n. 寄宿处；出租的房屋
barrier	n. 障碍	laptop	n. 笔记本电脑
original	adj. 最初的，原本的；原始的	module	n. 单元
		gender	n. 性别
agency	n. 中介，机构	analysis	n. 分析
voluntary	adj. 自愿的，志愿的	reconfigure	v. 重新配置；重新设置
construction	n. 建设	occupy	v. 占领，占据
engineering	n. 工程	elect	v. 选举，推举
physically	adv. 身体上；生理上	leadership	n. 领导
de-motivated	adj. 失去动力的	sphere	n. 范围，领域
community	n. 社区	acquisition	n. 获得；获得物
reluctant	adj. 不情愿的	indigenous	adj. 本土的
suspicious	adj. 怀疑的	appropriate	adj. 恰当的
academic	adj. 学术的	Portuguese	n. 葡萄牙语

🔤 词汇拓展

complementary	adj. 补足的；互补	remote	adj. 遥远的，偏僻的
historical	adj. 历史的	uninhabited	adj. 荒无人烟的
expedition	n. 探险；远征	wilderness	n. 荒野
scientific base	科考基地	fieldwork	n. 实地考察
specialist	n. 专家		

文本及疑难解析

1. What took you there? Was it to gain more fluency in Spanish? 你为什么去了那个地方?是为了使西班牙语更流利吗? take一词口语的用法非常多,经常可以用作与时间相关的表达。例如: What took you so long?(是什么花了你这么长时间?)

2. In fact, I ended up teaching English there, although that wasn't my original choice of work. 事实上,最后我在那里教英语,尽管这并不是我最初的职业选择。

3. I'd thought it might be difficult physically, but I was certainly fit enough...no, I wanted to do something that had more of a proper structure to it, I suppose. 我原以为这份工作可能对身体条件要求比较高,但那时候我已经非常健壮了⋯⋯不,我认为是我想做一些更有结构性的工作。本句结构稍显复杂,考生需要把握代词it指代work才能理解。

4. That wasn't his strong point! I think he was often more interested in the academic side of things than filing reports. He was a bit of a dreamer. 这不是他的强项!我认为和填写报告相比,他对学术方面更感兴趣。他有点梦想主义。dreamer字面意思为"做梦的人",原文没有出现"XX主义",但译为"梦想主义"更加通顺。

5. And did anything on the administration side of things surprise you? What was the food and lodging like? 在行政管理方面有没有什么人或事让你感到惊讶? 食宿方面如何?

6. Don't judge the value of the course on that. 不要以此来判断这个课程的价值。that指原文中上一句提到的"我看了去年的考试题目"。

题目解析

本节中的单项选择题难度中等,在解答时需要对题干中的关键词进行同义替换,但未出现过多会导致误选的陷阱。

21~26为单选题。

21. 原文明确提到main idea was to find out more about the way people lived there,即想多了解那里的人们生活的方式,即选项C的意思。

22. 题干中的get involved in为重点需要理解的信息,指"参与"。原文首先提到construction, building等易误导致考生选择含有相同词汇的选项;而后又提及tourism...which I actually chose to do。actually是答案提示词。通常actually, in fact, as a matter of fact等表达后会出现重要信息。考生也可以根据顺序原则,判断后出现的信息为正确答案。

23. 本题难度相对稍高。原文提到: I wanted to do something that had more of a proper structure to it.(我想做一些更有结构性的工作。)也就是说,Paul认为这份工作比较混乱,组织性不强。选项A中的not well organised含义与此相应。

24. 原文提到的suspicious为本题解题关键。原文提到: What struck me was that when people became more comfortable with me and less suspicious...(让我吃惊的是当人们与我更放松地交流而且减少了怀疑时⋯⋯)由此可推知他了解到了信任的重要性。

25. 本题难度不高。女士的问题What about management? Did you have a project manager? 等于重现题干。Paul直接回答he gave me lots of advice and guidance。理解了advice或guidance中任何一词就能选出正确选项C。

26. 原文中的even一词体现出Paul的惊讶,与题干中的surprised相符。laptop直接出现,对应选项A中的computer,没有混淆性信息。

第27~30题为匹配题。

27. 题干学科Gender Studies in Latin America原文重现。原文中给出条件If it was to do with people in the villages rather than those in the public sphere, I would. 说明在某种假设的条件下Paul可能会进行这项学习,而实际上则不会学习。

28. 学科Second Language Acquisition在原文出现之后,Paul给出肯定答案: I'll put that down as a definite. Put...down意为"记下"。definite指"肯定的,绝对的"。

29. 原文先提及Paul原以为这门课程比较适合，但看了去年的考试题目后，改变了主意，即对此不感兴趣了，但女士劝他先与其他学生交流一下再作决定，之后再谈。因此他可能会选这门课，答案选B。

30. 解答此题的关键在于理解原文中的句子：I'd much sooner do something else（我宁可赶快干点别的），即指不想做。

Section 4

场景介绍

与管理学相关的讲座，讨论企业的成功为何不具可复制性。主讲人首先指出多数人认识上的误区，认为企业的成功是可复制的，而且应该邀请成功人士来管理企业，因为这些人可以带来成功的经验。但每一件事的发生方式、所处的环境都不相同，所以大多数的"重复"均以失败告终。主讲人还指出如何成功把"复制"成功。

本节必背词汇

branch	n. 分支机构	component	n. 元素，成分
parent organisation	母公司	interweave	v. 交织；使…混杂
capture	v. 捕捉	complicated	v. 使复杂
scale	n. 规模	ignorance	n.（对某事物）无知
utilise	v. 利用，使用	invisible	adj. 不可见的
generate	v. 产生；发生	duplicate	adj. 复制的；两重的
glamorous	adj. 富有魅力的，迷人的	replicate	v. 复制
innovation	n. 变革，创新	misguide	v. 误导
confine	v. 限制	accurate	adj. 准确的，正确的
acquire	v. 获得，取得	comparable	adj. 相似的；可比较的
overwhelming	adj. 压倒性的；无法抵抗的	modification	n. 修饰，修改
confirm	v. 证实，确认	compromise	v. 危及；妥协
setting	n. 背景；场景	underlying	adj. 隐藏的
retail store	零售店	cautious	adj. 小心的
real estate agency	房产中介	exert	v. 施加，运用
pick sb's brains	向某人请教、讨教	reliance	n. 依赖，依靠
isolated	adj. 孤立的，隔离的	template	n. 模板
		consistency	n. 持续性

词汇拓展

preoccupation	n. 关注	fraud	n. 欺骗，诈骗
lawless	adj. 无法无天的	customer	n. 顾客
legal	adj. 合法的	diversity	n. 差异；多样性
corporate crime	商业犯罪	behave	v. 表现，行为
embezzlement	n. 盗用，挪用	personality	n. 个性

gender	n. 性别	responsibility	n. 责任，职责
variation	n. 差异	individuality	n. 个性，个人特征
creativity	n. 创造性	cooperation	n. 合作
conflict	n. 冲突	conformity	n. 一致性

⚙ 文本及疑难解析

1. And in today's lecture I'm going to talk about what can go wrong when businesses try to copy their own best practices. 在今天的课上我要讲的是当企业重复他们最成功的商业行为时可能会出现的问题。扩展词汇 practice: put into practice 意思为"付诸实践"。

2. It's a less glamorous activity than pure innovation, but it actually happens more often, as a matter of fact. 这（指使用现有知识进行管理而不是开发新的知识）并没有纯创新那样光彩夺目，但事实上这种事情却发生得更频繁。

3. However, surprisingly, getting things right the second time is not necessarily any simpler than it was the first time. 然而，令人吃惊的是，第二次用相同的管理方式所获得的成功一点都不比第一次来得容易。本句为省略句，完整表达为：getting things right the second time is not necessarily any simpler than it was to get things right the first time。

4. Now there's been a lot of research into how companies can repeat their previous successes, and it certainly hasn't been confined to the United States. 目前有许多关于公司如何复制他们之前的成功经验的研究，这当然并不仅限于在美国。注意固定搭配 research into。

5. Managers who want to apply existing knowledge typically start off by going to an expert — such as the person who designed and is running a successful department store — and picking their brains. 想要移植成功经验的管理者们的典型做法是开始找一个专家，例如成功开创并经营一家百货公司的人，向其请教。注意 start off by doing sth（以做某事为开始）。

6. And the situation's complicated even further by the fact that experts are usually not aware of their own ignorance. 由于这些专家往往意识不到自己的无知，使得情况进一步复杂化。ignorance 指"无知、天真"。

7. But the underlying problem has more to do with attitudes than the actual difficulty of the task, and there are ways of getting it right. 但隐藏的问题更多地与态度有关，而非任务本身的难度，并且有很多方法可以修正这些问题。注意 has sth to do with 的意思是"与……有关"。

8. Not merely duplicating the physical characteristics of the factory, but also duplicating the skills that the original employees had. 不仅仅是复制工厂的硬件特征，而且要复制其最初的那些员工所具备的技能。本文中的 duplicate 与 replicate 意思相同，均指"复制"。

⚙ 题目解析

管理类题材通常比较容易理解，但本文出现了一些比较难理解的词。考生如果静下心来抓取核心信息，会发现很多较难的词对答案的捕捉并没有影响。

第31~34题为单项选择题

31. 题干中的 existing processes 对应原文中的 existing knowledge，可据此定位。转折 but 之后强调了重要信息：it actually happens more often。but 和 actually 同为转折信号词，其后提到的 more often 与选项B more frequent 同义。

32. 本题难度稍高。题干中的 research 在原文以 studies 表达，A host of studies confirm this（大量的研究证实了这一点）表明这些研究的结果趋于一致，选项B中的 consistent findings 指很多的调查均得出一样的结果。

33. 题干中的consulting experts对应原文中的going to an expert，继而以this approach指代此信息，并指出这种方式只有在a particular system或smaller or isolated problems的情况下才可以利用。

34. 题干中的incomplete一词在原文中以never has complete出现，接着阐述了原因，对应选项可知，该原因主要是针对workers，可以单词workers定位答案。

第35~40题为填空题

35. 题干中的已知信息为原文的概述。空格之前的动词create为定位关键词，原文在提到creating后立刻提及perfect combination = ideal combination。

36. 题干中的e.g.对应原文中的For example，比较容易定位答案。根据题干可知空格处应填入名词，原文for example后出现了两个名词：modification和safety。前者与题干中的change重复，且原文录音在语气上也重读并突出了safety一词。

37. 题干中的change对应原文中的adjusting，后跟答案原词attitudes。

38. 本题结构性非常强。Secondly为定位关键词；impose, rigorous分别与原文中的exerting, strict为同义替换；其后所接的controls一词则为答案。

39. 本题为copy original的第一个细分点，题干词原文重现。Not merely相当于not only，其后接第一个细分点；题干中的Physical features与原文中的physical characteristics为同义替换，则其后出现的factory为答案。

40. but also接第二个细分点。题干句与答案句几乎原文重现。解答第39、40题的关键在于掌握not merely...but also...句型的用法，以及理解copy与duplicate属同义替换，均指"复制"。

READING PASSAGE 1

篇章结构

体裁	说明文
主题	用激光回击闪电
结构	第1段：闪电带来的危害
	第2段：科研人员正在研究回击闪电的方法
	第3段：先前的闪电回击术介绍
	第4段：火箭回击术的缺陷
	第5段：更安全的激光回击术
	第6段：激光回击术的技术原理
	第7段：激光回击术的缺陷
	第8段：通过实地实验改进激光回击术
	第9段：激光回击术对其他学科也有益处
	第10段：激光回击术的其他用途

解题地图

难度系数：★★★

解题顺序：按题目顺序解答即可

友情提示：烤鸭们注意：本文中的SUMMARY题目顺序有改变，解题要小心；MULTIPLE CHOICE的
第三题是个亮点，爱浮想联翩的烤鸭们可能会糊掉。

必背词汇

1. inflict *v.* 造成

   The strikes *inflicted* serious damage on the economy. 罢工给经济造成了重大损失。

2. inviting *adj.* 吸引人的

   The log fire looked warm and *inviting.* 篝火看上去温暖而诱人。

3. property *n.* 财产；属性

   The hotel is not responsible for any loss or damage to guests' personal *property.*

   酒店不承担宾客的任何个人财产的丢失或损坏。

   a herb with healing *properties* 具有治疗效果的草药

   physical/chemical *properties* 物理特性/化学特性

4. fund *v.* 资助，投资

   The project is jointly *funded* by several local companies. 这个项目得到了当地几家公司的联合资助。

   government-*funded* research 政府资助的研究

5. back *v.* 支持，帮助

   The scheme has been *backed* by several major companies in the region.

   这个项目得到了该地区几家大公司的支持。

Some suspected that the rebellion was *backed* and financed by the US.

有人怀疑这次叛乱是由美国主使并资助的。

6. discharge *v.* 放电；排出

Both forms are readily gasified by electrical *discharge* without leaving any tangible residue.

两种形态都易被放电气化而不剩任何可触察的残余。

7. emerge *v.* 出现，浮现

The sun *emerged* from behind the clouds. 太阳从云朵中探出头来。

Eventually the truth *emerged*. 真相最终浮出水面。

8. reveal *v.* 展现，显示；揭示，泄露

He may be prosecuted for *revealing* secrets about the security agency.

他可能会因为泄露国安局机密而遭检控。

He *revealed* that he had been in prison twice before. 他透露说他曾经坐过两次牢。

9. generate *v.* 使产生

The program would *generate* a lot of new jobs. 这项计划会创造很多新职位。

Tourism *generates* income for local communities. 旅游业给当地社区带来了收入。

10. surge *n.* 涌流；猛增

a *surge* of excitement 一阵兴奋

a *surge* of refugees into the country 涌入该国的难民潮

a *surge* in food costs 食品价格猛涨

11. install *v.* 安装

They've *installed* the new computer network at last. 他们最终安装了新的计算机网络。

Security cameras have been *installed* in the city centre. 市中心安装了安全摄像头。

12. nifty *adj.* 灵便的

a *nifty* little gadget for squeezing oranges 一个榨橘子汁用的灵便小工具

13. in the offing 即将发生的

Big changes were *in the offing*. 剧变即将发生。

认知词汇

dramatic	*adj.* 激动人心的		branch	*n.* 岔路
fury	*n.* 狂怒, 狂暴（本文中指雷暴电流）		populated	*adj.* 人口密集的
leisurely	*adv.* 轻松地		extract	*v.* 提取
dice with death	拿性命开玩笑		atom	*n.* 原子
neutralize	*v.* 中和		ion	*n.* 离子
brave	*v.* 勇敢地面对		ionization	*n.* 离子化
armoury	*n.* 军械库		electric field	电场
on command	按指令		conductor	*n.* 导体
power grid	电力网		sporting event	体育项目
precise	*adj.* 精确的		stumbling block	绊脚石
voltages	*n.* 电压		monster	*n.* 庞然大物
frequency	*n.* 频率		manageable	*adj.* 易管理的
failure rate	失败率		yet	*adv.* 尚未；还没有
trigger	*v.* 激发, 触发		come up with	准备好；提供

reckon	*v.* 料想，预计		interactive meteorology	互动气象学
forthcoming	*adj.* 即将来临的		confront	*v.* 面临，对抗
field test	实地测试		menace	*n.* 威胁
turning point	转折点		hail	*n.* 冰雹
an avalanche of	似雪片般的		torrential rain	暴雨
current	*n.* 电流		moisture	*n.* 水汽
matter	*n.* 物质		giant hailstone	大冰雹

佳句赏析

1. If a laser could generate a line of ionisation in the air all the way up to a storm could, this conducting path could be used to guide lightning to Earth, before the electric field becomes strong enough to break down the air in an uncontrollable surge.

   - **参考译文**：如果激光器能够生成一条直达暴雨云的离子线，就可以在闪电电场增强为一股无法控制的涌流并击破空气之前，用这条传导通道把电荷引导到地面上来。

   - **语言点**：状语从句——条件状语从句

     条件状语从句的连接词主要有：if, unless, as / so long as, on condition that等。此处为if引导的条件状语从句。

     例句：Just imagine how horrible the world would be if humans are the only creature in the world.

     　　　想一想，如果人类是这世界上唯一的生物，这世界会变得多可怕。

     　　　Some animal species are under threat if they stay in their natural habitat.

     　　　如果留在自然栖息地，某些动物物种会面临威胁。

     If引导的条件句有真实条件句和非真实条件句两种。非真实条件句可以表示：

     （1）同现在事实相反的假设：从句（一般过去时）+主句（should/would+动词原形）

     （2）与过去事实相反的假设：从句（过去完成时）+主句（should/would have+过去分词）

     （3）对将来的假设：从句（一般过去时）+主句（should +动词原形）；从句（were+不定式/should+动词原形）+主句（would+动词原形）

     例句：If drug use were to be legalized, considerable police time would be spent in dealing with other more serious problems.

     　　　如果吸食毒品合法化，警察大量的时间就将用于解决其他更严重的问题。

2. A laser thunder factory could shake the moisture out of clouds, perhaps preventing the formation of the giant hailstones that threaten crops.

   - **参考译文**：一个激光雷工厂可以把水汽从云层中震出，这样也许可以阻止威胁庄稼的大冰雹的形成。

   - **语言点**：现在分词作状语

     例句：Facing high competition, people may suffer great pressure.

     　　　面对高度竞争，人们可能会承受巨大的压力。

     　　　Being confronted with economic pressure, women have to go outside to work.

     　　　面临经济压力，妇女不得不外出工作。

     　　　Not wearing proper clothes, people will be considered those who do not know social and interpersonal skills.

     　　　如果衣着不当，人们会被当成是不懂社交和人际关系技巧的人。

Questions 1–3

- 题目类型：MULTIPLE CHOICES
- 题目解析：

解题小窍门：
读清题干巧定位，
四个选项要读完，
绝对only排除掉，
正确选项在中间。

题号	定位词	题目解析
1	main topic	题目：本文讨论的主题是 A 闪电攻击对美国高尔夫场地和高尔夫选手造成的损失。 B 闪电对美国和日本电力供应的影响。 C 试图用来控制闪电袭击的各种方式。 D 一种试图用来控制闪电袭击的激光技术。 正确翻译后，选项A和B比较容易排除，选项C比较具有迷惑性，但是只要看看文章标题，就不难发现本文主题是laser，所以正确答案是D。
2	lightning	题目：根据文章，每年闪电会 A 在暴风雨期间对建筑物造成相当大的破坏。 B 在美国主要导致高尔夫球手死亡或受伤。 C 在全世界范围内导致500人死亡或受伤。 D 破坏了100多家美国电力公司。 选项C和D中的具体数字是很好的定位词，可定位至文章第一段。文中提到，只是在美国，闪电每年就能杀伤500人，而不是世界范围内，因此排除选项C。而100这个数字在文中是100 million a year，说的是每年闪电会让电力公司损失超过一亿美元，而不是说毁掉100多家电力公司，因此排除选项D。文中提到了云层翻滚而来时在户外打高尔夫是非常危险的，并没有说每年因雷击而死伤的是高尔夫球手，因此排除选项B。文中提到，there is damage to property too. buildings属于property的范畴，因此正确答案为A。
3	University of Florida, University of New Mexico	题目：佛罗里达大学和新墨西哥大学的研究员们 A 有同样的资金来源。 B 使用同样的技术 C 受雇于商业公司。 D 互相反对。 此题是不可过多联想的典型，越直白的想法越能解题。一般来讲，带有金钱的选项应该去掉，但是此题剑走偏锋，偏偏选了带funds一词的选项A。文中有两处支持这个答案： 第一处在第三段：...with support from the Electrical Power Research Institute（EPRI）... 另一处在第五段：...which is backed by EPRI... 两处暗示两项研究都得到了EPRI的资助，因此答案为A。 选项B可以从文中说的一个主张用火箭，一个主张用激光来排除；选项C在文中并没有提及；选项D则是过多推理的结果，尽管使用技术不同，但是并不代表两者互相反对。

Questions 4–6

- 题目类型：SENTENCE COMPLETION
- 题目解析：

题号	定位词	文中对应点	题目解析
4	EPRI, financial support	第三段： EPRI, which is funded by power companies...	用EPRI定位到文章第三段，EPRI第一次出现之后即指出其是由电力公司资助的，原文中的funded等同于题干中的receives financial support from，因此答案应该填 power companies。 注意不要写成单数。
5	Diels	第五段： ...to try to use lasers to discharge lightning safely...	用人名Diels在文中定位到第五段，从题目看出这里应填入一个副词，所以可以在人名周围寻找use或者use的替换词，并且在其周围找带有-ly形式的词，这样正确答案safely很快就能浮出水面了。
6	difficulty, laser equipment	第七段： The laser is no nifty portable: it's a monster that takes up a whole room. Diels is trying to cut down the size...	这道题目的定位稍微有一些困难，需要将difficulty一词与文章中的stumbling block联系起来，进而找到第七段中的laser一词。文中提到，该激光设备并不方便携带，它是个体积占据了一整间房间的庞然大物。看到这里，通过理解，考生们可以想到激光设备最大的问题就是体积太大，不好携带，所以正确答案是size。

Questions 7–10

- 题目类型：SUMMARY COMPLETION
- 解题小窍门：
- 题目解析：

解题小窍门：
1. 理解词库里的单词，并将其按词性归类。
2. 带动整道题的定位词是第一行的ionisation，比较容易定位到文章第六段，那么整个summary的答案就应该在这个词周围寻找。

题号	定位词	文中对应点	题目解析
7	electrons	第六段： ...to extract electrons out of atoms...	本题关键是要理解题目中的remove...from...与文中的extract...out of...属于同义替换，这里要表达的是从原子（atoms）中提取电荷（electrons）。 故正确答案是B。
8	directed at	第六段： If a laser could generate a line of ionization in the air all the way up to a storm cloud...	注意文中generate是"产生"的意思；directed at对应文中的all the way up to，其后的a storm cloud即对应空格处要填的内容。 因此正确答案是C。

题号	定位词	文中对应点	题目解析
9	less dangerous	第五段： ...who would want to fire streams of rockets in a populated area? ...to try to use lasers to discharge lightning safely...	这道题比较麻烦，对于只是按照顺序寻找答案的考生，定位答案会比较困难。这里需要联系第五段中的信息，参照词库里的单词，推测出空格所在句的意思是"用激光控制闪电是比用火箭更安全(less dangerous)的方式"。 正确答案是G。
10	protection, aimed firstly at	第六段： To stop the laser itself being struck... Instead it would be directed at a mirror...	protection对应文中的stop...being struck；at是解题关键词，即使不知道文中的directed和题目中的aimed是同义词，也可以从词组的形式上看出来两者是同位的，其后的名词即为答案。 由此可知答案是D。

Questions 11-13

- 题目类型：YES/NO/NOT GIVEN
- 题目解析：

11. Power companies have given Diels enough money to develop his laser.

参考译文	电力公司已经向Diels提供了足够的资金来研发他的激光器。
定位词	Diels, money
解题关键词	have given...enough money
文中对应点	由定位词及顺序规律可以定位到第八段： "I cannot say I have money yet, but I am working on it."（"我还不能说我已经拿到钱了，但是我正在为之努力。"）看到这句话，再联系上句：Bernstein says that Diels' system is attracting lots of interest from the power companies. But they have not yet come up with the \$5 million that EPRI says will be needed to develop a commercial system...（Bernstein表示，Diels的激光系统正在引起各电力公司的广泛兴趣。但他们还没有准备好EPRI提出的500万美元——开发一个……的商用系统的所需资金。）这两句话足以证明Diels的系统还没有得到足够的资金支持。
答案	NO

12. Obtaining money to improve the lasers will depend on tests in real storms.

参考译文	获得改善激光器所需的资金依赖于在真正的暴风雨中进行的试验。
定位词	obtaining money, tests in real storms
解题关键词	tests in real storms
文中对应点	第八段： 第11题对应的原文下一句提到：He reckons that the forthcoming field tests will be the turning point... 其中turning point是"转折点"的意思，联系上题中说到的，目前该项目还没有拿到钱，可知这句话的意思是field tests就是得到资金的转折点。 field tests = tests in real storms
答案	YES

13. Weather forecasters are intensely interested in Diels's system.

参考译文	天气预报员们对Diels的系统设备特别感兴趣。
定位词	Diels, weather forecasters
解题关键词	intensely interested
文中对应点	这是一道典型的完全未提及的题目，interest 一词出现在第八段的末尾，而weather forecasters这两个词也仅在第九段最后两句中出现：...not just forecasting the weather but controlling it...,而具体内容则完全不相干。
答案	NOT GIVEN

参考译文

— 用激光回击闪电 —

很少有比雷暴天气更令人感到恐怖的天气了。仅在美国，猛烈的雷暴电流每年都会造成大约500人死亡或重伤。云层翻滚而来的时候，在户外打一场轻松的高尔夫成了一件异常可怕的事情，无异于是在拿自己的性命开玩笑——孤身一人在户外的高尔夫球手可能是闪电最喜欢攻击的目标。此外，闪电也会带来财产损失。每年闪电会对美国电力公司造成超过一亿美元的损失。

不过，美国和日本的研究人员正在策划回击闪电的方案。他们已开始通过实验测试中和雷暴电荷的各种方法。今年冬天，他们将直面雷暴：使用配备的激光器射向空中的雨云，使其在闪电出现之前放电。

迫使雨云根据指令释放闪电并非一个新想法。早在20世纪60年代早期，研究者们就尝试过把带着拖曳线的火箭射入雨云，以期为这些云层发出的庞大的电荷群搭建起便捷的放电路径。由于受到建在加利福尼亚的电力研究所(EPRI)的支持，这一技术在佛罗里达的州立大学试验基地幸存到了今天。EPRI由电力公司资助，现正致力于研究保护美国输电网不受闪电袭击的方法。"我们可以通过火箭让闪电击向我们想让它去的地方，"EPRI的闪电项目经理Ralph Bernstein如此说道。该火箭基地还能对闪电电压进行精确测量，并可以让工程师们检测电气设备的负载。

不良行为

虽然火箭在研究中功不可没，但它们无法提供闪电来袭时所有人都希求的保护。每支火箭造价大约1,200美元，发射频率有限，而失败率却高达40%。即使它们确实能够引发闪电，事情也无法总是按计划顺利进行。"闪电可不那么听话，"Bernstein说，"它们偶尔会走岔路，射到它们本不该去的地方。"

但不管怎样，有谁会想在人口密集的地区发射成群的火箭呢？"射上去的肯定会掉下来，"新墨西哥大学的Jean-Claude Diels指出。Diels现在正在负责一个项目，该项目由ERPI所支持，试图通过发射激光使闪电安全放电——安全是一项基本要求，因为没人愿意把他们自己的性命或他们的昂贵设备置于危险之中。有了迄今为止的50万美元的投入，一套有巨大潜力的系统装置正在该实验室慢慢成形。

这一系统装置的想法始于大约20年前，当时正在开发大功率激光器从原子中提取电荷并生成离子的能力。如果激光能够生成一条直达暴雨云的离子线，就可以在闪电电场增强为一股无法控制的涌流并击破空气之前，用这条传导通道把电荷引导到地面上来。为了防止激光器本身受到电击，不能把它直接对准云层，而是要把它对准一面镜子，让激光通过镜子折射向天空。要在靠近镜子的四周布置闪电传导器从而对其进行保护。理想的做法是，云层遥控器(枪)要比较廉价，以便能够把它们安装在所有重点电力设备周围；另外还要方便携带，以便在国际运动赛事场地中用于使逐渐聚积的雨云失去威力。

绊脚石

可是，仍存在巨大的绊脚石。激光器并不方便携带：它是个能占据整个房间的庞然大物。Diels一直想要缩小它的体积，并表示很快就会有小型桌子大小的激光器了。他计划在明年夏天用真正的雨云来实际测试这个更容易操作的激光系统。

Bernstein表示，Diels的激光系统正在引起各电力公司的广泛兴趣。但他们还没有准备好EPRI提出的500万美元——开发一个让激光器更小巧、价格也更便宜的商用系统的所需资金。Bernstein说："我还不能说我已经拿到钱了，但是我正在为之努力。"他认为，即将进行的实地测试会成为一个转折点，而且他也在期待着好消息。Bernstein预言，如果一切顺利，这将吸引"排山倒海般的兴趣和支持"。他希望看到云层遥控器的最终价格能定在每台5万到10万美元之间。

其他科学家也能从中受益。如果手上有了控制闪电的"开关"，材料科学家就可以了解强大的电流遇到物质时会发生什么现象。Diels也希望看到"互动气象学"问世——不仅仅是预测天气，而且能控制天气。"如果我们能使云层放电，我们也许就能左右天气，"他说。

而且也许，Diels说，我们将能够对抗一些其他的气象威胁。"我们认为我们也许能通过引导闪电来阻止冰雹，"他说。雷，来自于闪电的冲击波，被认为是大暴雨——典型的雷暴天气——的触发器。一个激光雷工厂可以把水汽从云层中震出，这样也许可以阻止威胁庄稼的大冰雹的形成。如果运气好的话，在今年冬天雨云聚积的时候，持有激光器的研究者们就能第一次对其进行回击了。

READING PASSAGE 2

篇章结构

体裁	议论文
主题	天才的本质
结构	第1段：天才一词的来源及其含义
	第2段：人们对于天才的种种误解
	第3段：十九世纪对天才的研究及其缺陷
	第4段：天才何以为天才？
	第5段：天才是非凡的凡人
	第6段：要看到天才所付出的代价
	第7段：总结到底应该如何看待天才

解题地图

难度系数：★★★★☆

解题顺序： MUTIPLE CHOICE → TRUE/FALSE/NOT GIVEN

友情提示： 看到这么多的TRUE/FALSE/NOT GIVEN，考生心里一定乐开花了吧。本题是全TRUE法最佳试验场地，别客气，尽管用吧，结果会给你惊喜！！

1. perpetuate *v.* 使永久存在，使不朽

   It is our hope that the men of Yale will, in their own lives, *perpetuate* their manhood and courage.
   我们愿所有耶鲁人一生都能永远保持他们这种豪迈精神与勇气。

   His honesty and generosity *perpetuated* our memory. 他的真诚和大度长存于我们的记忆中。

2. attribute *n.* 品质；属性

   What *attributes* should a good manager possess? 一名优秀的经理人应该具备何种品质？

   Courage is a good *attribute* of a soldier. 勇气是一名好士兵应该具备的品质。

3. ambivalent *adj.* 自相矛盾的；含糊的（*n.* ambivalence）

   We are both somewhat *ambivalent* about having a child. 对于要不要孩子这件事，我们都有些摇摆不定。

   O'Neill had a genuine *ambivalence* toward US involvement in the war.
   O'Neil在美国是否参战一事上态度暧昧。

4. mistrust *v.* 不相信，怀疑

   As a very small child she had learned to *mistrust* adults. 还是个小孩的时候，她就已经学着不相信大人了。

   Some people *mistrust* the computerised banking. 有些人对计算机化的银行业深表怀疑。

5. defective *adj.* 有缺陷的

   The disease is caused by a *defective* gene. 这种疾病是由基因缺陷引起的。

   This is a *defective* product. 这是件次品。

6. burn out 燃尽；耗尽

   The hotel was completely *burnt out*. Only the walls remained.
   那座宾馆完全烧毁了，只留下一些残垣断壁。

   It's a high-pressure job and you could *burn out* young.
   这工作压力太大，你可能在年纪轻轻时就江郎才尽了。

7. eccentric *adj.* 古怪的

   His *eccentric* behaviour lost him his job. 他的怪异举止让他丢了饭碗。

   Aunt Lucy was always a bit *eccentric*. Lucy姑妈总是有点怪怪的。

8. adversity *n.* 逆境

   We admire his courage in the face of *adversity*. 我们佩服他在逆境中的勇气。

   He had drifted through life with advantage of wealth, never tested by *adversity*.
   他一生生活富足，从未经受贫苦的考验。

9. collate *v.* 整理

   A computer system is used to *collate* information from across Britain.
   一个电脑系统被用来整理英国的所有信息。

10. upbringing *n.* 养育

    Mike had had a strict *upbringing*. Mike从小家教严格。

11. vantage point 特定角度，有利位置

    From my *vantage point* on the hill, I could see the whole procession.
    从我在山上的位置望去，整个队伍尽收眼底。

    The whole dispute looked silly from my *vantage point*. 从我的角度看，整个争端毫无意义。

12. continuum *n.* 连续统一体

    The Creole language is really various dialects arranged on a *continuum*.
    克里奥尔语是几个相当不同的方言组成的共同体。

    All the organisms in an ecosystem are part of an evolutionary *continuum*.

生态系统中所有的生物都是一个进化体系的一部分。

13. manifestation *n.* 表现

These latest riots are a clear *manifestation* of growing discontent. 最近的暴乱正是民怨的明确体现。

Manifestation of the disease often doesn't occur until middle age. 这种病的症状到人的中年时才会显现。

14. minimise *v.* 使缩小

Every effort is being made to *minimise* civilian casualties. 我们尽了最大努力减少平民伤亡。

We must not *minimise* the problem of racial discrimination. 我们不可以轻视种族歧视的问题。

15. supremacy *n.* 最高地位；主权

We can't deny Japan's unchallenged *supremacy* in the field of electronics.

我们不能否认日本在电子产品市场不可挑战的权威。

air *supremacy* 制空权

16. outstrip *v.* 超过

We *outstripped* all our competitors in sales last year. 去年我们的销售额赶超了所有对手。

Demand for new aircraft production is *outstripping* supply. 新型航空产品供不应求。

17. emulate *v.* 效仿

He hoped to *emulate* the success of Wilder. 他希望能够效仿Wilder的成功。

Few teachers can *emulate* the remarkable result of the experiment.

鲜有教师能够效仿实验的惊人结果。

认知词汇

genius	*n.* 天才	infant mortality	婴儿死亡率
prodigy	*n.* 神童	life expectancy	寿命
cult	*n.* 狂热崇拜	home tutoring	家教
divinity	*n.* 神明	bullying	*n.* 恃强凌弱（的行为）
characteristic	*n.* 特点，特征	privileged	*adj.* 特权的
exceptional	*adj.* 非同一般的，优秀的	paediatrics	*n.* 儿科学
intellectual	*n.* 知识分子	mundane	*adj.* 平凡的
impractical	*adj.* 不切实际的，缺乏实践经验的	mediocre	*adj.* 平庸的
		incapable	*adj.* 无能的
denigration	*n.* 贬损	nurture	*v.* 养育，培养
frequency	*n.* 频繁	trigger	*v.* 引发，触动
beneficial effect	有利影响	marvel	*v.* 惊叹
adjustment	*n.* 适应	demonstrate	*v.* 论证，证明；示范
fascinating	*adj.* 吸引人的	unpalatable	*adj.* 令人不快的，讨厌的
anecdote	*n.* 轶事	perseverance	*n.* 坚持不懈
norm-referenced	常模参照	precision	*n.* 精确性；明确性
schooling	*n.* 学校教育	save	*conj.* 只是，除了
historical sources	历史资源		

佳句赏析

1. Perhaps for us today, two of the most significant aspects of most of these studies of genius are the frequency with which early encouragement and teaching by parents and tutors had beneficial effects on the intellectual,

artistic or musical development of the children but caused great difficulties of adjustment later in their lives, and the frequency with which abilities went unrecognised by teachers and schools.

- 参考译文：或许现在对于我们来说，大部分对天才的研究中包含以下两个最重要的方面：其一，早期教育中父母和教师对孩子进行的频繁的鼓励和教导对孩子在智力、艺术或音乐方面的发展是有益的，但这也给孩子以后对生活的适应方面带来了巨大的困难；其二，老师和学校常常认识不到孩子所具备的才能。
- 语言点：which引导的定语从句

  例句：Proper monitoring of the media prevents indecent materials which will be harmful to children's growth.

  对媒体恰当的监控阻止了有害于孩子们成长的不健康材料的出现。

  （which在从句中作主语。）

  Military life creates hero worship which may do harm to youngsters.

  军旅生活会产生对年轻人有害的英雄崇拜主义。

  （which在从句中作主语。）

  There is an urgent need to censor the net to remove inappropriate materials which children have online access to.

  现在迫切需要监督网络，以消除孩子可以在网上看到的不当材料。

  （which在从句中作宾语。）

2. What we appreciate, enjoy or marvel at in the works of genius or the achievements of prodigies are the manifestations of skills or abilities which are similar to, but so much superior to, our own.

   - 参考译文：天才的作品或神童的成就令人欣赏、喜爱和惊叹之处在于其体现了他们的技能和本领，这些技能和本领虽然与我们的相似，但远远高于我们的水平。
   - 语言点：what引导的名词性从句

     例句：What happened was my fault.

     所发生的事是我的错。（主语从句）

     People do not know what will happen to minority languages under the pressure of English globalization.

     人们不知道在英语全球化的压力下少数民族语言会怎样。（宾语从句）

3. To think of geniuses and the gifted as having uniquely different brains is only reasonable if we accept that each human brain is uniquely different.

   - 参考译文：只有在承认了每个人的大脑都是独特的这个前提下，认为天才和有天赋者的大脑独一无二、异于常人这一想法才能算是合理的。
   - 语言点：不定式作主语

     例句：To telecommute usually means to work at home.

     远程上班通常意味着在家工作。

     To have a family full of love and care helps one enjoy his life more.

     拥有一个充满爱和关心的家庭让人们更加享受生活。

     To send children to the army helps cultivate their independence and self-control.

     送孩子去参军有助于培养他们的独立和自理能力。

试题解析

Questions 14-18

- 题目类型：MULTIPLE CHOICE
- 题目解析：

本题属于选择题中的多选题，一般题目说明中会指定要选几个答案。

本题问的是作者在文中描述的看法，答案全部集中于第二段。

题号	题目翻译	试题解析
A	真正的天才在各个领域都有才华。	与...it is popularly believed that if people are talented in one area, they must be defective in another... 相矛盾。
B	天才的才能会很快耗尽。	与...prodigies burn too brightly too soon and burn out 这句话一致；burn out 是"耗尽"的意思，等同于exhausted。故选项B正确。
C	天才应该应用他们的天赋。	对应文中...people with gifts have a responsibility to use them。故选项C正确。
D	每代人中出一个天才。	文中提到...that genius runs in families，指出天赋是遗传的，但是并没有精确到每一代人就出一个天才。题目属于过度推断。
E	天才会被挫折轻易摧毁。	其实这一点在文章中没有提到，如果非要加以联系的话，可能...that adversity makes men wise，逆境出英才这句话会产生误导作用，但并不等同于英才为挫折所毁。
F	天赋是遗传的。	文中说...genius runs in families，指天才是遗传的。看到这个选项，就更能体会选项D的错误所在了。故选项F正确。
G	天才很难相处。	有的考生对文中eccentric这个词比较敏感，这个词是指人行为"古怪的"，但是并不等同于难相处。显然，这道题在混淆概念。词汇量大但又记得不够精准的同学可能会在这里吃亏。
H	人们从不欣赏真正的天才。	对应文中的...genius goes unrecognised and unrewarded，即天才不受认同也得不到相应的回报，故选项H正确。
I	天才是天生的领导者。	文中没有提到有关"领导者"的内容。
J	天才于困境中实现卓越。	对应文中的...adversity makes men wise，故选项J正确。
K	天赋总能显现出来。	完全没有提到。

Questions 19-26

- 题目类型：TRUE/FALSE/NOT GIVEN
- 题目解析：

19. Nineteen-century studies of the nature of genius failed to take into account the uniqueness of the person's upbringing.

参考译文	19世纪关于天才本质的研究未曾考虑到每个人生长环境的独特性。
定位词	nineteen-century, studies

解题关键词	failed to, uniqueness of the person's upbringing
文中对应点	第三段： However, the difficulty with the evidence produced by these studies, fascinating as they are in collecting together anecdotes and apparent similarities and exceptions, is that they are not what we would today call norm-referenced. In other words, when, for instance, information is collated about early illnesses, methods of upbringing, schooling, etc., we must also take into account information from other historical sources about how common or exceptional these were at the time. 但是，想要利用这些研究得出的证据也有一定困难，因为它们不符合我们今天所谓的常模参照。换句话说，比如当我们在搜集有关早期疾病、养育方式、学校教育等信息时，我们也要考虑到在其他的历史资料中所记载的、关于这种情况在当时有多么普遍或不寻常的信息。 本题并不能利用nineteen-century的定位来轻松解决问题。本题需要通读第三段，在考场上，这无疑是个折磨人的过程。正确翻译之后，判定答案是TRUE。 建议词汇量较小的考生使用全TRUE法解决此题。
答案	TRUE

20. Nineteen-century studies of genius lacked both objectivity and a proper scientific approach.

参考译文	19世纪关于天才的研究既缺乏客观性也缺少一种恰当的科研方式。
定位词	nineteen-century, objectivity
解题关键词	lacked, both...and...
文中对应点	第三段末句： It was only with the growth of paediatrics and psychology in the twentieth century that studies could be carried out on a more objective, if still not always very scientific, basis. 直到20世纪，随着儿科学和心理学的发展，相关研究才得以在更加客观的基础上进行——尽管依然并不总是很科学。 通过本句首先可以推测出19世纪关于天才的研究缺乏客观性，然后通过if still not always very scientific得知，连20世纪有关天才的研究都并不总是很科学，那么就更别提19世纪的研究了，因此可以推测出本题正确答案是TRUE。
答案	TRUE

21. A true genius has general powers capable of excellence in any area.

参考译文	一个真正的天才是在任何领域都能出类拔萃的通才。
定位词	general powers, area
解题关键词	any area
文中对应点	本题的描述过于绝对，而绝对词正是选择FALSE的主要判断依据。如果题目中出现如 all/always/any/never/none/every这样过于绝对的词，那么该题答案基本就是FALSE了。 此题定位于文章的第四段： We may disagree with the 'general', for we doubt if all musicians of genius could have become scientists of genius or vice versa... 但我们可能会对"各方面"这一点有所保留，因为我们怀疑是否所有的天才音乐家都可以成为天才科学家，反之亦然。

	这句话表明了作者对于所谓全能型天才的质疑，正好与题干的表述相反，故答案应该是 FALSE。
答案	FALSE

22. The skills of ordinary individuals are in essence the same as the skills of prodigies.

参考译文	普通人的技能与神童的技能在本质上是相同的。
定位词	skills, ordinary individuals, prodigies
解题关键词	the same as
文中对应点	第五段首句： What we appreciate, enjoy or marvel at in the works of genius or the achievements of prodigies are the manifestations of skills or abilities which are similar to, but so much superior to, our own. 天才的作品或神童的成就令人欣赏、喜爱和惊叹之处在于其体现了他们的技能和本领，这些技能和本领虽然与我们的相似，但远远高于我们的水平。 这句话说明了天才的技能与普通人相似，只不过更高超而已。有的考生可能认为更高超就是不同，因而选FALSE；其实这是一种逻辑谬误。从句型结构上可以看出，but so much superior to是以插入语的形式出现的，并不是该句论述的重点，重点还是在similar to上，等同于题目中的the same as，所以答案应该选择TRUE。
答案	TRUE

23. The ease with which truly great ideas are accepted and taken for granted fails to lessen their significance.

参考译文	真正伟大的思想可以被轻松接受，甚至得不到重视，但是这无损它们的重要性。
定位词	great ideas
解题关键词	fail to, lessen their significance
文中对应点	第五段后两句： But that their minds are not different from our own is demonstrated by the fact that the hard-won discoveries of scientists like Kepler or Einstein become the commonplace knowledge of schoolchildren and the once outrageous shapes and colours of an artist like Paul Klee so soon appear on the fabrics we wear. This does not minimise the supremacy of their achievements... 然而事实可以证明他们的智力和我们的并非迥然不同，比如，像Kepler和Einstein这样的科学家历尽艰辛所取得的科学发现现已成为学童的常识性知识；像Paul Klee这样的画家所创造的曾经非比寻常的形状和颜色很快就出现在了我们穿着的面料上。当然，这并没有降低天才成就的价值。 作者先是举出数个例子来说明天才伟大的思想或者作品已经成为日常生活中司空见惯的东西，这就对应了题目的前半句the ease...，接着又提出This does not minimise the supremacy of their achievements，正好对应题干后半句。因此此题选TRUE。 当然，如果比较纠结于翻译的话，最好的方法就是先放下，最后全TRUE之。
答案	TRUE

24. Giftedness and genius deserve proper scientific research into their true nature so that all talent may be retained for the human race.

参考译文	人们应当恰当地研究天赋和天才的真正本质以便为人类保留所有的才能。
定位词	giftedness, genius, scientific research
解题关键词	deserve, retained
文中对应点	这道题目定位点在第六段开头的geniuses and the gifted，但是比较隐蔽，难以正确定位。建议如果找不到此题位置，最好的方法就是直接做下一题目，然后用顺序出题原则反推回这道题目。在锁定范围内如果找不到该题所述内容，则此题答案为NOT GIVEN。
答案	NOT GIVEN

25. Geniuses often pay a high price to achieve greatness.

参考译文	为了获得卓越成就，天才往往付出了高昂代价。
定位词	pay a high price
解题关键词	pay a high price
文中对应点	第六段： ...but we should also recognise the price they may have paid in terms of perseverance... 这句话以及接下来的内容明确说明了天才在成为天才的道路上所付出的高昂代价，是本题中最容易判断的一道题目。
答案	TRUE

26. To be a genius is worth the high personal cost.

参考译文	成为天才值得付出高昂的个人代价。
定位词	high personal cost
解题关键词	worth
文中对应点	第六段末句： ...but we should also recognise the price they may have paid in terms of perseverance, single-mindedness, dedication, restrictions on their personal lives, the demands upon their energies and time, and how often they had to display great courage to preserve their integrity or to make their way to the top. …但是也应该看到他们为此所付出的代价，看到他们的锲而不舍，专心致志，献身精神，自我约束，他们对自己时间和精力的严格要求，以及多少次他们不得不表现出极大的勇气来保持自身的正直或艰难地走成功。 这些都是天才为了成为天才而付出的个人代价，但是观其周遭，没有任何一个评述讲到这种个人付出值还是不值。典型的文中无此信息型题目。
答案	NOT GIVEN

─────────────── 天才的本质 ───────────────

　　一直以来，天才和神童都倍受人们关注。genius一词源于拉丁语"gens"(=家族)；拉丁语词条"genius"意为"父"，来自于罗马早期，当时人们对一种神明狂热崇拜，并尊其为家族的首领。在genius的最初形态中，它与家族首领——也就是一家之长——永生的能力有关。后来，genius逐渐被用来表示人的特点；再后来，genius便用以指代一个人从他的"父亲"或精神领袖身上所传承的最佳特质。今天，人们仍然醉心于对星相和基因的研究，希望能够通过占星术或遗传学找到出色能力和个人特征的来源。

　　天才和天赋的概念已经成了民间文化的一部分，但人们对其所持的态度却是矛盾的。我们羡慕天才却不信任他们。在天才的神话里，人们普遍认为：如果人们在某方面很有天赋，那么他们一定会在其他方面有所不足；知识分子往往不切实际；神童过于才华横溢而早早地"泯然众人矣"；天才往往秉性古怪；天才的体质都很羸弱；天才和疯子只有一线之隔；天赋是家族遗传的；天才很聪明，所以不需要任何特别的帮助；天才和高智商是一回事；有些种族比其他人更聪明、更有音乐天赋或更有数学头脑；天才总被埋没，得不到应有的回报；逆境出英才；天才有责任运用他们的天赋。英语中有很多这样的表达，如：highbrow(自以为文化修养很高的人)，egghead(书呆子)，blue-stocking(女学者)，wiseacre(自以为聪明的人)，know-all(自以为无所不知的人)，boffin(科学家)；另外，对于很多人来说intellectual是一个贬义词。

　　19世纪，人们对于天才的本质表现出相当大的兴趣，而且做了不少针对著名神童的研究。或许现在对于我们来说，大部分对天才的研究中包含以下两个最重要的方面：其一，早期教育中父母和教师对孩子进行的频繁的鼓励和教导对孩子在智力、艺术或音乐方面的发展是有益的，但这也给孩子以后对生活的适应方面带来了巨大的困难；其二，老师和学校常常认识不到孩子所具备的才能。尽管在研究中搜集的轶闻趣事、显著相似点以及例外状况都颇为吸引人，但是，想要利用这些研究得出的证据也有一定困难，因为它们不符合我们今天所谓的常模参照。换句话说，比如当我们在搜集有关早期疾病、养育方式、学校教育等信息时，我们也要考虑到在其他的历史资料中所记载的、关于这种情况在当时有多么普遍或不寻常的信息。例如，当时的婴儿死亡率很高，人的寿命也比今天短得多，家教对于贵族和富裕家庭司空见惯，恃强凌弱和体罚在最好的私立学校里也屡见不鲜，而且大多数的研究对象来自特权阶级。直到20世纪，随着儿科学和心理学的发展，相关研究才得以在更加客观的基础上进行——尽管依然并不总是很科学。

　　无论如何进行定义，天才只不过是从历史的迷雾之中凸显出来的一座座山峰，只有特定的观察者通过他们特殊的角度才能看到。而改变观察者和视角，拨开些许迷雾，许多不同的山峰出现在眼前。我们用"天才"这个词来指代那些因其出色成就而被我们所认可的人，那些人几乎处在了人类能力连续体的顶端，往下依次是平凡者、平庸者和无能者。Samuel Johnson博士的观察还是颇有道理的："真正的天才在各方面都拥有着巨大的潜能，很偶然地被决定了向一个特定的方向发展。"但我们可能会对"各方面"这一点有所保留，因为我们怀疑是否所有天才音乐家都可以成为天才科学家，反之亦然。但是有一点毋庸置疑：正是偶然的决定培养或触发了他们的才能，使之有了用武之地，让他们可以成功地把自己的能量注入其中。在芸芸众生之中，有能之士成千上万，有男有女，有成人也有孩童。

　　天才的作品或神童的成就令人欣赏、喜爱和惊叹之处在于其体现了他们的技能和本领，这些技能和本领虽然与我们的相似，但远远高于我们的水平。然而事实可以证明他们的智力和我们的并非迥然不同，比如，像Kepler和Einstein这样的科学家历尽艰辛所取得的科学发现现已成为学童的常识性知识；像Paul Klee这样的画家所创造的曾经非比寻常的形状和颜色很快就出现在了我们穿着的面料上。当然，这并没有降低天才成就的价值。他们的成就与普通人的相比就好像在四分钟内跑完一英里的运动员之于普通慢跑者一样，前者远远超越了后者。

　　只有在承认了每个人的大脑都是独特的这一前提下，认为天才和有天赋者的大脑独一无二、异于常人这一想法才能算是合理的。教育的目的就在于使我们更加与众不同，而在受教育的过程中，我们可以从比我们更有天赋的人的成就中学有所得。但是，在效仿天才或鼓励我们的孩子这样做之前，我们应该注意到，从他们身上学到的某些东西结果可能并不令人愉快。我们可能会羡慕他们的成就和名誉，但是也应该看到他们为此所付出的代价，看到他们的锲而不舍，专心致志，献身精神，自我约束，他们对自己时间和精力的严格要求，以及多少次他们不得不表现出极大的勇气来保持自身的正直或艰难地走成功。

天才和天赋只是具有相对意义的描述性术语，并没有实质内容。我们顶多可以通过对其进行定义并将其置于某一语境中来赋予它们一些准确的意思。但是，无论怎样做，我们都不能蒙蔽自己，认为神童或天才与其他人不一样，只是他们对自己能力表现开发的程度与我们不同而已。

READING PASSAGE 3

篇章结构

体裁	说明文
主题	生物钟如何工作？
结构	A段：万物都有损耗
	B段：物品变旧与生物衰老的本质区别
	C段：死亡的原理
	D段：人类的平均寿命大致恒定
	E段：生物钟控制寿命
	F段：能量消耗是关键
	G段：节约能耗可以延年益寿

解题地图

难度系数：★★★★

解题顺序： LIST OF HEADINGS → NOTE COMPLETION → YES/NO/NOT GIVEN

友情提示： 本文的YES/NO/NOT GIVEN可以利用题干中出现的以下表达来猜测答案，一定要记住这些表达一般是选YES或TRUE的标志：

possible / probable / likely

seem to / appear to

may / could / can

not all / not always / not necessarily

必背词汇

1. life span 寿命

   Captivity vastly reduces the *life span* of whales. 圈养大大缩短了鲸鱼的寿命。

   The *life span* of human being has been considerably prolonged thanks to the advances in medicine.
   由于医学的进步，人类的寿命被大大延长了。

2. artificial *adj.* 人工的（*adv.* artificially）

   artificial light 人造光

   artificial fertilizer 化肥

an *artificial* smile 一抹假笑

Food prices are being kept *artificially* low. 食品价格被人为控制得很低。

3. wear and tear 磨损

Check the equipment for *wear and tear*. 看看机器的磨损情况。

4. static *adj.* 静止的，静态的

Economists predict that house prices will remain *static* for a long period.

经济学家预测房价会在很长一段时间内保持稳定。

A *static* image appeared on the screen. 屏幕上出现了一幅静态图像。

5. inexorable *adj.* 无情的，不可阻挡的

Nothing stops the *inexorable* decline of Britain's manufacturing industry.

什么也阻止不了英国制造业的无情衰退。

The police found their precautions useless before the seemingly *inexorable* rise in crime.

犯罪率疯狂增长，警察发现他们的预防措施不起作用。

6. equilibrium *n.* 均衡；平静

The government is anxious not to upset the economic *equilibrium*. 政府渴望着不去打破经济的平衡。

She struggled to recover her *equilibrium*. 她努力想恢复平静。

7. mechanism *n.* 机制，原理

When a person is ill, the body's natural defense *mechanisms* come into operation.

当人生病时，身体的天然防御系统就开始运作。

The *mechanism* of the brain is yet to be further explored. 大脑机制还有待进一步探究。

8. existent *adj.* 存在的

In the *existent* circumstances, it is impossible. 在现有环境中，这是不可能的。

They made an attempt to refine the *existent* system to make it more efficient.

他们努力尝试改善现存体系以使其更有效率。

9. optimal *adj.* 最佳的，最理想的

They made comparisons between every possible choice in order to make the *optimal* choice.

他们对每个可能选项都进行了对比以便做出最佳选择。

the *optimal* growth temperature 最适合生长的温度

10. parameter *n.* 参数，系数

The inquiry has to stay within the *parameters* laid down by Congress.

调查必须在国会设定好的范围内展开。

11. internal *adj.* 内部的，内在的，国内的

We have no interest in interfering in the *internal* affairs of other countries. 我们无意干涉别国内政。

There's to be an *internal* inquiry into the whole affair. 针对整个事件将会进行内部调查。

12. frugal *adj.* 节俭的，朴素的

As children we were taught to be *frugal* and hard-working. 我们在孩提时被教导要勤俭节约，努力工作。

He led a remarkably *frugal* existence. 他的生活极其俭朴。

13. reserve *n.* 储备，储存

Somehow Debbie maintained an inner *reserve* of strength. 不知怎地，Debbie身上蕴含着一种不知名的韧劲儿。

We always keep some money in *reserve*, just in case. 我们总是会存一些钱以备不时之需。

14. extend *v.* 延伸，扩大

The government has *extended* the ban on the import of beef until June.

政府将牛肉进口禁令延长到了六月。

My duties at the school *extend* beyond just teaching. 我在学校的职责不只是教书。

be subjected to	受到，遭受	constant	*adj.* 不变的，恒定的
at some time or other	迟早，某个时刻，总有一天	nutrition	*n.* 营养，营养学
		genetically determined	由基因决定的
comparable	*adj.* 可比的	metabolic rate	代谢速率
closed	*adj.* 不公开的，封闭的	body mass	生物体
constitute	*v.* 构成，组建	inverted	*adj.* 倒转的，反向的
wear down	磨损	captivity	*n.* 圈养，囚禁
renew	*v.* 更新，使更新	hibernation	*n.* 冬眠
dynamic	*adj.* 动态的	lethargy	*n.* 嗜睡，昏睡
permanent	*adj.* 永久的	prolong	*v.* 延长
continuously	*adv.* 持续不断地	relaxation	*n.* 放松
inevitable	*adj.* 必然的	self-observation	*n.* 自我观察
adaptation	*n.* 适应	self-control	*n.* 自我控制
immortality	*n.* 永生，不朽	logical consistency	逻辑连贯性

佳句赏析

1. Although the same law holds for a living organism, the result of this law is not inexorable in the same way.

   - 参考译文：虽然相同的规律也适用于生物体，但并不会以同样的方式产生不可改变的结果。
   - 语言点：让步状语从句

   常用引导词：although, though, even if, even though。当有though和although时，后面的从句不能有but，但是though和yet可连用。

   例句：Although the wildlife kingdom has shrunk significantly, it is ridiculous to think that no space should be left for the wildlife in the new century. 虽然野生动植物的领地已大大缩小，但认为新世纪不应给野生动植物留有生存空间的想法非常荒谬。

   Though animal testing sounds cruel and barbaric, it has yet contributed to numerous medical breakthroughs. 虽然动物实验听起来残忍而野蛮，但它已帮助实现了无数医学突破。

   Even if animal welfare is a reasonable concern, talking of animal 'right' is extreme.

   虽然关注动物福利有道理，但是谈到动物"权利"就太极端了。

2. Animals which save energy by hibernation or lethargy （e.g. bats or hedgehogs）live much longer than those which are always active. The metabolic rate of mice can be reduced by a very low consumption of food （hunger diet）. They then may live twice as long as their well-fed comrades.

   - 参考译文：有些能通过冬眠或嗜睡来保存能量的动物（例如蝙蝠或刺猬）通常比那些总是很活跃的动物活得更长久。老鼠的代谢速率可以通过减少食物消耗量（饥饿饮食法）来降低，他们的寿命可能比那些平日吃饱喝足的同类寿命长一倍。
   - 语言点：比较状语从句

   常用引导词：as...as...（同级比较），...than...（不同程度的比较）

   例句：Our future cities and habitats should be as advanced and comfortable as scientific and social advances allow them.

   我们未来的城市和栖息地应该在科学和社会进步容许的情况下尽可能先进而舒适。

   Breeding animals in zoos is more successful in the sense of animal protection than leaving them in the wild. 从保护动物的意义上来说，在动物园中饲养动物比把它们留在野外更好。

Questions 27–32

- 题目类型：LIST OF HEADINGS
- 题目解析：

首先，考生应该忽略例题中已经选出的v项；接着，浏览所有的Headings，找出关键词。

这道List of Headings题目比较难，很多段落需要通篇理解才能最终决定答案。

  i. 生物钟

  ii. 为什么死亡有益处

  iii. 男人和女人的衰老过程

  iv. 延长你的生命

  v. 寿命的极限

  vi. 不同物种的发展模式

  vii. 尽管有所提升，但寿命仍然恒定

  viii. 能量消耗

  ix. 物品变旧和生物体衰老之间的根本差异

  x. 基因物质的修复

题号	定位词	文中对应点	题目解析
27	fundamental differences, objects, organisms	B段前半段： Our 'dead' products are 'static', closed systems. It is always the basic material which constitutes the object and which, in the natural course of things, is worn down and becomes 'older'... Although the same law holds for a living organism, the result of this law is not inexorable in the same way.	要想弄清楚这一段的意思，至少要阅读前半段，才能明白作者是在对object变旧的过程和生物体衰老的过程做对比。通过is not inexorable in the same way 猜测出是对应答案中的fundamental differences。正确答案为ix。
28	dying, beneficial	C段第三、四句： Nevertheless, a restricted life span, ageing, and then death are basic characteristics of life. The reason for this is easy to recognise...	首先在C段找到表达转折意义的副词nevertheless，一般段落大意都藏在转折词后面；接着发现the reason for this，这就可以对应选项ii中的why；接着读下去发现提到了死亡是必要的，immortality会扰乱整个生态系统，这样就可以进行选择了。正确答案是ii。
29	stable, despite improvements	D段第二、四句： ... but within one species the parameter is relatively constant. Although more and more people attain an advanced age as a result of developments in medical care and better nutrition, the characteristic upper limit for most remains 80 years.	本段指出，每个生物体都有极具特色的寿命；不同物种之间的寿命有很大差别，但同一物种中，这个参数相对恒定，这就是选项vii中所提到的a stable life span；接下来的although则可以对应Heading中的despite，improvement对应句中的developments in medical care and better nutrition。这样就和Heading的意思完全吻合了。正确答案是vii。

题号	定位词	文中对应点	题目解析
30	biological clock	E段首句： ... it is logically necessary to propose the existence of an internal clock, which in some way measures and controls the ageing process and which finally determines death as the last step in a fixed programme.	本段首句中提到：如果寿命是一个由基因决定的生物特征，那么我们就有必要提出这样一个观点，那就是生物体内存在一个内部时钟。这是文章第一次提到生物钟这样一个概念。正确答案是i。
31	energy consumption	F段第一、四句及末句： Animals which behave 'frugally' with energy ... Animals which save energy by hibernation or lethargy ... That means that they live life 'energetically'—more intensively, but not for as long.	通读全段，感到几乎在每一句中都存在的energy一词向你呼喊：选我吧。这样的段落无法从某一句话中弄明白作者到底在讲什么，但是也没有必要过于精细地通读全段。只需要浮光掠影扫过全段，捡拾几个高频词，就能够猜测出段落大意。 个别考生可能会选iii，因为他们只看到在该段中提到男、女新陈代谢比率的不同，但却没有注意到这一段除了提到男、女，还提到了乌龟、鳄鱼等，iii项并没有涵盖全段要表达的意思。正确答案是viii。
32	prolonging	G段首句： It follows from the above that sparing use of energy reserves should tend to extend life.	Heading中的prolong一词等同于本段首句中的extend。句意为："从上面的讨论可以看出，节约使用我们的能量储备应该可以延长寿命。"正确答案是iv。

Questions 33−36

- 题目类型：NOTE COMPLETION
- 题目解析：

题号	定位词	文中对应点	题目解析
33/34	objects	B段第三句： Ageing in this case must occur according to the laws of physical chemistry and of thermodynamics.	**题目：** 物品变旧的过程依据_____和_____法则。 并列的两处空格中需填名词。首先到文中寻找objects一词，可以在B段顺利找到，然后请注意寻找并列关系连接词and，很快可以发现正确答案。答案为physical chemistry（and）thermodynamics。
35	mutations, organisms	C段第五句： Because of changes in the genetic material（mutations）these have new characteristics and in the course of their individual lives they are tested for optimal or better adaptation to the environmental conditions.	首先通过mutations一词将此题在文章中定位，虽然寻找过程不容易，但是一定要相信自己能找到。定位之后寻找空后关键字better to，根据空格前的情态动词can推测空格处只能填一个动词，而且是原型，还要能和to搭配。这么一来，这句话里只有一个对应词比较合适：adaptation，将其变形为动词即可。答案为adapt。

题号	定位词	文中对应点	题目解析
36	evolution theory	C段末句: Immortality would disturb this system — it needs room for new and better life. This is the basic problem of evolution.	空格处要填入的是会对进化论带来严重问题的内容,可通过evolution进行定位。注意disturb一词意思是"干扰、扰乱",对应题目中的pose a serious problem for,因此答案为immortality。

Questions 37—40

- 题目类型:YES/NO/NOT GIVEN
- 题目解析:

37. The wear and tear theory applies to both artificial objects and biological systems.

参考译文	自然磨损理论既适用于人造物品也适用于生物系统。
定位词	the wear and tear theory
解题关键词	both ... and ...
文中对应点	B段: Our 'dead' products are 'static', closed systems. It is always the basic material which constitutes the object and which, in the natural course of things, is worn down and becomes 'older'. Ageing in this case must occur according to the laws of physical chemistry and of thermodynamics. Although the same law holds for a living organism, the result of this law is not inexorable in the same way. 我们所谓"死掉"的产品是指一些"静态的"、封闭的系统。构成物体的基本材料总是会在自然过程中逐渐磨损,变得"老化"。根据物理化学和热力学的规律,在这种情况下老化是必然的。虽然相同的规律也适用于生物体,但这一规律并不会以同样的方式产生不可抗拒的结果。 A段提出问题,B段解答问题。通过上面三句话得知:对于生物体而言,死亡并非不可阻挡的,因此自然磨损理论对于生物体来讲,当然就不太适用了。 inexorable在解题中起着关键作用。
答案	NO

38. In principle, it is possible for a biological system to become older without ageing.

参考译文	就理论而言,生物系统有可能只是生长,而不老化。
定位词	older, ageing
解题关键词	possible
文中对应点	B段: At least as long as a biological system has the ability to renew itself it could actually become older without ageing ... 至少只要一个生物系统有能力自我更新,它就确实能够不断成长但不会老化…… 这句话与题目中的叙述完全吻合,故答案应该是YES。而且即使考生找不到这个对应句,也可以通过题目中的possible一词猜测出正确答案是YES。 一般含有possible, probable, likely的表述都会选YES或者TRUE。
答案	YES

39. Within seven years, about 90 per cent of a human body is replaced as new.

参考译文	在七年之内，人体约90%的细胞都会更新换代。
定位词	seven years, 90 per cent
解题关键词	replaced
文中对应点	此题也是一道脑残题目典型。一般数字都是比较关键的定位词；但这里不管是seven years还是90%，在原文中都找不到；好不容易找到个10%，还风马牛不相及。最后发现文中根本没有提到，这才恍然大悟，这就是个完全NOT GIVEN的句子。
答案	NOT GIVEN

40. Conserving energy may help to extend a human's life.

参考译文	节约能量有助于延年益寿。
定位词	energy
解题关键词	extend human's life
文中对应点	G段： It follows from the above that sparing use of energy reserves should tend to extend life. 从上面的讨论可以看出，节约使用我们的能量储备应该可以延长寿命。 此题考点与上面的List of Headings中的32题是重复的，不难找到；而且题目本身带有may这样模棱两可的表达。带有may, could, can等词的题目一般选YES或者TRUE。
答案	YES

参考译文

———————— 生物钟如何工作？ ————————

A 我们的寿命是有限的。每个人都已经接受了这一点，因为从"生物学"角度来讲这是显而易见的。"没有什么会永生！"然而，在这句话中，我们想到了那些人造的技术产品，这些产品在使用过程中会产生自然磨损。这就意味着它们终究会有一天停止工作、不能用了（生物学意义上的"死亡"）。但这些技术产品的磨损及功能丧失与生物体的死亡这两者之间真的具有相似性或可比性吗？

B 我们所谓"死掉"的产品是指一些"静态的"、封闭的系统。构成物体的基本材料总是会在自然过程中逐渐磨损，变得"老化"。根据物理化学和热力学的规律，在这种情况下老化是必然的。虽然相同的规律也适用于生物体，但这一规律并不会以同样的方式产生不可抗拒的结果。至少只要一个生物系统有能力自我更新，它就确实能够不断成长但不会老化；生物体是一个开放、动态的系统，新物质会通过这个系统不断流动。因此旧物质的消逝和新物质的形成总是处于永久的动态平衡中。形成生物体的物质不断改变，于是我们体内的旧物质也持续不断地被新物质替换，就像喷泉，它能大体上保持自身的形态和运动状态，但是其中的水分子总是不同的。

C 因此，老化和死亡不该被看作是不可避免的，尤其当生物体拥有许多修复机制时。从理论上讲，一个生物体的老化和死亡不是必然的。尽管如此，有限的寿命、衰老、然后死亡构成了生命的基本特征。原因则显而易见：本质上，现存的生物体要么适应环境，要么有规律地被新的物种代替。因为基因物质的变化（突变），生物体拥有了新的特征，并且个体生命的过程也在考验它们对周围的环境条件是否有最佳的或更好的适应性。永生可能会打乱这个系统，因为它需要为新的、更好的生命提供空间。这就是进化的本质问题。

D 每个生物体都有极具特色的寿命。不同的物种其寿命也有着显著差别，但在同一物种中，这个参数相对恒定。例如，几千年来人类的平均寿命几乎没变。虽然由于医疗服务的发展和营养的改善，越来越多的人达到高龄，但对大多数人来说人类普遍的寿命上限仍是80岁。此外，对抗简单磨损理论的另一个论点认为，生物体老去的时间短则几天(对单细胞生物来说甚至是几小时)，长则几千年，比如巨杉。

E 如果寿命是一个由基因决定的生物特征，那么按照逻辑我们就有必要提出这样一个观点：生物体内存在一个内部时钟，这个时钟以某种方式测量和控制着衰老的进程，并且最终决定这一固定程序的最后一步：死亡。就像寿命，对于不同的生物体，其代谢速率跟体重有一个固定的数据关系。同寿命相比，这个关系是"反向的"：生物体体重越大，其代谢速率越低。另外，这个关系不仅适用于鸟类，由于系统单元内的情况大体类似，因此也适用于其他所有生物体(植物、动物、单细胞生物)。

F 那些在能量消耗方面比较"节约"的动物寿命尤其长，例如鳄鱼和乌龟。鹦鹉和猛禽经常被锁链栓着，因此往往不能"体验生活"，于是在圈养状态下获得了较长的寿命。有些能通过冬眠或嗜睡来保存能量的动物(例如蝙蝠或刺猬)通常比那些总是很活跃的动物活得更长久。老鼠的代谢速率可以通过减少食物消耗量(饥饿饮食法)来降低，他们的寿命可能比那些平日吃饱喝足的同类寿命长一倍。另外，女性的寿命很明显比男性的寿命长(大约10%)。如果研究两性的代谢速率，你会发现男性代谢速率较高，这就意味着男性的寿命较短，也就是说他们在生活中比较耗费能量——比女性活动更为剧烈，但生命持续的时间没有女性长。

G 从上面的讨论可以看出，节约使用我们的能量储备应该可以延长寿命。极端的剧烈运动可能会让心血管功能达到最佳状态，但肯定不会延长寿命。放松下来可以降低代谢率，而充足的睡眠及大体平和的性格也会起到相同的作用。只要进行一些自我观察、严格的自我控制，尤其重要的是保持逻辑连贯性，我们每个人都能发展自己的"节能程序"。经验表明这样的生活方式不仅能够延年益寿，而且非常健康。最后这点绝对不要忘记。

Writing

Task 1

📖 题目要求

（见"剑8"P78）

✒ 审题

题目翻译：下面的这两幅图显示了水泥制作方法的各个步骤和所需设备，以及如何用水泥生产用于建造房屋的混凝土。

本题为流程图题型，由两幅流程图构成。同样都是两幅流程图，本题难度要大于剑6 Test 3。剑6那道题显示了如何利用蚕茧生产丝绸的过程。图一显示蚕的生命循环，图二表现丝绸制造过程。剑6 Test 3那样的单一流程图只需要根据箭头的指向，注意写作顺序即可，图一和图二之间是单纯的时间先后顺序关系，而本题的两幅图之间则是在时间先后顺序的基础上，增加了对比关系。考生除了要分别描写制作水泥和混凝土的方法之外，还要比较这两种方法的异同。

💡 写作思路

本题由两幅图组成，写作时可以分为四段。第一段可以通过改写题目的说明性文字介绍两幅图的主要内容；第二段和第三段分别描写水泥和混凝土的制作方法；第四段用来总结这两种制作方法的共同点和差异。

☕ 考生作文

（见"剑8"P166）

🐌 参考译文

这些图显示了水泥的制作流程和所用到的设备，以及如何用这些来制造用于建造房屋的混凝土。

生产水泥的第一步是添入石灰石（和）黏土。这些材料穿过捣碎机，变成粉末。接着粉末进入搅拌器。之后，产品经过加热的旋转加热器。接下来，混合物进入研磨机，水泥就出来了。在工序的最后水泥被装包。

在混凝土制造方面，其工序的第一步是要将15%的水泥，10%的水，25%的沙和50%的石子进行混合。这四种成分被放进混凝土搅拌器。

如上所述，混凝土生产需要的步骤比水泥生产要少；但前者需要使用更多的材料以获取最终产品。

两大制作流程的最后区别在于混凝土搅拌机不需要加热。

⚙ 分析

本文得分为6分。

考官点评

（见"剑8"P166）

参考译文

这篇作文适当地展现了两幅图里的信息。两个工序之间的主要区别在简洁明确的总结里体现了出来，但其他重要特征本可以描述地更详尽一些。信息的条理性是这篇文章最有力的特点。本文的描述条理很清晰，整篇文章通过连接词和指代短语的良好运用得到了有序地推进。文中使用了一些相关的词汇，但词汇量不大，有一些用词并不是特别恰当。有少量拼写错误，不过不至于影响对文章的理解。文中使用了不同的句型，有一些正确的复杂句式结构，但许多短的简单句易使这种多样化受限制。

内容

两幅图里的重要信息在这篇作文里基本没有遗漏。两个工序之间的主要区别在文章结尾也得到简要总结，但有的重要特征描述不够详尽。

文章的首段描述了两幅图的大意，文字上对题目进行了一些改写(stages改为processes，cement-making改为make cement)，符合6分要求。更好的写法可以是：The first diagram demonstrates the process and the equipment used to make cement, and the second one illustrates how cement and other materials are mixed to manufacture concrete for building purposes.

有的重要特征描写不够充分。比如第三段的These four elements are introduced into a concrete mixer.可以改写为：These four elements are poured into a concrete mixer in which they are rotated so that concrete can be produced as a result.

连贯与衔接

这篇文章在描述时，条理性比较好。整篇文章连接词和指代短语用得不错，接近7分。

连接词：then, after, afterwards, at the end of, as mentioned above, however等。

指代词：the first, these, this, which, where, the latter, the final, the last等。

用词

这篇文章中除了题目和图中原有的单词以外，作者还使用了一些相关词汇：

动词：introduce（放入），pass through（穿过），go into（进入），work with（采用），come out（出来），pack（包装），begin with（从……开始），obtain（获得）。

名词：material（材料），combination（组合），element（成分），step（步骤）。

用词不当示例：第二段The first step in the cement productios is to introduce limestone clay. These materials pass through a crusher that produces a powder.（不当用词：introduce 放入，pass through 穿过）

应改为：The first step in the cement production is to put limestone and clay on two different conveyors. Then, these two types of materials are pressed so hard in the crusher that they are broken into powder.

句型

句型方面，这篇文章正确运用了一些复杂结构，比如第二段第二句、第四句、第五句都包含定语从句，文章最后一句为表语从句。但大部分句子都是简单的短句，限制了句型方面的得分。

Task 2

题目要求

（见"剑8"P79）

审题

题目翻译：提高汽油价格是解决日益严重的交通和污染问题的最佳方法。你在多大程度上同意或不同意这种观点？你认为有什么其他的有效措施？

本题在题材上属于社会类话题，题型上是Agree/Disagree。本题由三句话组成。第一句是观点；第二、三句是两方面的问题。我们首先需要对第一个问题进行回应：同意还是反对，然后指出除了汽油提价以外还有什么措施可以解决交通和污染问题。

写作思路

本题需要回应的观点中包含了最高级形容词best。一般说来，诸如only和best等说法过于绝对化，通常应该disagree。就文章总体架构而言，大致可以写四到五段。第一段针对题目观点进行回应，表示不同意；然后在第二段中通过具体论证说明不同意的理由；第三段可以给出对于题目中第二个问题的回答，也就是提供解决交通和污染问题的其他措施，如果措施不止一个，可以分成两段来写；最后一段可以简要总结解决问题的措施，着重指出措施的施行各方。

考官范文

（见"剑8"P167）

参考译文

毫无疑问，在城市和各地的高速公路上，机动车造成的交通和污染问题已经变得相当严重。要解决这些问题需要的很可能不只是提高油价。

无可否认，私家车的使用是交通和污染问题增加的主要原因之一，但提升燃油价格不太可能长期限制驾车人的数量。由于这一政策也会影响到公共交通的花费，因此它将非常不受所有需要在公路上行驶的人欢迎。但是还有各种其他的措施，一旦实施，即会对这些问题产生巨大影响。

我认为要解决污染问题需要开发更清洁的燃料。我们已经拥有可以用来制造更安静、更清洁的电动汽车的技术。说服厂商和出行者采用这一新技术会是改进空气质量，尤其是城市中的空气质量的更有效的策略。

然而，交通拥堵的问题不会通过改变人们能使用的私家车的种类来解决。为了解决这个问题，我们需要改进出行者所能得到的公共交通服务的选择。比如，如果在主要城市中能够建造并有效维护充足的高架列车和地铁系统，那么公路上的交通将会急剧减少。长途列车和长途公共汽车应该成为自驾长途旅行的价廉物美的替代性选择。

总之，我认为长期缓解交通和污染问题有赖于教育公众更多地使用公共交通工具，有赖于政府使用公共资金建造和运营有效的公交系统。

分析

开头段分析

针对Agree or Disagree这类考题，首先要区别事实（fact）和观点（opinion）。事实是题目中的背景，而考生需要回应的是支持还是反对题目中的观点。Agree or Disagree这一类议论文需要在开头段简单介绍议题的背景（fact），然后提出自己的观点（opinion）。不少考生往往在背景介绍上花费太多时间，给予过多描述。其实这一类问题关键是论证观点，而不是铺陈事实。

在本段范文里，作者对首句的处理方式是在题目所提供的信息的基础上，添加了地点状语both in cities and on motorways everywhere，从而指出问题的严重性。然后在第二句指出光靠油价的上涨无法解决问题，明确表示不同意（disagree）题目的观点。

There is no doubt that是在开头段中用来摆事实的常用表达。与此类似的表达还有：it is undeniable that

（注：范文下一段话即出现）；there is no denying that; it goes without saying that等。

主体段分析

第二段延续首段末句的观点，具体论证为什么提高燃油价格不是解决日益严重的交通和污染问题的最佳方法，以回应题目中的第一个问题。作者主要提出两方面的理由，一是提价不能真正长远解决开私家车出行者数量的增长问题，二是提价会导致乘坐公共交通工具出行的人的反对。这样一来，无论是相对富有的还是收入一般的人都不会支持燃油提价的做法。在反驳了提价的做法之后，作者指出其实还有其他更有效的措施可以实施，从而引出对题目中第二个问题的回答。

第三段针对污染问题，提出解决方案：使用清洁燃料的电动汽车。

问题共有两个方面：污染和拥堵。作者在第三段指出电动车解决了污染问题，但第四段开头申明电动车无法解决交通拥堵问题。这个问题的解决还有赖于公共交通系统的发展。作者并没有局限于泛泛论证公交系统的重要性，而是非常具体地提出解决拥堵的方法。针对第一段提出的问题既存在于城市、也存在于高速公路上，作者相应地提出两方面的解决方案：城市的拥堵通过高架列车和地铁来解决，而公路拥堵则采取用长途火车和大巴取代自驾车来解决。

结尾段分析

结尾段需要进行总结，但又不能简单地重复主体段的观点。本段没有再次重申不能光依赖提高油价来解决污染和拥堵，也没有提到用电动车技术改进空气质量，而是着重提出公共交通的重要性，并强调这需要大众和政府双方的共同努力。

连贯与衔接

连贯与衔接是雅思议论文评分标准的四大项之一。一篇优秀的雅思作文其连贯与衔接是通过段落之间的逻辑性和段落内部的连贯性达成的。

段落之间的逻辑性主要通过分段和段首逻辑词实现。这篇文章的论证层层递进，段落安排非常合理，在段首逻辑词的使用方面也很得体，比如第一段的There is no doubt that（毫无疑问……），第二段的While it is undeniable that（无可否认……），第四段的However（然而……）和第五段的In conclusion（总之……）。

段落内部的连贯性主要靠衔接词和指代词。这篇文章用到的连接词和短语有as, also, but, then等，指代词有these, it, this, that等。

难词

motorway	n. 高速公路	manufacturer	n. 制造商，制造厂
undeniable	adj. 不可否认的，无可辩驳的	congestion	n. 拥塞，拥挤
fuel	n. 燃料	sufficient	adj. 足够的，充足的
implement	v. 实施，执行	alternative	n. 供替代的抉择，选择余地
tackle	v. 处理，解决		

同义表达

日益严重的交通和污染问题：growing traffic and pollution problems（题干），the increase in traffic and pollution（第二段）

燃油价格上涨：rise in the price of petrol（第一段），higher fuel costs（第二段）

开私家车出行：private car use（第二段），driving your own car（第四段）

解决问题：solving these problems（第一段），tackle the problem（第三段）

复杂句式的使用

现在分词作主语：第一段第二句，第三段第三句。

it形式主语句：第二段第一句

让步状语从句：第二段第一句（while引导）

原因状语从句：第二段第二句（as引导）

条件状语从句：第四段第三句（if引导）

定语从句：第二段第三句（that引导），第三段第二句（that引导），第四段第一句（省略了that）

难句分析

1. **But there are various other measures that could be implemented that would have a huge effect on these problems.**

   翻译：但是还有各种其他的措施，一旦实施，即会对这些问题产生巨大影响。

   分析：本句中共有两个that引导的定语从句。语法上这两个定语从句都修饰measures，语义上前一个定语从句是后一个定语从句的条件。这个复杂句可以分拆为这样的两句话：But there are various other measures. If these measures could be implemented, it would have a huge effect on these problems. 但这样分拆，不如原句连贯性强，也不够精炼。

2. **Long-distance train and coach services should be made attractive and affordable alternatives to driving your own car for long journeys.**

   翻译：长途列车和长途公共汽车应该成为自驾长途旅行的价廉物美的替代性选择。

   分析：本句为被动句。句子的主要框架是：A should be made alternatives to B（A应该成为B的替代方法。）A指的是long-distance train and coach services（长途列车和长途汽车），其中long-distance同时修饰train和coach；B指的是driving your own car for long journeys（长途自驾），句中的to是介词，所以跟在to后面的是动名词结构。

3. **In conclusion, I think that long-term traffic and pollution reductions would depend on educating the public to use public transport more, and on governments using public money to construct and run efficient systems.**

   翻译：总之，我认为长期缓解交通和污染问题有赖于教育公众更多地使用公共交通工具，有赖于政府使用公共资金建造和运营有效的公交系统。

   分析：本句难点主要在depend on后面跟着两个并列的宾语，在第二个宾语之前depend省略了，但on不能省略。第一个宾语是现在分词短语educating the public to use public transport more；第二个宾语是governments using public money to construct and run efficient systems，其中governments充当宾语的逻辑主语。

Part 1

在第一部分，考官会介绍自己并确认考生身份，然后打开录音机/笔，报出考试名称、时间、地点等考试信息。考官接下来会围绕考生的学习、工作、住宿或其他相关话题展开提问。

🔍 话题举例

Flowers

1. **Do you like to have flowers in your home?** [Why/Why not?]

   Yes. Flowers are *decorative* and they *send forth fragrance*. They make my room more *colorful and alive*. Flowers make the air inside a little fresher and also give my apartment a more *homey* feeling.

decorative 装饰性的	send forth fragrance 散发香气
colorful and alive 多彩而有生气的	homey 家的，舒适的

2. **Where would you go to buy flowers?** [Why?]

   I don't buy flowers in a real flower shop. For convenience, I buy flowers online in *bulk* for huge discounts and *free shipping*. At the click of my mouse, they'll put together a selection of beautiful flowers *sourced daily* and deliver my *bouquet* to my address

bulk 大量	free shipping 免费运送
sourced daily 每天采摘的	bouquet 花束

3. **On what occasions would you give someone flowers?**

   I'm not a person who *fancies* giving flowers to express my *affection* to someone, but if I have to, I may pick the occasion when a friend is recovered from illness and coming out of the hospital, because what he needs, at that moment, is something *refreshing* and *full of prospect*. People around me send flowers on many occasions, such as *business opening*, wedding, Valentine's Day and so on.

fancy 喜欢，想要	affection 喜爱，感情
refreshing 使清爽的	full of prospect 充满希望的
business opening 开业	

4. **Are flowers important in your culture?** [Why/Why not?]

   Very important. Flowers are a perfect gift to express your wishes to your near and dear ones. They don't cost much but say it all. Fresh flowers can lift someone's *spirits*, while *dried flowers* can be used to decorate homes. Also, flowers have many meanings in China. *Peony* represents *prosperity* and wealth, and *carnation* stands for love and respect.

spirit 精神	dried flower 干花
peony 牡丹	prosperity 繁荣，兴旺
carnation 康乃馨	

Part 2

考官给考生一张话题卡（Cue Card）。考生有1分钟准备时间，并可以做笔记（考官会给考生笔和纸）。之后考生要做1~2分钟的陈述。考生讲完后，考官会就考生的阐述内容提一两个相关问题，由考生做简要回答。

CUE CARD

Describe a meeting you remember going to at work, college or school.

You should say:

    when and where the meeting was held

    who was at the meeting

    what the people at the meeting talked about

and explain why you remember going to this meeting.

➡ 话题卡说明

话题卡Describe a meeting是事件题中较为重要的一个，主要考查考生是否具有描述各种事件、经历的能力。类似的话题卡还有Describe a party、Describe a happy event等。考生在描述这个话题卡时需要涉及这次会议的方方面面，同时更要重点突出为何这次会议至今令你记忆深刻。

时间 地点 人物	Well, I think I'll talk about our **annual meeting** at work. My company holds a large meeting with all the different offices once a year at the end of the **fourth quarter**. Everybody attends, including all of the major bosses and the company president. It's really a **spectacular affair**. Last year it was out of town and we all stayed in a fancy hotel for two days over the weekend.
会议 主题	There were a lot of meetings to attend and we were all pretty busy, but it was actually tremendous fun. The president made a long speech about our successes in the last year and planned for the next.
具体 内容 及原 因	It was quite **inspiring** and we all felt grateful for his praise. After that there were awards given out to employees that had performed particularly well over the year and most people received their **annual bonus**. When the meetings were all finished, there were plenty of **recreational activities** to participate in, like KTV. It was a great opportunity to get to know my coworkers a bit better. Overall it was quite fun and completely unlike typical meetings, and that is probably why I remember it so fondly.

📖 重点词句

annual meeting 年会	spectacular affair 盛会	annual bonus 年度奖金
fourth quarter 第四季度	inspiring 鼓舞人心的	recreational activity 娱乐活动

Part 3

第三部分：双向讨论（4~5分钟）考官与考生围绕由第二部分引申出来的一些比较抽象的话题进行讨论。第三部分的话题是对第二部分话题卡内容的深化和拓展。

话题举例

Going to meetings

1. **What are the different types of meeting that people often go to?**

   People go to many different kinds of meeting. Probably the most common, and definitely the most boring, are meetings at the workplace. There are **department meetings, sales meetings**, meetings with clients and even networking events. I have to attend a weekly meeting every Monday. Besides work, people go to meetings in order to socialize. There are clubs for people that like **hiking**, sports, or music. One type of meeting that I like to attend in my free time is a regular English corner. It's a good chance for me to meet other people that are also serious about improving their English and practice with them.

department meeting 部门会议	sales meeting 销售会议
hiking 徒步旅行	

2. **Some people say that no-one likes to go to meetings — what do you think?**

   I can definitely understand that opinion. Frankly a lot of meetings at my work are a **tremendous** waste of time. They can **drag on** for hours and sometimes it feels like my managers just want a chance to make themselves seem important, rather than actually **contributing to** a project. I'd rather focus my time and energy on dealing with my heavy workload. However, I understand that meetings are a necessary evil. Sometimes it's the only way to guarantee good communication. Meetings tend to go best when they involve a small group of essential people and you have very clear goals. So it depends on how well meetings are run at your company.

tremendous 巨大的	drag on 拖延
contribute to 对……有贡献	

3. **Why can it sometimes be important to go to meetings?**

   Meetings are important for a lot of reasons. If you participate and make good contributions, you can impress your boss and perhaps get a promotion. Also, more basically, meetings are important for effective communication and to ensure that everyone is on schedule with their projects. They can even give you **sense of teamwork** and make you feel more **motivated**. If you work in a **competitive industry**, sometimes meetings can be useful for training. They keep you up to date on new policies and products so you can work more effectively.

sense of teamwork 团队合作意识	motivated 激励的，有积极性的
competitive industry 竞争性产业	

International meetings

1. **Why do you think world leaders often have meetings together?**

   Well, I think it's essential that world leaders have frequent meetings together for a variety of reasons. We live in a **globalised** world now and the actions of one country affect everybody. Look at the recent **financial crisis**, it started in one country but quickly spread everywhere and all nations in the world suffered a little. Governments need to make deals so that trade continues to develop and grow. Also, these days, leaders need to work together on even more important **international issues**. I feel that environmental protection is one of the biggest ones. Leaders from all countries need to agree to work together if anything is going to be accomplished. Also regular meetings between leaders can help the people of both nations feel more comfortable with each other and *guarantee peace*.

| globalised 全球化的 | financial crisis 金融危机 |
| international issue 国际事务 | guarantee peace 保证和平 |

2. **What possible difficulties might be involved in organising meetings between world leaders?**

I'm sure it's very difficult to organise meetings between important leaders. *First and foremost*, they are all busy running their countries and don't have time to *squander*, so things need to be *scheduled* very *tightly*. Second of all, I can imagine that security is vitally important. Leaders need to be protected very carefully so you need extra guards and all plans about the scheduled trip must be top secret. So transportation, accommodation and lots of personnel all need to be arranged for the visit to *go smoothly*. Last but certainly not least, they need to ensure that they get proper and positive *media coverage*, so they need to coordinate with reporters as well.

first and foremost 首要的是	squander 浪费
schedule 安排	tightly 紧密地
go smoothly 顺利地进行	media coverage 媒体报道

3. **Do you think that meetings between international leaders will become more frequent in the future? Or will there be less need for world leaders to meet?**

I suspect that meetings between world leaders will either become more common in the future, or stay as common as they are now. I understand that with advanced *communication tools* like phones or even *video-conferencing*, it is unnecessary to meet face to face, but part of the reason world leaders meet is to create good feelings between their countries. This can only be done well *in person*.

| communication tool 沟通/交流工具 | video-conferencing 视频会议 |
| in person 亲自 | |

话题相关材料

"开会"这个话题并不稀奇,从我们上学读书到毕业后参加工作,开过的大会小会不胜枚举。很多人厌烦开会,有人认为会议大多不准时结束,有人认为会议内容经常偏离主题。下面这篇背景阅读材料列出了"不使人厌烦"的会议应该具备的几个要素:

Most people hate meetings because they waste their time. The majority of meetings don't stay on track, have the wrong people in the room and only cause more meetings to happen. To make sure that doesn't happen to one of your meetings, use these guidelines.

- Begin on time, *clearly stating the meeting objective*. Communicate your *intentions to stick to meeting type, time, topic, and agenda.*
- Take a few minutes to establish some *ground rules* for your meeting such as one person talks at a time, off topic discussions will be *delegated to a parking lot*, respect others' opinion, etc. Solicit ground rules from your meeting participants.
- Review the agenda items and plan time for each item. Adjust if necessary. But remember, changes to the agenda should be consistent with your meeting objective, type, and time limits.

- Use action language if responsibilities are assigned. *Capture* these on an "Action Items" sheet for distribution with the minutes. Action items should include 1) what will be accomplished, 2) who will accomplish it, 3) when and how it will be accomplished (time frames and deliverables).
- Document meeting results in full view of all *participants*. There's a lot that goes on in meetings. If you capture information on a white board or *flip chart paper*, it can save you from discussing items that have already been addressed.
- Have a "parking lot" for topics not on the agenda. This will help you keep the meeting on track.
- Close the meeting by clearing out the parking lot, verifying the action items and take five minutes for *meeting feedback*.

Listening

Section 1

📖 场景介绍

这段对话主要讲的是一位男士想要应聘酒店的临时员工，打电话进行咨询。对话中男士询问了工作的时间、薪资、着装要求、入职日期等。对话最后女士向男士介绍了后续的流程，并给出了建议。

📖 本节必备词汇

temporary	*adj.* 临时的，暂时的	waistcoat	*n.* (西服的)背心，马甲
shift	*n.* 轮班	midday	*n.* 中午，正午
alternate	*v.* 交替，轮流	reference	*n.* 推荐人，介绍人
generous	*adj.* 慷慨的，大方的	vouch	*v.* 替……担保
uniform	*n.* 工作服		

📖 词汇拓展

resume	*n.* 简历	performance	*n.* 工作表现
recruitment	*n.* 招聘	reward	*n.* 奖励
agency	*n.* 中介，代理	benefit	*n.* 奖金，补贴
job hunting	找工作	motivation	*n.* 积极性，动力
job hopping	跳槽		

⚙️ 文本及疑难解析

1. I'm afraid the person who's dealing with that isn't in today, but I can give you the main details if you like. 不好意思，负责这件事的人今天不在。如果你愿意的话，我可以给你一些主要信息。此句中的isn't in指"不在"。

2. There was one post for a cook, but that's already been taken. 原本有一个厨师的职位，但现在已经有人选了。注意这里post的意思是"职位"。

3. What about time off? 休假如何安排呢？ off此处为副词，可直接理解为"休息、休假"。

4. Do you know what the rates of pay are? 你知道薪酬是多少吗？ rate此处表达"金额"的意思。

5. You know, just someone who knows you and can vouch for you. 你知道的，就是认识你而且能够替你担保的人。vouch for somebody意思是"为某人担保"。

⚙️ 题目解析

本节整体难度适中，未出现不熟悉的内容或表达，10道题全部为填空。

1. 原文中出现了waiter和cook两个职位，在提及后者时立即又补充说明已经招满：but that's already been taken.

2. 在听到讨论shift之后，就可以知道接下来的内容与本题有关，由You get one day off...可得出答案。

3. 本题答案很直观，每小时的工资数额之后出现的includes a break直接给出所缺词。
4. 题干是对话中You can get a meal in the hotel的同义转述，很明显答案为meal。
5. 题干中的white shirt提示性很强，根据它定位至原文中You need to wear a white shirt...，由其后的dark trousers即可得出正确答案。
6. 本题稍有难度。原文在提到jacket后，紧接着补充说明but the hotel lends you that。解题关键在于动词lend。
7. 日期给出的语序具有迷惑性。文中先提及月份（around the end of June），接着才说出具体日期(yes, the 28th)。注意书写时月份应使用单词拼写，而非数字。
8. 注意人名首字母须大写。
9. midday指"中午，正午"，应注意捕捉文中的时间信息。
10. 电话号码出现后应注意听本题的相关内容。 ask for等同于题干中的require。

Section 2

场景介绍

这段对话是一个广播节目的一部分，谈论了城市改造计划。节目中提及，经过进行民意调查，当地政府决定对城市的部分地区和设施进行改造。例如：交通设施的不合理可能会导致事故，尤其对学生的潜在危害较大；电线的布局具有危险性，也需要重建；绿化方面的改造会带来城市面貌的较大改变。

本节必备词汇

councilor	n. 议会议员	pavement	n. 人行道
consultation	n. 咨询	pedestrian	n. 行人
overhead	adj. 头顶上的	signage	n. 标志牌
resident	n. 居民	intersection	n. 十字路口
shelter	n. 遮蔽处	incorporate	v. 包含
shade	n. 树荫，阴凉		

词汇拓展

monument	n. 纪念碑	district	n. 区
public lavatory	公共厕所	residential area	居民区
national highway	国道	urban	adj. 市区的
metropolis	n. 大都市	suburb	n. 郊区
municipality	n. 市政当局	outskirts	n. 市郊
municipal	n. 市的，市政的		

文本及疑难解析

1. I understand that there has been a lot of community consultation for the new plan? 据说这个新的计划已经进行了许多民意咨询？本句理解的难点在于community consultation, 在中文中没有绝对合适的翻译。

community意为"社区；团体"，consultation意为"咨询"。在这里指对当地居民进行咨询，广泛征集意见，从而更好地进行城市的改造规划。

2. They feel that it is only a matter of time before there is an accident as a lot of the children walk to the school. So we're trying to do something about that. 他们认为出现事故只是时间问题，因为许多孩子都是走路上学。所以我们打算尽力做点什么。注意俗语it is only a matter of time（这只是时间问题/这是与时间相关的）。

3. Another area of concern is the overhead power lines. 另一个令人担忧的问题是头顶上的电线。overhead一词在考试中出现过两种含义：头顶上；运营费用（剑5—Test 2 Section 2 Q15）。

4. That's good to know, but will that mean an increase in rates for the local businesses in that area? 这是可喜的，但那是否意味着那个地区的企业税会增加？注意rate一词在本书几套题中多次出现，其含义并不完全相同，但多与金钱相关。

5. We're going to get school children in the area to research a local story, the life of a local sports hero perhaps, and an artist will incorporate that story into paintings on the wall of a building on the other side of Hill Street from the supermarket. 我们将动员当地学校的孩子们挖掘一个本土故事，比如说当地一位体育明星的生平。然后请一位艺术家把这个故事融入到画作中。该画作将挂在Hill Street上的超市对面大楼的墙上。需要把握短语incorporate...into..."将……融入"。

题目解析

本节内容话题难度适中，但出现了相对比较少涉及的街道类型地图题。

第11~13为选择题。

11. 原文中的worried about是信号词，与题干中的concerned about属于同义转述。其后的a lot of the children walk to the school给出了答案信息。选项A中的pedestrian稍难，可能导致考生由于不认识单词而无法判断答案。

12. 由题干中的overhead power lines定位至原文中，其后提及的 to move the power lines underground（将电线转移至地下）即给出答案信息。选项B buried是对文中move...underground的同义转述。

13. 从文中the power company have agreed to bear the cost of this themselves可以直接判断出答案。

第14~20为地图题。

14. 地图整体方位为斜向，没有起始点指示，则以考生面对地图为参照方位。 to the right of 表示"在……的右边"。

15. 题干中的footpaths是对原文中pavements的同义替换。on the corner of 指在街的拐角处。

16. 从at the entry to Thomas Street from Days Road可以看出Days Road在 Thomas Street入口处的一侧。考生需要对其进行正确理解。

17. junction意为"交叉路口"。

18. 答案信息中的half way down是难点。考生可以很容易定位至街道，而交通灯其实是设在Hill Street和Days Road 相交的地方。容易错选。

19. 本题相对比较难，考生不容易分辨，因为涉及较多方位信息。on the wall of a building on the other side of Hill Street from the supermarket可以理解为 "在Hill Street上的超市对面大楼的墙上"。Hill Street不难定位，其两侧都有buildings，而该题的答案则是超市对面的大楼。

20. intersection指的是"十字路口"。

Section 3

场景介绍

两位学生Dan和Jeannie在讨论课程、考试和课外活动等。Jeannie问Dan是否已经筹够了课程费，Dan提到自己的助学金申请不顺利，最终是父母给予了帮助。Dan向Jeannie询问社交方面的问题，Jeannie建议Dan参加一些校园俱乐部。在课程方面，两人的导师不同，Jeannie对自己的导师比较满意，认为得到了许多学习建议和考试准备方面的帮助，而Dan则对自己的导师提出了质疑。

本节必备词汇

grant	n. 助学金	stamina	n. 耐力，体力
eligible	adj. 符合条件的，合格的	seminar	n. 研讨会
sponsor	v. 资助	on the same wavelength	具有相同的思路，合拍
scholarship	n. 奖学金		
desperate	adj. 急需要的；绝望的	tutorial	n. (大学导师的)个别辅导时间
rehearse	v. 排练		
frantically	adv. 疯狂地，狂热地	productive	adj. 富有成效的
conductor	n. 指挥	priority	n. 优先事项
stretch	v. 使全力以赴，使竭尽所能	incentive	n. 动力；激励，刺激
hockey	n. 曲棍球	tackle	v. 对付，处理

词汇拓展

instruction	n. 教授，指导	angle	n. 角度
cooperate	v. 合作	semester	n. 学期
experiment	n. 实验	ambition	n. 抱负，志向
dissertation	n. (博士)论文		

文本及疑难解析

1. It was practically a year ago that I applied to my local council for a grant, and it took them six months to turn me down. 差不多一年前我向地方政府申请助学金，他们花了六个月的时间拒绝了我的申请。turn...down通常表示"关闭"，此处指"拒绝"。

2. ...but they're all so small that I decided to leave them until I was desperate. 但都太少了，我决定先不申请了，等急需的时候再说。desperate意为"急需的"。

3. But in the end they took pity on me, so now I've just about got enough. 但最终他们对我表示同情，(给了我帮助)所以现在我的钱差不多够了。take pity on somebody意为"对……表示同情"。

4. It's our first performance next week, so we're rehearsing frantically, and I've got behind with my work, but it's worth it. 下周是我们第一次表演，所以我们正在疯狂地排练。我的课业有点落下了，但是值得。behind with something有两种常用含义："落下；支持"，要注意分辨。

5. And I also joined the debating society. It's fun, but with all the rehearsing I'm doing, something has to go. 我还加入了辩论社，很有意思。但现在我有许多排练，不得不舍弃个别活动，(可能就是它了)。在本句中

go不适合翻译为"走"或"离开"，应理解为"舍弃，放弃"。

6. I'm not very good, but I'd really miss it if I stopped. I decided to try tennis when I came to college, and I'm finding it pretty tough going. I'm simply not fit enough. 我打得不太好，但如果不参加了我会非常想念（曲棍球）的。刚上大学时我决定尝试打网球，但后来发现太难了，我根本没那么强壮。本句中simply不能理解为"简单地"，而应理解为"简直，就是"。

7. I think I'll give that a miss! 我想我不会参加的。give something a miss 为固定搭配，意为"不去做某事"。

8. I like the way we're exploring the subject, and working towards getting insight into it. 我喜欢我们对研究题目进行探索的方式，不断努力获得更深刻的理解。insight into为固定搭配，理解为"深入了解"。

9. She gives me lots of feedback and advice, so I've got much better at writing essays. 她给我很多反馈和建议，所以我在论文写作方面有了很大提高。I've got much better at...等同于be good at。

10. Maybe you need to do something different every day, so if you break down your revision into small tasks, and allocate them to specific days, there's more incentive to tackle them. 也许你需要每天做些不同的事情。所以如果你把复习任务分成很多小任务，并把这些小任务分配到具体的每一天，你就会有更强的动力去完成。break down这里是"分解"的意思；还有"损坏，出故障"的意思。

⚙ 题目解析

本节中的选择题（第21~26题）相对于表格填空题（第27~30题）而言，难度更大。

21~22. 选项中的内容在原文中几乎都出现了。文中首先提及向local council申请grant，但接着说it...turn me down。令Dan感到意外的是the boss of the company I used to work for居然可以make a contribution。当问及学校的奖学金时，Dan说除非到急需时否则不予考虑。最后提到，父母还给予了帮助。考生需要注意题目给出的顺序与文章先后顺序一般情况下都是一致的，但具体选项顺序则不一定与文章中出现的顺序相吻合。注意in fact和to my surprise一类"后置强调信息"型短语。

23~24. 考生需把握stretch一词的含义为"使竭尽所能，使全力以赴"。Jeannie认为合唱指挥不能使自己stretch，意指现在的练习不够，没能满足自己的需求。第二项原因较难理解。Jeannie认为现在所进行的排练非常占时间，只能放弃一些东西了，言外之意是"时间不够用"。

25. 原文答案句不难，未出现生词。但B项中的inferior一词是解题关键，指"较差的，比……差的"。Dan认为其他同学提出了许多聪明的想法，但自己却想不到。

26. 本题难度稍高。考生需要完全理解原文的含义才能选出正确答案。Jeannie说导师demanding，给了她很多反馈和建议，使她的essay writing有了很大的提高。A项是Dan的观点，可以直接排除。Jeannie虽然认为demanding，但并没有与自己的期望进行对比，故B项错误。

27. 题干中的past papers为信号词，在对话中听到时就要提起注意了，之后Dan说的then what表示会出现下一项内容，于是紧接着出现的revision priorities即为答案信息。

28. 答案按照题干顺序依次给出。on a card之后，Jeannie提到you also need，答案timetable随即出现。

29. 题干中的divide与原文中的break down属同义替换。

30. 题干中的each topic属于文中内容的原词复现，紧接其后的名词短语single paragraph即为答案。

Section 4

场景介绍

本文是关于澳大利亚原住民的石刻画的专题报告。当地石刻画的发展经历了Dynamic、Yam 和Modern 三个时期。每一时期的特点都很明显,且与当地居民的生活习惯、周围环境以及历史发展阶段有紧密关系。最后提到,现代科学家正在探索许多画作中的抽象形象是源于何种生物。

本节必备词汇

aboriginal	adj. 土著的	curvy	adj. 有曲线的;弯曲的
symbolic	adj. 象征性的	resemble	v. 像,类似
characteristic	n. 特征,特点	miniature	n. 微型图画
categorise	v. 将……分类	marine	adj. 海洋的
artistic	adj. 艺术的	prominently	adv. 显著地
dynamic	adj. 动态的,充满活力的	intrigue	v. 激起……兴趣
significant	adj. 有重大意义的	serpent	n. 蛇(尤指大蛇、毒蛇)
depict	v. 描绘,描画	kangaroo	n. 袋鼠
static	adj. 静态的	crocodile	n. 鳄鱼
stick-like	adj. 棍状的	coincide	v. 与……一致
naturalistic	adj. 自然的	disruption	n. 崩溃,瓦解
internal	adj. 内部的	inspiration	n. 灵感
skeleton	n. 骨架		

词汇拓展

archaeological	adj. 考古的,考古学的	accurate	adj. 精确的
fieldwork	n. 野外实地调查	identifiable	adj. 可辨认的
contemporary	adj. 当代的	complex	adj. 复杂的
interpretation	n. 理解,解释	unintentional	adj. 非故意的,无意的
engraving	n. 雕刻(术);版画	disrespectful	adj. 无礼的
footprint	n. 足迹	priceless	adj. 无价的
scholar	n. 学者	fragile	adj. 易碎的
mystery	n. 神秘的事物	precious	adj. 珍贵的
illustration	n. 图解,例证	intact	adj. 完好无损的

文本及疑难解析

1. The Australian Aborigines have recorded both real and symbolic images of their time on rock walls for many thousands of years. 澳大利亚原住民已经持续数千年在石墙上记录他们所处时代现实的及非现实的画面。symbolic意为"象征性的",在本句中理解为"非现实的"更加合适。

2. But the first human images to dominate rock art paintings, over 8,000 years ago, were full of movement. 但是8000多年前的早期主流石画中的人物形象却充满了动感。movement可以表达"运动"或"动作"，在这里无法直译，而原句要表达的意思是运动的视觉效果，因此译为"动感"。

3. In the Yam period, there was a movement away from stick figures to a more naturalistic shape. 在Yam石画时期，棍状形态开始向更加自然的形态转变。Yam一词意为"甘薯"，这种蔬菜外形更富有曲线。这也就解释了为什么在这一时期，石刻画会称作Yam period。

4. However, they didn't go as far as the Modern style, which is known as 'X-ray' because it actually makes a feature of the internal skeleton as well as the organs of animals and humans. 然而，Yam风格还不及Modern风格。后者被称为'X光'，因为事实上它的特点是描绘了动物和人的骨架及器官。本句结构比较复杂，必须理解以下短语：as far as（像……一样），as well as（并且）。关联词前后出现的皆为并列句。

5. The Yam style of painting got its name from the fact that it featured much curvier figures that actually resemble the vegetable called a yam, which is similar to a sweet potato. Yam石画风格因为其更加突出曲线形态而得名。这种曲线形态实际上有点像一种叫甘薯的蔬菜，类似于甘甜的土豆。本句中含有同位语从句。

6. Aborigines managed to convey the idea of the settlers' clothing by simply painting the Europeans without any hands, indicating the habit of standing with their hands in their pockets! 澳大利亚原住民试图以不画手的方式来体现移居者的服装，以体现后者站立时总是将手插在兜里的习惯。

7. In fact, fish didn't start to appear in paintings until the Yam period along with shells and other marine images. 事实上，鱼的形象直到Yam时代才和贝壳及其他海洋生物形象一起出现在画作中。marine原意指"海洋的"，在本句中marine image理解为海洋中的生物。

8. The paintings of the Yam tradition also suggest that, during this time, the Aborigines moved away from animals as their main food source and began including vegetables in their diet, as these feature prominently. Yam时期的画作也表明，这一时期原住民的饮食不再将动物作为主要食物来源，已经开始吃蔬菜。这些特点在画作中非常明显。

9. But we decided to study the Rainbow Serpent paintings to see if we could locate the animal that the very first painters based their image on. 但我们决定研究彩虹蛇画作，目的是要找出最早的画者所依据的是何种动物。locate一词在考试中时常出现，意为"定位，找出"。

10. This flooded many familiar land features and also caused a great deal of disruption to traditional patterns of life, hunting in particular. 这淹没了许多熟悉的地貌，同时对传统生活模式造成了极大的破坏，尤其是打猎。flood一词既可作名词也可作动词，在这里是动词"淹没"的意思。

⚙ 题目解析

第31~36题为搭配题，难度较高。题目相对生疏，对考生的记忆力和理解力要求较高。第37~40为填空题，相对简单。

31. 题干定位词bones是对原文中的skeleton的同义转述。考生可以用转折关联词however判断重要信息出现的位置，转折词后的Modern style即为答案信息。

32. 答案所在句先提及Yam style，而后的curvier figure为解题关键，与题干中的rounded figure对应。考生如果不理解curvier的含义，此题将无法解出。

33. 考生需要紧抓每句中提到的画作风格，准确找出与题干对应的词汇。原文中先提到Modern paintings的一个特点是画作中的许多人物没有手并在后续描述中（without hands），对应选项中的with parts missing。

34. 本题难度不高。原文中的miniature直接对应题干中的smaller than life size，且明确表示这是Dynamic figures具有的特点。

35. 答案出现在信息词in fact之后，fish、shells和other marine images在Yam时代才开始出现。

36. 本题继续围绕Yam period进行考查。这种连续出现一样答案的情况在雅思考试中时有发生，考生不要对自己的答案产生怀疑。题干中的plants对应原文中的vegetables。

37. Rainbow Serpent属于原词重现。通过题干判断此处需填名词。文中的identify与题干中的locate相对应，其后的animal即为答案。

38. 本题的答案信息很明显，题干中的higher对应原文中的rising。

39. traditional属于原词重现，之后紧跟答案信息hunting in particular，与题干中的especially hunting属同义转述。

40. 题干信息词symbolises对应原文中的symbol，symbol之后的creation即为答案。该题难度较低。

READING PASSAGE 1

篇章结构

体裁	说明文
主题	数学崛起之地
结构	Section A：日本数学教育成绩辉煌
	Section B：日本中学教育背景简介
	Section C：文部省的作用
	Section D：日本数学课的标准流程
	Section E：如何帮助后进学生
	Section F：日本数学教育成功的要素

解题地图

难度系数：★★★★☆

解题顺序：LIST OF HEADINGS → MULTIPLE CHOICE → YES/NO/NOT GIVEN

友情提示：本篇的YES/NO/NOT GIVEN前两题是9分杀手，任何想要取得高分的考生都应该特别注意这种文字崎岖、立意阴险的题目，翻译是关键点。

必背词汇

1. attainment *n.* 成就；能力

   She is a young woman of impressive educational *attainments*. 她是一位学业成就斐然的年轻女子。

   The Ph.D., a traditional degree, signifies the highest level of advanced scholarly *attainment*.

   博士学位是一种很传统的学位，代表着高级学术成就的最高水平。

2. variation *n.* 变化；变体

   Currency exchange rates are always subject to *variation*. 货币的兑换率总是在波动。

   Most of his poems are *variations* on the theme of love. 他的诗歌大多数是在用不同形式歌颂爱情。

3. consistent *adj.* 一致的，始终如一的

   She's the team's most *consistent* player. 她是全队表现最稳定的选手。

   We need to be *consistent* in our approach. 我们得采取一致的方法。

4. standardise *v.* 使标准化

   Attempts to *standardise* English spelling have never been successful. 规范英文拼写的尝试从没有成功过。

   We will extend and *standardise* legal services and provide effective legal aid.

   我们将会拓展和规范法律服务，提供有效的法律援助。

5. identity *n.* 身份；同一性

   Our strong sense of national *identity* has been shaped by our history. 历史造就了我们强烈的民族认同感。

   My father experienced an *identity* crisis in middle age. 我父亲在中年时经历了一场认同危机。

6. loyalty *n.* 忠诚

Elizabeth understood her husband's *loyalty* to his sister. Elizabeth理解丈夫对他姐姐的忠诚。

In the rural areas, family and tribal *loyalties* continue to be important.

在农村地区，忠于家庭和宗族这一点仍然很重要。

7. set out 设置，安排；阐述

Her work is always very well *set out*. 她总是把工作安排得非常好。

He *set out* the reasons for his decision in his report. 他在报告中阐述了此决定的缘由。

8. accessible *adj.* 容易理解的，易懂的；易到达的

He wants his music to be *accessible* to everyone. 他希望他的音乐通俗易懂。

Computers should be made readily *accessible* to teachers and pupils. 要让老师和学生都能用上电脑。

9. elaborate *v.* 详细解释

He said he had new evidence, but refused to *elaborate* any further.

他说他找到了新证据，却不肯进一步详细解释。

McDonald refused to *elaborate* on his reasons for resigning. McDonald拒绝详细说明他辞职的原因。

10. supplementary *adj.* 补充的，额外的

We need some *supplementary* reading materials. 我们需要一些补充阅读材料。

These conclusions are *supplementary* to the formers. 这些结论对前人的研究起到了补充作用。

11. foster *v.* 培养；培育

The bishop helped *foster* the sense of a community embracing all classes.

主教致力于培养一种包容各个阶层的团结感。

The couple wanted to adopt the black child they had been *fostering*.

这对夫妇想收养他们一直照料的那个黑人小孩。

12. accuracy *n.* 准确性，精确度

He passes the ball with unerring *accuracy*. 他准确无误地将球传了出去。

The expert worries about the *accuracy* of government statistics. 那位专家担心官方数据的准确性。

认知词汇

proportion	*n.* 比例，部分		keen	*adj.* 热衷于
incidentally	*adv.* 顺便一提；偶然地		centralise	*v.* 使集中
cover	*v.* 包括，涉及		deliver	*v.* 实现；履行
virtually	*adv.* 几乎；事实上		pattern	*n.* 模式
state school	公立学校		comment	*v.* 讲评，解释
private sector	私立部门		schooling	*n.* 学校教育
spacious	*adj.* 宽敞的		ignorance	*n.* 无知
let off steam	放松一下；释放多余的精力		distribute	*v.* 分发
address	*n.* 问候；称呼		comprehensive	*adj.* 全面的，综合的
mutual	*adj.* 相互的，彼此的		homogeneity	*n.* 齐次性
unstreamed	*adj.* 不按智力分班的		render	*v.* 使成为，使变得
neighbourhood	*n.* 邻近的地方，社区		circulate	*v.* 周巡，巡视
ranking	*n.* 排名；等级		struggler	*n.* 苦苦挣扎的人（这里指后进学生）
concentration	*n.* 集中			
compulsory education	义务教育		contributing factor	起作用的因素
presumably	*adv.* 大概，预估		unjustified	*adj.* 不公正的
inexpensive	*adj.* 便宜的		inspirational	*adj.* 鼓舞人心的，启发灵感的

佳句赏析

1. Traditional ways of teaching form the basis of the lesson and the remarkably quiet classes take their own notes of the points made and the examples demonstrated.
   - **参考译文**：传统的教学方式是课堂的基础，学生们安安静静地对老师指出的重点和给出的示例做笔记。
   - **语言点**：过去分词作定语。例如：

     People invited to attend the meeting are very pleased to share their experiences of hospital services.

     受邀参加此次会议的人们很愿意分享他们在医院服务方面的经验。

     Benefits of SOHO include decreased use of sick leave and improved working efficiency.

     在家上班的好处包括减少病假，提高工作效率。

     A majority of the international journalists surveyed view nuclear power stations as unsafe at present but that they could be made sufficiently safe in the future. 大多数受访的海外记者都认为核电站在现阶段还是不安全的，但是将来它们可以被建设得足够安全。

     Retired people still can make great contribution to society.

     退休的人们依然可以为社会做出巨大贡献。

2. Only rarely are supplementary worksheets distributed in a maths class.
   - **参考译文**：数学课上，老师只在极少数情况下才会发一些补充练习。
   - **语言点**：only 放在句首时的倒装结构。例如：

     Only in this way, can you learn English well.

     只有这样，你才能学好英语。

     Only after being asked three times did he come to the meeting.

     他被请三次才来参加会议。

     Only by shouting at the top of his voice was he able to make himself heard.

     他声嘶力竭地呼喊才能让众人听到。

     Only in this way can we achieve what we want.

     只有这样，我们才能得到自己想要的。

     如果句子为主从复合句，则主句倒装，从句不倒装。例如：

     Only when he is seriously ill does he ever stay in bed.

     病得很重时，他才卧床休息。

试题解析

Questions 1–5

- **题目类型**：LIST OF HEADINGS
- **题目解析**：

  首先，考生应该忽略例子当中已经选出的iv项；

  接着，浏览所有的Headings，找出关键词。

  Headings翻译如下：

  i. 文部省的影响

  ii. 帮助后进学生

  iii. 义务教育的成功之处

iv. 有关数学教育成绩的研究发现

v. 数学课的典型模式

vi. 数学教育投入资金的比较

vii. 日本中学的教育背景

viii. 日本数学教育成功的关键

ix. 批改作业的作用

题号	定位词	文中对应点	题目解析
1	background, middle-years education	Section B首句： Lower secondary schools in Japan cover ...	作为LIST OF HEADINGS的第一个题目，此题还是稍有难度的，因为需要通读Section B的全部内容才能看出这是在讲日本中学的教育背景。如果单纯用首句中的lower secondary schools来对应题目中的middle-years education也能够得到答案，但是需要一定程度的大胆推测。正确答案为vii。
2	Monbusho	Section C： Monbusho, as part of ... Monbusho also decides ...	Monbusho在文中第一次出现于Section C，单凭这一点就能够锁定正确答案了。如果找到本段Monbusho出现的两个地方： Everyone has their own copy of the textbook supplied by the central education authority, Monbusho... 以及末句 ...Monbusho also decides the highly centralised national curriculum and how it is to be delivered.，就可以推测出这一段在讲Monbusho的影响。故正确答案为i。
3	typical format	Section D首句： Lessons all follow the same pattern.	读首句就能够判断本题答案，题干中的format与文中的pattern属于同义转述。故正确答案为v。
4	less successful students	Section E第一小段： ...any strugglers would be assisted by the teacher or quietly seek help from their neighbour. Section E第二小段： Parents are kept closely informed of their children's progress and will play a part in helping their children to keep up with class, sending them to 'Juku' (private evening tuition) if extra help is needed and encouraging them to work harder.	本题稍有难度，对应信息分布较广。Section E中第一段的对应句说的是后进生在学校里得到的帮助；第二段的对应句则在讨论家长如何帮助孩子跟上班级的进度。定位词与文中的strugglers属于同义转述。故正确答案为ii。
5	key , successes	Section F首句： So what are the major contributing factors in the success of maths teaching?	Section F开头设问道："那么什么是日本数学教学成功的主要因素呢？"下面紧接着回答：显然态度是重要的，然后具体解说态度如何重要。其中的contributing factors与key相对应。故正确答案是viii。

Questions 6–9

- 题目类型：YES/NO/NOT GIVEN
- 题目解析：

6. There is a wider range of achievement amongst English pupils studying maths than amongst their Japanese counterparts.

参考译文	在学习数学方面，英国学生比日本学生得分跨度更大。
定位词	English pupils, Japanese counterparts
解题关键词	a wider range of achievement
文中对应点	Section A： ... have established that not only did Japanese pupils at age 13 have better scores of average attainment, but there was also a larger proportion of 'low' attainers in England, where, incidentally, the variation in attainment scores was much greater. ……证实，13岁的日本学生平均分数更高，同时也证实了英国表现"不佳"的学生比例更大，而且，顺便说一句，英国学生分数的变化也比日本学生大得多。 本题解题关键是搞清楚 where 后面引导的定语从句。在将英日两国13岁学生的成绩进行比较时，作者先说日本学生平均成绩较高，接着说英国低分学生比较多，而且英国学生分数跨度比较大。如果不仔细看，此题目很可能选成NOT GIVEN。
答案	YES

7. The percentage of Gross National Product spent on education generally reflects the level of attainment in mathematics.

参考译文	花在教育上的国民生产总值比例基本可以反映数学成绩水平。
定位词	Gross National Product
解题关键词	generally reflects
文中对应点	本题很容易定位到Section A最后一句话： The percentage of Gross National Product spent on education is reasonably similar in the two countries, so how is this higher and more consistent attainment in maths achieved? 两个国家在教育上的国民生产总值比例十分相近，那日本是如何实现这一更高、更稳定的数学成绩的呢？ 这个问句表明日本投入同样的GNP却能够产生更好的数学成绩，显然，教育水平高低不能单纯以GNP投入论之。此题也具有一定的迷惑性。
答案	NO

8. Private schools in Japan are more modern and spacious than state-run lower secondary schools.

参考译文	日本的私立学校比公立初中更现代、更宽敞。
定位词	private schools , state-run lower secondary schools
解题关键词	more modern and spacious
文中对应点	本题属于典型的比较关系不存在的NOT GIVEN题目。多个信息词文中Section B都出现过，但就是没有提到题目中所说的关系。这种类型的题目，对于经历过剑4到剑7洗礼的考生们，应该比较容易。
答案	NOT GIVEN

9. Teachers mark homework in Japanese schools.

参考译文	在日本的学校里，老师亲自批改作业。
定位词	mark homework
解题关键词	teacher
文中对应点	Section D： Pupils mark their own homework: this is an important principle in Japanese schooling ... 学生自己批改作业：这在日本的学校教育中是一条重要原则…… 本题定位信息比较明确，可轻松判断出答案。
答案	NO

Questions 10–13

- 题目类型：MULTIPLE CHOICE
- 题目解析：

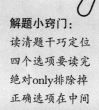

题号	定位词	题目解析
10	maths textbooks	题目：日本的数学教材： A. 价格便宜，利于学生购买。 B. 编写合理，适应学生需求。 C. 编写时考虑到和电视节目相结合。 D. 在许多日本教师中不是很受欢迎。 对应点在文中有两处： 一处在Section C中部：These textbooks are, on the whole, small, presumably inexpensive to produce, but well set out and logically developed. 另一处在Section D第二小段中：The impression is that the logical nature of the textbooks and their comprehensive coverage of different types of examples, combined with the relative homogeneity of the class, renders work sheets unnecessary. 这两句话中的well set out, logically developed, the logical nature, comprehensive coverage就相当于选项B中的well organised。故正确答案为B。
11	a new maths topic	题目：当一个新的数学题被引入时， A. 学生们回答黑板上的问题。 B. 学生完全依赖教科书。 C. 它会被详细耐心地解释给学生听。 D. 学生通常会使用额外的练习册。 在Section D第二小段：After the homework has been discussed, the teacher explains the topic of the lesson, slowly and with a lot of repetition and elaboration. C项中的carefully and patiently explained 是对slowly and with a lot of repetition and elaboration的同义转述，两者都是表示方式的状语，功能

题号	定位词	题目解析
		和意思都吻合。 选项B过于绝对，可以第一时间排除。选项A是在混淆上一小段批改作业的环节，也应该被排除。正确答案为C。
12	students who experience difficulties	题目：学校如何对待学习有困难的学生？ A. 给他们适当的课外辅导。 B. 鼓励他们抄袭其他学生的作业。 C. 强迫他们解释为什么进步那么慢。 D. 把他们安排在一个能力不一的班级中。 从常识就可以判断出B、C两项不是答案。那么，A和D两个选项中，到底是哪个呢？ 文章Section E第二小段提到：Parents are kept closely informed of their children's progress and will play a part in helping their children to keep up with class, sending them to 'Juku'（private evening tuition）if extra help is needed and encouraging them to work harder. 其大意是家长会送孩子去补习学校，正好对应选项A。
13	此题的问句形式	题目：为什么日本学生相对能在数学方面取得较好的成绩？ A. 因为数学在日本是必修课。 B. 他们习惯于没有帮助独自学习。 C. 学生们付出很多努力并且正确答案很受重视。 D. 特别重视重复学习。 通过题干的问句形式定位到Section F第一句，接下来的内容即为答案所在：Clearly, attitudes are important. Education is valued greatly in Japanese culture; maths is recognised as an important compulsory subject throughout schooling; and the emphasis is on hard work coupled with a focus on accuracy. 其中的hard work和a focus on accuracy分别对应C项中的much effort和correct answers are emphasised。 B、D两项在Section F中根本没有提及；A项虽然提及，但不是根本原因。故正确答案是C。

参考译文

———————— 数学崛起之地 ————————

A. 就数学的平均成绩而言，日本的纪录要比英格兰和威尔士好得多。20世纪60年代以来，就学生数学成绩所做的大量国际样本比较研究证实，13岁的日本学生平均分数更高，同时也证实了英国表现"不佳"的学生比例更大，而且，顺便说一句，英国学生分数的变化也比日本学生大得多。两个国家在教育上的国民生产总值比例十分相近，那日本是如何实现这一更高、更稳定的数学成绩的呢？

B. 日本的初中教育为时三年，从7年级（13岁）到9年级（15岁）。几乎所有这个阶段的学生都选择国立学校：只有3%在私立机构就读。学校通常都设计得很现代化，远离马路，占地面积也很大。教室空间很大，学生使用的是成排的独立课桌。每堂课的持续时间是标准化的50分钟，然后是10分钟的休息时间，可以让学生们放松一下。教师上课以正式的问候和互相鞠躬开始，之后注意力就集中在整堂课的教学上了。

上课的班级较大——通常约40人——且不根据智力水平分班。学生在校期间的所有课程都在同一个班级，因此他们有相当强烈的班级认同感和忠诚意识。学生在自己的社区上学，从理论上排除了学校排名。实际上在东京，因为学校相对比较集中，在某些特定区域会存在一些进入"更好的"学校的竞争。

C. 传统的教学方式是课堂的基础，学生们安安静静地对老师指出的重点和给出的示例做笔记。每个学生都有自己的课本，由中央教育机构文部省（Monbusho）提供，这也是15岁以下的公民享有免费义务教育理念的一部分。总体来说，这些课本体积较小，制作成本可能比较低，但排版精美，结构合理。（有一位老师特别热衷于在数学课本中引入色彩和插图：他觉得这样的课本更容易被在卡通文化背景下长大的学生所接受。）除了批准使用课本，文部省还负责制定高度集中化的全国统一课程及其执行方式。

D. 所有的课堂都遵循相同的模式。一上课，学生先把家庭作业的答案写在黑板上，然后由老师讲评、纠正，必要时进行详细解释。学生自己批改作业：这在日本的学校教育中是一条重要原则，因为这样做可以让学生认识到自己在哪里犯了错误，为什么会犯错误，从而避免今后再犯同样的错误。没有人在意你的错误或者无知，只要你能从中有所收获。

讨论完家庭作业之后，教师就开始讲解本堂课的主题，速度很慢，有很多重复和详细解释。所有例子都在黑板上演示；课本上的一些问题先在课堂上由大家一起完成，另外一些问题随后再单独布置给每个学生。数学课上，老师只在极少数情况下才会发一些额外的练习册。给人的印象是，课本的逻辑性，其中对各种例子的全面涵盖，再加上学生水平整齐划一，使得练习册无用武之地。布置完作业，教师就会在教室里转一转，以确保所有学生都没有进一步的问题。

E. 值得注意的是，在从6岁到15岁的整个义务教育期间，学生可能都是在能力不一的大班里一起学习数学。教师们说他们会在课堂结束时或者放学后给学生个别辅导，必要的话还会额外再留作业。在被观摩的课堂上，任何有困难的学生都能得到老师的帮助，或者他们会悄悄请同桌帮助。精心培养出的班级认同感让学生热衷于互相帮助——无论如何，班级的共同进步与他们休戚相关。

这样的帮助似乎并不能让后进的学生跟上班级进度。但是，日本人对待教育的态度所遵循的原则是"只要你足够努力，你就几乎无所不能"。父母能够及时了解到孩子的进步，在帮助孩子跟上班级进度方面起了不少作用，必要时他们会把孩子送到"聚酷（私立夜校补习班）"，并鼓励他们刻苦学习。这种做法好像至少对95%的在校生都能起到作用。

F. 那么什么是日本数学教学成功的主要因素呢？显然，态度是很重要的。在日本文化中，教育极受重视；数学被视作整个学校教育过程中一门重要的必修科目；刻苦努力和精益求精是重中之重。

其他关乎成功的因素包括班级对后进生的支持态度，班级内没有竞争，积极强调为自己而学习以及提高自身的水平等。"重复乏味的课堂和死记硬背事实性知识"不时被引用来描述日本的课堂，这种观点也许是不公平也不公正的。观摩中并没有看到糟糕的数学课，基本上都不错，且其中一两堂课还让人感到很有启发性。

READING PASSAGE 2

篇章结构

体裁	说明文
主题	生物防虫法
结构	第1段：农药原本为杀虫，结果却起反作用 第2段：三百害虫能抗药，一百能够传疾病 第3段：杀虫剂是一大害，引来跑步机综合征 第4段：中美洲的棉农们，依靠农药杀害虫 第5段：七十年代为杀虫，一季喷药七十遍 第6段：市场所售杀虫剂，成份属性皆可疑 第7段：敢问可有稳妥法？生物杀虫最有效 第8段：CIBC搞研究，利用天敌来除虫 第9段：杀灭杂草小能手，墨西哥的象鼻虫 第10段：生物杀虫战绩多，杀灭害虫不留情

解题地图

难度系数：★★★★☆

解题顺序：MULTIPLE CHOICE → MATCHING → YES/NO/NOT GIVEN

友情提示：MATCHING是本篇亮点，这个题型看似很简单，但是简单中又透着难。它的存在时刻提醒我们不能望文生义，不能想当然。

必背词汇

1. counter-productive *adj.* 产生相反效果的

   Sending young offenders to prison can be *counter-productive.* 把少年犯送进监狱会适得其反。

   Increases in taxation would be *counter-productive.* 多征税会产生相反的效果。

2. disorder *n.* 失调，混乱

   A number of stadiums were closed because of crowd *disorder.* 有几座体育馆因为人潮混乱而关闭了。

   Everything was in *disorder,* but nothing seemed to be missing. 一切都乱糟糟的，但是好像没丢东西。

3. *resistance n.* 抵抗力

   Aids lowers the body's *resistance* to infection. 艾滋病降低了身体的抗感染能力。

   To improve body's *resistance* is also an important measure to prevent influenza.

   提高身体的抵抗力也是预防流行性感冒的重要手段。

4. potent *adj.* 有效的，强有力的

   Politeness is the most *potent* rebuke to insolence. 礼貌是对傲慢最有效的谴责。

   The treaty requires them to get rid of their most *potent* weapons. 条约要求他们销毁其最具杀伤力的武器。

5. immune *adj.* 免疫的

   Once we've had the disease, we're *immune* for life 得过这个病之后，我们就终生免疫了。

You'll eventually become *immune* to criticism. 你最终会变得不在乎批评了。

6. boost *v.* 促进，增加

The new resort area has *boosted* tourism. 新度假区促进了旅游业的发展。

The win *boosted* the team's confidence. 胜利鼓舞了士气。

7. yield *n.* 产量，收益

The average milk *yield* per cow has doubled. 每头奶牛的平均产奶量翻了一番。

Shareholders are expecting a higher *yield* this year. 股东们今年期待得到更大的回报。

8. necessitate *v.* 使成为必需

Lack of money *necessitated* a change of plan. 缺乏资金使得计划不得不改变。

This would *necessitate* interviewing all the staff. 这就要求面试所有员工了。

9. outlay *n.* 费用

For a relatively small *outlay*, you can start a home hairdressing business.
用相对较少的资金，你就可以开一家家庭美发店了。

House buyers usually have a large initial *outlay* on carpets and furniture.
购房者通常会先花一大笔钱购买地毯和家具。

10. account for 占……比例；是……的原因

Afro-Americans *account for* 12% of the US population. 非裔美国人占美国总人口的百分之十二。

Recent pressure at work may *account for* his behavior. 最近工作压力大也许可以解释他的行为。

11. perpetual *adj.* 永久的；持续的

When you buy a house on a land of state-ownership, you get a *perpetual* lease.
如果你在国有土地上买房子，你就得到了永久的租地权。

We lived for years in a *perpetual* state of fear. 多年来我们一直生活在恐惧中。

12. minimum *n.* 最低限度，最小化

The judge recommended that he should serve a *minimum* of 12 years. 法官主张他最少应服刑12年。

He achieved enviable results with the *minimum* of effort. 他用最少的付出取得了令人艳羡的结果。

13. plague *v.* 折磨，困扰

Financial problems continued to *plague* the company. 这家公司一直为财务问题所困扰。

The team has been *plagued* by injury this season. 本赛季这支队伍一直为队员的伤病所困扰。

14. devour *v.* 吞噬；毁灭

He *devoured* science fiction books. 他如饥似渴地读科幻小说。

Her body had been almost entirely *devoured* by the disease. 她的身体几乎全被这疾病搞垮了。

15. free *v.* 清除；摆脱；使自由

The centre aims to *free* young people from dependency on drugs.
这个中心的目的是解除年轻人对毒品的依赖。

Art *frees* the imagination. 艺术解放想象力。

认知词汇

reckless	*adj.* 鲁莽的，不顾后果的	glaring	*adj.* 明显的；耀眼的
synthetic	*adj.* 人造的；合成的	wipe out	消灭，彻底摧毁
pose a threat to	对……构成威胁	agroecologist	*n.* 农业生态学家
engender	*v.* 使产生；造成	treadmill syndrome	跑步机综合征
emergence	*n.* 出现；发生	breeding potential	繁殖潜力
chemical-resistant	*n.* 抗药性	genetic diversity	基因多样性
lethal	*adj.* 致命的	built-in	*adj.* 嵌入的；固定的

havoc	*n.* 大破坏	self-dispersing	*adj.* 自行消散的
intensive agriculture	集约型农业	predator	*n.*【动】捕食者
avidly	*adv.* 贪婪地	agent	*n.* 药剂；代理商，机构
an alarming turn	惊人的转变	weevil	*n.*【昆】象鼻虫
outbreak	*n.* 爆发；发作	obnoxious	*adj.* 讨厌的
invasion	*n.* 入侵；涌入	devious	*adj.* 曲折的；不光明正大的
property	*n.* 特性，性质；财产	eradication	*n.* 根除，消灭
adverse effect	不利影响；负面作用	nuisance	*n.* 麻烦事；讨厌的东西
escalate	*v.* 不断恶化，加剧	parasite	*n.* 寄生虫
peril	*n.* 危害	prey on	捕食
indiscriminate	*adj.* 任意的，滥用的	defoliant	*n.*【农业】脱叶剂
natural enemy	天敌	indigenous	*adj.* 本土的，当地的
detrimental	*adj.* 有害的	clutch	*n.* 掌握，控制；紧紧抓住

佳句赏析

1. By the mid-1960s, the situation took an alarming turn with the outbreak of four more new pests, necessitating pesticide spraying to such an extent that 50% of the financial outlay on cotton production was accounted for by pesticides.

   - **参考译文**：到20世纪60年代中期，情况变得越发令人不安，又出现了四种新害虫，使得喷洒农药的费用占到了棉花生产费用的50%。
   - **语言点**：句中的with the outbreak of four more new pests作原因状语。
     介词with的副词作用：
     1. with+宾语+现在分词或短语
        This article deals with common social ills, with particular attention being paid to vandalism.
        这篇文章主要讲的是常见的社会问题，尤其关注破坏公物的行为。
     2. with+宾语+过去分词或短语
        With different techniques used, different results can be obtained.
        随着使用技术的不同，结果也有所不同。
     3. with+宾语+形容词或短语
        With so much water vapour present in the room, some iron-made utensils have become rusty easily.
        由于房间里满是水蒸气，有些铁质器具很容易就生锈了。
     4. with+宾语+介词短语
        With the school badge on his shirt, he looks all the more serious.
        他衬衫上别着校徽，看起来相当严肃。
     5. with+宾语+副词虚词
        You cannot leave the machine there with electric power on.
        你不能让机器就那么开着。

2. In the face of the escalating perils from indiscriminate applications of pesticides, a more effective and ecologically sound strategy of biological control, involving the selective use of natural enemies of the pest population, is fast gaining popularity — though, as yet, it is a new field with limited potential.

   - **参考译文**：滥用农药所带来的危害日益加剧。面对这种情况，一种更加行之有效而健全的生态策略，即生物防虫法，就越来越受欢迎。这种策略主要是有选择性地使用害虫的天敌。尽管迄今为止，这一新领域潜力有限，但是受欢迎程度还是与日俱增。

- 语言点：
  - （1）face的用法：
    - 1）face可以作及物动词，表示"面朝，正对；正视"的意思，如：
      - The building faces the square. 房子正对着广场。
      - He faced death with courage. 他英勇地面对死亡。
      - 除了作及物动词，face也有不及物动词的用法，如：
      - Our house faces towards the south. 但是一般直接说 Our house faces south.
    - 2）face的常见词组：
      - face to face 面对面地
      - lose face 丢面子
      - in the face of 在……的面前；不顾
      - 例如：They fought on in the face terrible odds. 尽管力屈势穷，他们还是继续战斗。
  - （2）yet的用法：
    - 1）副词用法：
      - yet作副词时常常用于否定句中，如：
      - a yet unfinished task 一项尚未完成的任务
      - It isn't dark yet. 天还没有黑。
      - 在疑问句中，yet常常表示"已经"，如：
      - Have you had your lunch yet? 你吃过午饭了吗？
      - 当yet与最高级连用时，表示"迄今为止"，如：
      - That's the best suggestion yet. 那是迄今为止最好的建议。
      - yet作副词还有"仍然；还"的意思
      - There is hope for me yet. 我还有希望。
    - 2）连词用法：
      - yet作连词时，是"然而；可是"的意思，如：
      - He said he would be late, yet he arrived on time.
      - 他说他会迟到，然而却准时到了。
    - 3）词组as yet表示"迄今为止"，如：
      - No one, as yet, is suspicious. 迄今为止，还没有人生疑。

试题解析

Questions 14–17

- 题目类型：MULTIPLE CHOICE
- 题目解析：

解题小窍门：
读懂题干巧定位
四个选项要读完
绝对only排除掉
正确选项在中间

题号	定位词	题目解析
14	pesticides, contributed to	题目：使用杀虫剂导致了 A 农业生态学家给生态系统分类的方式的改变。 B 世界上许多地方的生态失衡。 C 世界上某些地方对生态灾害的预防。 D 可以进行有效农耕的生态系统数量的增加。 理解了题干与选项后，根据定位词定位至文中第1段第2句：Apart from engendering widespread ecological disorders…，四个答案中只有B项符合该句所述内容，其中的imbalance相当于文中的disorders，所以正确答案为B。

题号	定位词	题目解析
15	the Food and Agriculture Organisation, 300	题目: 联合国粮食及农业组织已经统计出超过300种农业害虫, 它们 A 已经不再害怕大多数正在使用的杀虫剂。 B 可以通过使用杀虫剂来轻易控制。 C 继续在相当多的作物中传播疾病。 D 也许可以被用作杀虫剂的生物防治替代品的一部分。 根据定位词可以在第2段中找到According to...the Food and Agriculture Organisation (FAO), more than 300 species of agricultural pests have developed resistance to a wide range of potent chemicals. 因此答案应该为A。
16	cotton farmers, Central America	题目: 中美洲的棉农开始使用杀虫剂 A 因为政府的大力宣传。 B 以应对新害虫的出现。 C 由于季节更替和气候变化。 D 以确保每株棉花的产量更多。 由cotton farmers in Central America可以轻易地定位至第4段, 其中有这样的叙述: ...the farmers avidly took to pesticides as a sure measure to boost crop yield(为了确保增产, 农民们疯狂地使用农药), 因此答案很明显是D。
17	mid-1960s	题目: 到上世纪60年代中期, 中美洲的棉农发现, 杀虫剂正在 A 杀死百分之五十祸害庄稼的害虫。 B 杀死百分之五十本该受其保护的庄稼。 C 使新害虫的数量增长了百分之五十。 D 占他们在庄稼上总开销的百分之五十。 这是一道让人眼花缭乱的数字题, 粗心的考生一看到那四个百分之五十就乱了。唯一的解题对策就是回到文章第5段定位处, 仔细看清楚50%这个数字到底指的是什么。文中写道: ...50% of the financial outlay on cotton production... 可见这个数字真正修饰的是农民的花费, 故正确答案为D。

Questions 18−21

- 题目类型: YES/NO/NOT GIVEN
- 题目解析:

18. Disease-spreading pests respond more quickly to pesticides than agricultural pests do.

参考译文	传播疾病的害虫对于农药的反应比农业害虫迅速。
定位词	disease-spreading, agricultural pests
解题关键词	more quickly
文中对应点	第2段: 先找到agricultural pests, 接着在下一行找到disease-spreading pests, 可以发现文中分别讲了两种害虫的抗药性, 但并没有进行对比。这是典型的NOT GIVEN题型。 这类题目通常是题目中的主语、宾语等关键成分在文中均有所提及, 但是就是没有任何信息表明题目中所提及的关系。
答案	NOT GIVEN

19. A number of pests are now born with an innate immunity to some pesticides.

参考译文	有些害虫对某些杀虫剂具有天生的免疫功能。
定位词	顺序原则定位法；born with
解题关键词	innate immunity
文中对应点	其实，本题只要接着上一道题目往下找到第3段就能够顺利定位，但是解题的关键却是考生对于这句话的理解： Because of their tremendous breeding potential and genetic diversity, many pests are known to withstand synthetic chemicals and bear offspring with a built-in resistance to pesticides. 人们知道，因为许多害虫都具有强大的繁殖潜力和基因多样性，所以它们能够抵抗各种合成的化学药品，它们生育的后代则拥有与生俱来的抗药性。 a built-in resistance相当于题干中的an innate immunity，本题属于典型的同义词替换型的YES题。
答案	YES

20. Biological control entails using synthetic chemicals to try and change the genetic make-up of the pests' offspring.

参考译文	生物防虫法需要使用人工杀虫剂来尝试改变害虫后代的基因构成。
定位词	biological control
解题关键词	synthetic chemicals
文中对应点	本题定位稍有难度，如果考生只看到make-up或者offspring，那么此题的定位段就会和上一题重合。但是，如果找到了真正的定位词biological control，就会发现该题的定位点在第7段： ...a more effective and ecologically sound strategy of biological control, involving the selective use of natural enemies of the pest population, is fast gaining popularity... ……一种更加行之有效而健全的生态策略，即生物防虫法，就越来越受欢迎。这种策略主要是有选择性地使用害虫的天敌…… 通过翻译该句，考生会发现生物防虫法恰恰不涉及使用人造农药，因此题目与原文叙述相反。
答案	NO

21. Bio-control is free from danger under certain circumstances.

参考译文	在某些情况下，生物防虫法是无害的。
定位词	bio-control
解题关键词	under certain circumstances
文中对应点	本题定位比较容易，接着上一题的定位句往下找，在第7段最后一句就能找到bio-control，从而顺利定位。本题的解题关键词under certain circumstances与文中的when handled by experts相对应，free from danger与safe相对应，故答案应为YES。
答案	YES

Questions 22−26

- 题目类型：MATCHING
- 题目解析：

本题出题点全部集中在文章最后两段，解题关键词就是两个字：仔细。

题号	定位词	文中对应点	题目解析
22	disapene scale insects	CIBC is also perfecting the technique for breeding parasites that prey on 'disapene scale' insects — notorious defoliants of fruit trees in the US and India.	破折号后面的同位语成分是对'disapene scale' insects的解释说明。defoliant指脱叶剂，考生即使不知道它的意思，也能够猜出来这种虫子危害果树。故答案为D。
23	Neodumetia sangawani	A natural predator indigenous to India, Neodumetia sangawani, was found useful in controlling the Rhodes grass-scale insect that was devouring forage grass in many parts of the US.	这道题目的解题关键是搞清楚定语从句that was devouring forage grass的先行词是grass-scale insect，而不是Neodumetia sangawani，否则答案很容易就误选A。正确答案应该是H。
24	leaf-mining hispides	...flourishing coconut groves were plagued by leaf-mining hispides...	blighted这个词很多考生不认识，不过通过上下文应该能够轻易猜出是贬义词，指的是leaf-mining hispides祸害了什么。故答案为C。
25	Argentinian weevil	...trying out an Argentinian weevil for the eradication of water hyacinth...	wipe out的意思是"消灭"，相当于文中的eradication，故答案为E。
26	Salvinia molesta	By using Neochetina bruci, a beetle native to Brazil, scientists at Kerala Agricultural University freed a 12-kilometre-long canal from the clutches of the weed Salvinia molesta, popularly called 'African Payal' in Kerala. About 30,000 hectares of rice fields in Kerala are infested by this weed.	这道题目的难点在于专有名词太多，还间或有插入语或过去分词，使考生容易忽视真正的动词，比如freed和infested。代词指代成分this weed也容易被误解。如果能够将这个句子读上两遍，正确答案B也就不难找到了。

参考译文

—————————— 生物防虫法 ——————————

为了控制害虫，人们不停地大肆使用人工合成的化学药物，而事实证明，这一行为适得其反，给农作物和人类健康带来了威胁。除了造成大规模的生态失调，杀虫剂还催生了一种具有抗药性的新型超级致命病菌。

联合国粮食及农业组织（FAO）最近的一项研究显示，超过300种的农业害虫已经对多种强效杀虫剂产生了抗药性。更严重的是，在传播疾病的害虫中，约有100种已经对多种正在使用的杀虫剂产生了免疫力。

使用杀虫剂的一个很明显的缺点在于，尽管它能杀掉害虫，但是它也无意中毁掉了许多有用的有机生物，这些生物能够控制害虫数量的增长。这就导致了农业生态学家所说的"跑步机综合征"。人们知道，因为许多害虫都具有强大的繁殖潜力和基因多样性，所以它们能够抵抗各种合成的化学药品，它们生育的后代则拥有与生俱来的抗药性。

"跑步机综合征"的巨大破坏力在中美洲棉农的遭遇中得到了展现。20世纪40年代早期，人们正陶醉在以化学药品为基础的密集型农业所带来的繁荣之中。为了确保增产，农民们疯狂地使用农药。在20世纪40年代中期，一年要用8次杀虫剂。到了20世纪50年代中期，由于3种新型抗药害虫的数量突然猛增，用药次数增至一季度28次。

到20世纪60年代中期，情况变得越发令人不安，又出现了4种新害虫，使得喷洒农药的费用占到了棉花生产费用的50%。20世纪70年代初，拥有更强基因的害虫继续入侵农田，农民被逼到了绝境，农药喷洒作业频繁到了一季度70次。

美国环保机构的一项研究显示，当今市场上的大部分农药的致癌性、引发基因突变的特性和其他危害健康的性质仍未经过足够的检测。美国国家资源保护委员会发现，在一长串投入使用的危险化学药品当中，DDT(过去常用的一种无色农药)的应用最为广泛。

滥用农药所带来的危害日益加剧。面对这种情况，一种更加行之有效而健全的生态策略，即生物防虫法，就越来越受欢迎。这种策略主要是有选择性地使用害虫的天敌。尽管迄今为止，这一新领域潜力有限，但是受欢迎程度还是与日俱增。与其他方法相比，其优势在于它拥有相对低廉的成本、永久的控制系统和程度最低的毒副作用。经过专家处理，生物防虫法是安全无污染的，且昆虫能够自行消散。

位于班加罗尔的英联邦生物防治研究所(CIBC)是从事害虫的生物防治研究工作最活跃的非营利性研究机构之一，拥有遍布全球的研究实验室和野外站，它致力于研究通过投放寄生虫的天敌来实施生物控制。同时，它也是一个全球性的虫害防治生物制剂进出口信息交换机构。

银胶菊曾经严重影响印度和澳大利亚的农业和人类健康。CIBC引入了一种专吃银胶菊种子的墨西哥象鼻虫，并成功地控制住了这种令人讨厌的银胶菊的蔓延。无独有偶，一种水葫芦给世界上许多地方的人们都造成了困扰和麻烦。鉴于此，受CIBC资助的位于海得拉巴的区域研究实验室(RRL)正在试验用一种阿根廷象鼻虫消灭这种危险的杂草。据RRL的Kaiser Jamil女士透露："阿根廷象鼻虫不会咬噬其他植物。一对成年的虫子在4~5天之内就能将这种杂草消灭掉。"现在，CIBC正在完善一项繁殖寄生虫的技术来对付一种disapene scale昆虫，这种害虫在美国和印度是臭名昭著的果树脱叶剂。

以下是一些有效实施生物防虫法的案例。20世纪60年代末期，斯里兰卡繁茂的椰子树林遭到了吞噬叶子的hispides的侵害，结果这种害虫被一种引自新加坡的寄生虫幼虫成功地控制住了。在印度，当地一种名叫Neodumetia sangawani的天敌昆虫对于控制罗兹岛的草绒蚧非常有效，后者在美国的很多地方大量吞噬饲草。此外，喀拉拉邦农业大学的科学家利用一种叫做布奇水葫芦象甲的巴西甲虫治理了一条12公里长的运河，消灭了大片大片被喀拉拉邦人叫做耳槐叶萍的槐叶萍，在那里约有30,000公顷的稻田都受到了这种杂草的侵害。

READING PASSAGE 3

📖 篇章结构

体裁	说明文
主题	采集蚂蚁样本
结构	第1段：分类学与生态学采集蚂蚁的方法不同
	第2段：手工采集法
	第3段：诱饵采集法
	第4段：落叶层抽样法
	第5段：陷阱采集法

解题地图

难度系数： ★★★

解题顺序： MATCHING → DIAGRAM → TRUE/FALSE/NOT GIVEN

友情提示： 本文无论从文章到题目都属于简单级别，在考试中遇到，会让考生很有信心。本题唯一的难点是MATCHING需要通读文章的四段话才能解答，但是考点都在明处，很好找到；一旦MATCHING完工，后面的填图题基本上也就解决了；剩下的四道TRUE/FALSE/NOT GIVEN也不难，轻松就可完成。

必背词汇

1. **specimen** *n.* 样本，标本

   a very fine *specimen* of 12th century glass 一件十分精美的12世纪的玻璃样本

   Astronauts have brought back *specimens* of rock from the moon. 宇航员从月球带回了岩石标本。

2. **caste** *n.* 印度种姓制度；社会等级（在这里指蚂蚁社会中的等级）

   the ruling *caste* 统治阶层

   lose *caste* by doing work beneath one's station 由于做低于自己身份的工作而丧失社会地位

3. **compatible** *adj.* 兼容的，可共存的

   The new software is iPad *compatible*. 新软件可以在iPad上使用。

   Are measures to protect the environment *compatible* with economic growth?

   保护环境的措施与经济的增长协调吗？

4. **overlook** *v.* 忽视，忽略

   It is easy to *overlook* a small detail like that. 这么小的细节很容易被忽略。

   She found him entertaining enough to *overlook* his faults. 她觉得他的幽默感完全可以抵消他犯的错。

5. **otherwise** *adv.* 否则；不然

   We were delayed at the airport. *Otherwise* we would have been here by lunch time.

   我们在机场耽搁了，不然吃午饭的时候我们就该到了。

6. **elusive** *adj.* 难找的；难以捉摸的

   She finally managed to interview that *elusive* man. 她最终设法采访了那个神龙见首不见尾的男人。

   She enjoys a firm reputation in this country but wider international success has been *elusive*.

   她在本国十分出名，但是国际上知道她的人却寥寥无几。

7. **extract** *v.* 取出；提取

   He *extracted* an envelope from his pocket. 他从衣兜里掏出一个信封。

   They aim to *extract* the maximum political benefit from the election.

   他们旨在从选举中获得最大的政治利益。

8. **sift** *v.* 筛选；过滤

   Police are *sifting* through the evidence. 警察正在筛查证据。

   It's hard to *sift* out the truth from the lies in this case. 这一次很难去伪存真。

9. **concentrate** *v.* 集中；聚精会神

   We need to *concentrate* resources on the most run-down areas. 我们需要把资源集中用于最破败的地区。

   Doctors are aiming to *concentrate* more on prevention than cure. 医生致力于预防而不是治愈该疾病。

10. **evaporate** *v.* 蒸发，挥发

    The sun *evaporates* moisture on the leaves. 阳光蒸发了叶子上的水分。

    Hopes of achieving peace are beginning to *evaporate*. 实现和平的希望开始变得渺茫了。

11. **minimal** *adj.* 极少的；最小的；最少的

    The storm caused only *minimal* damage. 风暴只造成了很小的损失。

This is a practical course, with only a *minimal* amount of theory. 这是一门实践课程，理论只占极小的一部分。

12. maintenance *n.* 维护；保养

The theatres were closed on Saturday and Sunday for routine *maintenance*.
周六和周日剧场不开放，因为要例行维护。

Engineers are carrying out essential *maintenance* work on the main line to Cambridge.
工程师正在对去剑桥的主干线进行基本维护。

13. intervention *n.* 干预

Experts say that we need government *intervention* to regulate housing prices.
专家们说我们需要政府干预来调节房价。

The government's *intervention* in this dispute will not help.
政府介入这场争端将于事无补。

认知词汇

complicated	*adj.* 复杂的	utilise	*v.* 利用
exhaustive	*adj.* 详细的，彻底的	shrub	*n.* 灌木，灌木丛
estimate	*v.* 判断，估计	vial	*n.* 小瓶
taxonomy	*n.* 分类学；分类法	spot	*v.* 发现，看出
variation	*n.* 变种，变异	capture	*v.* 捕获
pitfall	*n.* 陷阱	debris	*n.* 残骸，碎屑
ground litter	枯枝落叶	screen	*n.* 筛子
log	*n.* 原木	funnel	*n.* 漏斗
vegetation	*n.* 植被	marshy	*adj.* 沼泽的，湿地的
tree trunk	树干	coarse	*adj.* 粗糙的；粗织的
bark	*n.* 树皮	level	*v.* 使平坦；使平整
nocturnal	*adj.* 夜间活动的	preservative	*n.* 防腐剂
confine	*v.* 限制	diameter	*n.* 直径
mishandle	*v.* 处理不当	personal preference	个人喜好
forager	*n.* 觅食者	encounter	*v.* 遇到；偶然碰见

佳句赏析

1. Collecting ants can be as simple as picking up stray ones and placing them in a glass jar, or as complicated as completing an exhaustive survey of all species present in an area and estimating their relative abundances.

   • **参考译文：** 收集蚂蚁可以很简单，将一只只单独行动的蚂蚁捡起放入玻璃罐中即可。这个过程也可以很复杂，比如完成对一个地区所有物种的详细调查，并且判断它们的相对丰富度。

   • **语言点：** 动名词作主语

   例句： Switching jobs too frequently may ruin one's career.
   　　　换工作太频繁会毁了一个人的事业。

   　　　Working at home isolates employees from corporate culture.
   　　　在家工作使员工与公司文化隔离开来。

   在下列it作形式主语或there引导的句子中，动名词作逻辑主语。

   It is no use（no good, no point, no sense, a waste of time 等名词）+ doing sth

   It is good（nice, interesting, useless 等形容词）+ doing sth

There is no point (use, sense, good 等名词) + doing sth

例句： It's simply a waste of time and money playing computer games.

玩电脑游戏就是浪费时间和金钱。

He is a stubborn man, so it is no point negotiating with him.

他是个固执的人，所以跟他谈没用。

There is no point making a fuss of high payment of athletes and entertainers because it is an inevitable outcome of market economy.

对运动员和演员的高报酬大题小做没有意义，因为这是市场经济不可避免的结果。

2. Baits can be used to attract and concentrate foragers. This often increases the number of individuals collected and attracts species that are otherwise elusive.

- 参考译文：诱饵可用来吸引和聚拢觅食者。这种方法通常能够增加采集的个体量，还能吸引那些难以捕捉的物种。

- 语言点：otherwise 的用法

（1）used when saying what bad thing will happen if something is not done 否则；不然

You'll have to go now, otherwise you'll miss your bus.

你得走了，不然会误了公交车。

Put your coat on, otherwise you'll get cold.

穿上大衣，不然你会感冒的。

（2）in a different way to the way mentioned; differently 在其他方面；另外

A lot of people think otherwise.

许多人不这么想。

I'm afraid I will be otherwise engaged that day.

我担心那天下午会另有安排。

（3）except for what has just been mentioned 除此之外

He was tired but otherwise in good health.

他除了有点累之外，身体状况还不错。

I could hear the distant noise of traffic. Otherwise all was still.

除了远远的车流声之外，四下里静悄悄的。

This spoiled an otherwise excellent piece of work.

这毁了本该是佳作的一幅作品。

⚙ 试题解析

Questions 27–30

- 题目类型：TRUE/FALSE/NOT GIVEN

- 题目解析：

27. Taxonomic research involves comparing members of one group of ants.

参考译文	分类学研究涉及比较同一蚂蚁族群中的成员。
定位词	taxonomic research
解题关键词	comparing, one group
	第1段： For taxonomy, or classification, long series, from a single nest, which contain all castes

文中对应点	(workers, including majors and minors, and, if present, queens and males) are desirable, to allow the determination of variation within species. 如果出于分类学的目的(也就是归类),可以通过锁定一个蚁巢中包含所有蚁种(包括主要的和次要的工蚁,也包括可能存在的蚁后和蚁王)的一系列样本来确定物种的变种。 文中的single nest相当于题目中的one group,文中的to allow the determination of variation within species相当于题目中的comparing members。本题属于简单的同义词替换型TRUE。
答案	TRUE

28. New species of ant are frequently identified by taxonomists.

参考译文	分类学家经常可以发现新的蚂蚁物种。
定位词	顺序定位法, taxonomists
解题关键词	new species
文中对应点	这道题可以根据顺序定位法来做。文章中,分类学方法后面紧跟着生态学研究方法,根本没有任何与这道题目相关的信息。但是此时,有的考生会跳到第1段最后一句找到taxonomist一词,接着发现 The taxonomist sometimes overlooks whole species in favour of those groups currently under study...这句话,因此就会误以为分类学家不会经常发现新物种而选择FALSE。其实这句话中并没有论述分类学家会不会发现新的蚂蚁物种这件事情,只是说分类学家们有时倾向于采集研究中的种群标本而忽视了整个物种。故正确答案为NOT GIVEN。
答案	NOT GIVEN

29. Range is the key criterion for ecological collections.

参考译文	采集种类是用生态学方法收集蚂蚁的标准。
定位词	ecological collections
解题关键词	range
文中对应点	第1段: For ecological studies, the most important factor is collecting identifiable samples of as many of the different species present as possible. 如果是以生态学研究为目的,最重要的因素就是尽可能多地采集现有不同物种的可辨认样本。 题干中的range与文中的different species 属于同义转述。此题需要将文中那句话归纳总结为range一词,也属于比较典型的归纳式TRUE。
答案	TRUE

30. A single collection of ants can generally be used for both taxonomic and ecological purposes.

参考译文	一次蚂蚁采集可以为分类学和生态学共用。
定位词	taxonomic, ecological
解题关键词	both...and...
文中对应点	本题定位比较简单,对于词汇量丰富的考生,单凭文章第1段中的...these methods are not always compatible就足以判断出答案。显然,分类学采集法和生态学采集法不总是兼容的,也就是说一次蚂蚁采集不可以为两种方法共用。如果考生不认识compatible这个词,则可以通过其后的解释句进一步理解,判断出正确答案。
答案	FALSE

Questions 31–36

- 题目类型: MATCHING
- 题目解析:

本题很好定位，只要按照顺序寻找就可以了，但是要注意题目的说法对文章内容的转换。

题号	定位词	题目解析
31	groups of ants	第2段： When possible, collections should be made from nests or foraging columns and at least 20 to 25 individuals collected. 有可能的话，采集应当从蚁巢或觅食蚂蚁群开始搜集，而且至少采集20至25只蚂蚁。 根据题干定位词可以定位至第2段，而第2段讲的都是手工采集法，很显然答案是A。
32	wet habitats	第4段： This method works especially well in rain forests and marshy areas. 这个方法特别适用于雨林和沼泽地区。 第4段讲的是落叶层抽样法，定位词wet habitats与文中的rain forests and marshy areas属于同义转述，故正确答案为C。
33	hard to find	第3段： This often increases the number of individuals collected and attracts species that are otherwise elusive. 这种方法通常能够增加采集的个体量，还能吸引那些难以捕捉的物种。 这道题的解题关键是理解定语从句中的elusive，它就相当于定位词hard to find，这个词剑桥系列中屡次考到，考生一定要注意。句中的this指的就是诱饵采集法，故答案为B。
34	little time and effort	第5段： One advantage of pitfall traps is that they can be used to collect over a period of time with minimal maintenance and intervention. 陷阱采集法的一个优势在于，仅仅需要极少的维护和干预，它们就能够持续使用一段时间。 此题的解题关键是理解minimal maintenance and intervention，它就相当于题目中的little time and effort。故答案为D。
35	separate containers, individual	第2段： Individual insects are placed in plastic or glass tubes（1.5–3.0 ml capacity for small ants, 5–8 ml for larger ants）containing 75% to 95% ethanol. 单只昆虫可以放在浓度为75%至95%酒精的塑料管或玻璃管(1.5~3.0毫升容量用于小蚂蚁，5~8毫升容量用于较大的蚂蚁)中。 定位句中的plastic or glass tubes相当于题目中的separate containers，individual insects相当于individual specimens。该句位于第2段，从而可以判断出该句讲的是hand collecting，故正确答案为A。
36	non-alcoholic preservative	第5段： The preservative used is usually ethylene glycol or propylene glycol, as alcohol will evaporate quickly and the traps will dry out. 由于酒精易挥发，瓶子很快就会干了，所以我们使用的防腐剂通常是乙二醇或丙二醇。 通过理解原因状语从句，推测出陷阱采集法中使用的防腐剂应该是无酒精的，对应于题目中的non-alcoholic preservative，所以答案为D。

Questions 37-40

- 题目类型：DIAGRAM
- 解题方法：这类题一般集中考查文章中某段或某几段的内容，注意要填的字数和所填词的词性。另外，考生要展开形象思维，将图与文字有机地结合起来，抓住一个切入点，比如本题的切入点就是图中的叶子和那个叫做funnel的部分。
- 题目解析：

题号	定位词	题目解析
37	猜测或者反推	This is most commonly done by placing leaf litter on a screen over a large funnel, often under some heat.
38	图中箭头所指的方向	37、38和39三个空位于文中同一句话中，关键要搞清楚最上面是什么，中间是什么，下面又是什么。
39	不定冠词a	placing leaf litter on a screen 表明leaf litter在screen上面；而后面的over a large funnel又代表screen是被放置于funnel之上的。因此可以确定图中38和39两个空的答案分别是leaf litter 和screen。接着看到under some heat，也就是说上述的三样东西都是在这个heat下的，所以最上面的37空应该填heat一词。
40	图中所画的液体	As the leaf litter dries from above, ants （and other animals） move downward and eventually fall out the bottom and are collected in alcohol placed below the funnel. 这句话中，placed below the funnel是修饰alcohol的，也就是说，funnel下的液体应该是酒精，故正确答案为alcohol。

参考译文

———————————— 采集蚂蚁样本 ————————————

收集蚂蚁可以很简单，将一只只单独行动的蚂蚁捡起放入玻璃罐中即可。这个过程也可以很复杂，比如完成对一个地区所有物种的详细调查，并且判断它们的相对丰富度。到底使用哪种方法将取决于采集的最终目的。如果出于分类学的目的(也就是归类)，可以通过锁定一个蚁巢中包含所有蚁种(包括主要的和次要的工蚁，也包括可能存在的蚁后和蚁王)的一系列样本来确定物种的变种。如果是以生态学研究为目的，最重要的因素就是尽可能多地采集现有不同物种的可辨认样本。然而遗憾的是，这两种方法通常不兼容。分类学家们有时倾向于采集研究中的种群标本而忽视了整个物种，而生态学家们经常只是搜集每个物种的一定数量的样本，因此也就降低了这些样本的分类研究价值。

为了尽可能广泛地搜集物种，我们必须运用多种方法。这些方法包括手工采集法、诱饵采集法、落叶层抽样法和陷阱采集法。手工采集法就是去蚂蚁可能出现的所有地方搜集，包括地面、石头下、原木或地面的其他物体上、地面上的朽木里或树上、植被里、树干上以及树皮下。有可能的话，采集应当从蚁巢或觅食蚂蚁群开始搜集，而且至少采集20至25只蚂蚁。这样就确保了所有蚂蚁个体都属同一物种，从而也提高了详细研究的价值。由于有些物种主要在夜间活动，所以采集不应仅限于白天。标本采集可以使用抽吸器(通常称之为吸虫管)、钳子、质量好的湿油漆刷、或者如果知道蚂蚁不咬人的话，可直接用手采集。单只昆虫可以放在浓度为75%至95%酒精的塑料管或玻璃管(1.5~3.0毫升容量用于小蚂蚁，5~8毫升容量用于较大的蚂蚁)中。塑料管较轻，且万一处理不当的话不易破碎，所以带安全塞的塑料管比玻璃管更好。

诱饵可用来吸引和聚拢觅食者。这种方法通常能够增加采集的个体量，还能吸引那些难以捕捉的物种。我们应该使用糖、肉或油，因为它们能引诱多个不同的物种。这些诱饵可以放置在地面上、树干上或者大灌木丛中。放在地面上时，诱饵应该被放在小纸板或其他平整、浅色的表面上，或者放在试管及小瓶中。这样更容易发现蚂蚁，并且能在它们逃到周围的树叶堆中之前抓住它们。

许多蚂蚁体型小，主要在地面上的树叶层中间和其他废物中觅食。用手采集这些蚂蚁比较困难，最成功的采集方法之一就是聚集蚂蚁们正在其中觅食的落叶，然后从中取出蚂蚁。通常，我们将这些落叶放置在筛子上，下方是一个大漏斗。往往在对漏斗上方进行加热时，随着上面的叶子渐渐变干，蚂蚁（和其他动物）就会向下移动，最终掉下来，从漏斗底部漏出，这样就被收集到了置于漏斗下方的酒精中。这个方法特别适用于雨林和沼泽地区。使用漏斗时，可先用一张粗网筛一下落叶，然后再把落叶放置在漏斗上方，这是一种增加收集量的方法，因为这样做能够去掉大树叶和小树枝，从而把落叶集中起来。在漏斗数量有限的情况下，也能够对更多的落叶进行取样。

陷阱是另一个常用的收集蚂蚁的工具。陷阱可以是任何一个放在地面上的盛有防腐剂的小容器，容器的顶部应与其周围地表保持水平。当蚂蚁出来觅食时，掉进陷阱就被捉到了。陷阱瓶的直径约为18毫米到10厘米不等，使用数量也可以是几个到几百个不等。陷阱瓶的大小主要由个人喜好决定（虽然较大的瓶子通常比较好），但其数量则由正在进行的研究所决定。由于酒精易挥发，瓶子很快就会干了，所以我们使用的防腐剂通常是乙二醇或丙二醇。陷阱采集法的一个优势在于，仅仅需要极少的维护和干预，它们就能够持续使用一段时间。它的一个缺点是，因为有些物种要么会避开陷阱，要么外出觅食时通常碰不到陷阱，所以用这种方法就采集不到这些蚂蚁。

Task 1

📓题目要求

（见"剑8"P101）

🖋审题

本题为曲线图，是关于英国在1974年至2002年之间通过四种不同交通方式运送的货物数量。纵轴为运送货物的数量，以百万吨为单位。横轴为时间。

💡写作思路

曲线图也是雅思图表作文常考题型，剑桥雅思真题系列出现过多次。剑3 Test 4的曲线图有两条曲线，剑5 Test 1的曲线图有三条曲线，而这道题和剑7 Test 2一样，也是四条曲线。

曲线图的写作思路通常是先根据横轴分析每条曲线各自的变化，然后再把不同曲线进行比较。曲线大于等于三条的时候要注意归类，也就是把增长的归为一类，减少或者不变的归为另一类。同样都是增长或者减少的，则应该根据变化的幅度从大到小排列，也可以先对比着写增长或减少幅度最大的和最小的，然后写居中的。

☕考生作文

（见"剑8"P168）

💬参考译文

该曲线图描述了1974年至2002年期间英国通过四种交通方式运输的货物数量。在这28年期间不变，通过公路、水路和管道运输的货物数量都增加了，而铁路运输的货物数量几乎一直保持在4000万吨左右不变。

1974年和2002年最大宗的货物运输都是通过公路（分别为7000万吨和9800万吨）来完成的，而1974年与2002年运输货物数量最少的交通方式都是管道（分别为大约500万吨和2200万吨）。水路运输的货物数量在1974年至1978年之间没有变化，接下来呈指数形式增长至将近6000万吨，之后这个数字保持了大约20年不变，然后又开始逐渐增加。

铁路运输的货物数量在1974年和2002年几乎没有变化，为4000万吨，在此期间的数量有所下跌。值得注意的是，几乎所有交通方式运输的货物量在1994年都有所下降，只有管道除外，事实上管道运输货物量在该年达到最高峰。

总之，在英国，公路一直是最流行的货物运输方式；水路和管道的使用日益增加，而铁路作为运输方式并不很受欢迎。

⚙分析

本文得分8分。

考官点评

（见"剑8"P168）

参考译文

这篇作文涵盖了题目中的所有相关信息，明确强调了主要趋势并进行了比较。唯一应该改进的地方是文章开头不要过多照抄提示语。

因为分段有逻辑，信息的衔接在全文中都很清晰，所以文章很容易理解。词汇丰富，运用准确得当，虽然偶尔有一些用词不精准和重复。同样，语法结构和句型丰富，运用准确得当，只有一个很明显的错误，那就是最后一段遗漏了标点符号。总的来说，绝大多数句子都准确。

首段分析

本文首段共两句话。第一句是对题目的改写，可惜照抄的比例过大；第二句总结了四种交通方式变化趋势的主要区别。

关于第一句，我们可以在原文的基础上修改为：The line chart illustrates the quantities of products transported by four different types of transport（namely, road, water, rail and pipeline）in the United Kingdom from 1974 to 2002. 和原文相比，我们把graph，goods和mode分别用同义词line chart，products 和type替换，具体列出四种交通方式，并把地点状语的位置稍加变动。这样一来，文章的开头就没有任何问题了。

主体段分析

本文主体部分共两段，其写作思路是先对不同曲线进行描写和比较，再在比较中体现每条曲线的变化。第二段先分析四种运输方式中最极端的两种——运输量最大的公路和最小的管道，并且分别给出了起始年份和终止年份的数量，用具体数字说明了趋势，然后描述剩下的两种运输方式里与前两种较为相似（都是有所增加）的水路运输。第三段先描述了和以上三种运输方式都不同的铁路。接下来，作者选取了除了起始年份和终止年份之外的一个特殊年份——1994年进行描写，在该年管道运输的变化和其他三种都不同。

结尾段分析

文章结尾段总结了四种运输方式的发展趋势：公路运输最流行，水路和管道运输逐渐增加（铁路运输基本保持不变）。

词汇资源

同义表达

增加	increase, show growth, rise	货物数量	quantity of goods, amount of goods
减少	decrease, show decrease		
保持不变	remain constant	交通方式	modes of transport, method of transport
平稳的	constant, gradual		
（almost的多次使用：4次）			

难词

illustrate	v. 说明	exponential	adj. 指数的，呈几何级数的
span	n. 跨度，一段时间	plateau	v. 达到稳定水平
respectively	adv. 分别，各自	peak	v. 达到高峰

重复

表示"保持不变"：用了三次constant。可以用the same, steady, stable, level替换。

表示"常见"：连续两次用了popular。可以换用common。

用词不当

The amount of goods transported by water was constant from 1974 to 1978, where it showed an exponential growth, rising to almost 60 million tonnes after which it plateaued for about 20 years before starting to rise gradually again. （水路运输的货物数量在1974年至1978年之间没有变化，接下来呈指数形式增长至将近6000万吨，之后这个数字保持了大约20年不变，然后又开始逐渐增加。）本句中where用词不当，此处应该用when，修饰1978。

语法范围与准确性

最后一段话中的语法并不十分严谨, In conclusion后应加逗号; UK后未断句; has not become前少了主语rail。这段话应改为: In conclusion, the road remains the most popular method of transporting goods in the UK. While water and pipelines are becoming increasingly used, rail has not become more popular as a method of transport.(总之, 在英国, 公路一直是最流行的货物运输方式; 水路和管道的使用日益增加, 而铁路作为运输方式并不很受欢迎。)

Task 2

题目要求

(见"剑8"P102)

审题

题目翻译: 在一些国家, 人们的平均体重在不断增加, 健康和体质水平却在不断下降。你认为导致这些问题的原因是什么, 可以采取什么措施来解决这些问题?

本题为社会类话题, 题型为解释型(Report), 而非辩论型(Argument)。解释型作文通常提供事实性的背景(往往是某个负面或不良的社会现象), 要求分析原因并提出解决方案。有时也会要求分析原因并指出这一现象可能造成的后果。

写作思路

我们通常可以用四到五段话来组织类似的作文。第一段对题目中的背景进行改写或者简要扩充, 并指出问题所在。第二、三段分析导致这些问题的原因, 原因可以是多方面并联式的, 也可以是单方面串联式的。第四段或者第四、五段提出解决问题的措施。

考生作文

(见"剑8"P169)

参考译文

在一些国家, 人们的平均体重在增加, 而健康和体质水平却在下降。我认为导致这些问题的原因是不健康的生活方式以及锻炼的缺乏。

如今, 人们变得越来越懒。他们万事都图方便: 下班回家后, 他们会吃微波餐或快餐, 这样他们就不用费事做饭, 也不用饭后洗碗。快餐的出现也是不健康生活方式的主要原因。人们愿意到快餐店用餐, 而不会选择在家做便饭。是的, 你的汉堡包和比萨饼比家常饭味道要好, 但想想你正在吞下去的所有卡路里吧。他们用来炸薯条的油, 几乎是黑的。吃太多快餐也会导致健康问题。含糖饮料、小包薯片、糖果和巧克力也是造成不健康生活方式的因素。大量进食会导致体重增加和糖尿病。

我认为主要原因是缺少锻炼。随着年龄增长, 新陈代谢速度也会降低。即使你吃的食物量和以前一样, 你的体重也会增加。对此唯一的解决方法就是锻炼。活动建议为每天至少快走30分钟。如果人们不开车上班, 这一目标很容易实现。他们可以坐公交车或者火车, 然后提前一站下车走到办公室。每一小步都有用。你下班回家后可以和孩子们玩耍或者出去遛狗, 或者其他任何可以让你把注意力从沙发上移开的事情。更多的锻炼会抑制你对于甜品的渴望。

　　人们也应该平衡饮食。比如,多吃蔬菜和水果;少吃肉,每天喝大量的水;安排时间和家人去户外散步,欣赏美景,而不是把自己关在屋里;这是对身体、心灵都有益的健康生活方式。如果你充分进行锻炼,就不容易生病,因为你的身体会强壮到可以击退疾病。

❀ 分析

　　本文得分6.5分。

考官点评

　　(见"剑8"P169)

参考译文

　　这篇作文回答了题目中的两个问题,并明确表明了关于这些问题的观点。主要观点切题,虽然用来支持论点的例子有时候不太合适。在文章的组织上,很好地运用了一些连接词和时间标志词,总体上推动了论证的过程。但也有一些错误,而且有时句子之间缺乏衔接。有分段,但逻辑性不强,而且结尾段有些混乱。本文最大亮点是词汇量丰富,很好地使用了一些自然的表达和惯用语。有时不恰当地使用了非正式文体,但总体上把控较好。几乎没有不准确的用词,词形和拼写错误也只是偶尔出现。准确流畅地使用了各种句式,但大量短小简单的句子减少了复杂句的使用范围。有语法错误和遗漏,不过并不多。

内容

　　文章开头简明扼要提出了问题,并直接给出了导致问题的原因。内容方面没有什么问题,但第一句话完全照抄题目,应该改写。

　　文章第二段和第三段前三句话是针对首段末句的扩充。第二段详细论证不健康生活方式的危害,第三段前三句话分析缺少锻炼对健康的害处。但用来支持论点的例子有的不太合适。比如第二段的Yes, your burgers and pizzas tasted better than a homecooked meal,该例和论点一不健康的生活方式没有直接关系。

　　作者在第三段后半部分和第四段提供了解决问题的方法:多锻炼,平衡饮食。在论证方面,第四段的问题主要在于具体的论证有时偏离了主题。第四段的主题句在讲平衡饮食,后面却用了不少篇幅在谈锻炼,而锻炼是第三段的主要内容。

连贯与衔接

　　在文章的组织上,很好地应用了一些连接词和时间标志词。文中连接词有: so that, also, rather than, but, as, even if, if, or。文中时间标志词有: nowadays, when, before。

　　这篇文章的分段有一些问题,有的地方缺乏逻辑性。如果重新分段的话,可以这样安排:第一段基本保留,但要对题目中的背景进行改写或者简要扩充,并指出问题所在。第二段分析造成这些问题的原因,从不健康生活方式和缺乏锻炼两方面进行论证。第三段话提出解决方法——被经常锻炼。第四段话提出另一个措施即平衡饮食,并简要结尾。

词汇资源

　　本文用到的词汇量较大,也使用了一些习惯用语,符合7分作文的要求。但不恰当的非正式文体需要避免。

　　丰富的单词:

convenience	n. 方便	calorie	n. 卡路里,热量
microwave	n. 微波	swallow	v. 吞下,咽下
opt	v. 选择	literally	adv. 实际上

consumption	*n.* 消耗	suppress	*v.* 抑制
metabolism	*n.* 新陈代谢	craving	*n.* 渴望
recommended	*adj.* 推荐的	scenery	*n.* 风景
diabetes	*n.* 糖尿病	coop	*v.* 把……关进笼子
brisk	*adj.* 轻快的		

地道的表达：

due to	由于	contribute to	导致，造成
lack of	缺少	one and only	唯一的
take the trouble	费劲	fight off	击退

语法范围和准确性

过于短小简单的句子：

1. The oil they used to fry your fries. It is literally black. 可合并为复杂句The oil they used to fry your fries is literally black, which is detrimental to health.

2. Every little bit counts.可以删掉。

3. When you comes home from work, you can play with your kids or bring the dog for a walk. Anything to get your attention away from the couch. More exercise will surpress your cravings for sugary stuffs. 可以合并为复杂句When you come home from work, you can play with your kids or bring the dog for a walk, or anything to get your attention away from the couch.

4. People should also balance their diet. For example, by eating more vegetables and fruits. Eat less meat and drink plenty of water throughout the day. 可以合并为复杂句People should also balance their diet, for example, by eating more vegetables and fruits and less meat and by drinking plenty of water throughout the day.

语法错误：

1. When you comes home from work应改为When you come home from work；

2. Sugary drinks, pacheted chips, candies and chocolate are also some of the causes that contributes to unhealthy lifestyle. 应改为Sugary drinks, packet chips, candies and chocolate are also some of the causes that contribute to unhealthy lifestyle.

标点符号：

They want convience in everything when they come home from work, they will have microwaved dinner or fast food so that they do not have to take the trouble to prepare a meal or wash up after dinner. 这句话中少了句号，应为They want convenience in everything. When they come home from work, they will have microwave dinner or fast food so that they do not have to take the trouble to prepare a meal or wash up after dinner.

不影响理解的拼写错误：

convience应为convenience，diabeties应为diabetes，drip应为drop，surpress应为suppress。

Speaking

Part 1

在第一部分，考官会介绍自己并确认考生身份，然后打开录音机/笔，报出考试名称、时间、地点等考试信息。考官接下来会围绕考生的学习、工作、住宿或其他相关话题展开提问。

🔍 话题举例

Television

1. **How often do you watch television?** [Why/Why not?]

   I'm not a *couch potato*, so I watch it very seldom. The shows are all pretty *worthless* and *non-entertaining*. The *commercials* are stupid and take up more time than the programmes. I just leave the TV on for *background* in the morning from Monday to Friday because the daily news is on.

couch potato 电视迷	worthless 无价值的
non-entertaining 无趣的，无娱乐性的	commercial 广告
background 背景	

2. **Which television channel do you usually watch?** [Why?]

   I'm a big football fan, so I watch *ESPN* the most often. ESPN focuses on *sports-related* programming but I personally think it should *broadcast* more football games instead of *NASCAR*, golf, *hockey*, and women's college basketball, and it should show more football *highlights* on sports center.

ESPN (Entertainment Sports Programming Network) 娱乐体育节目电视网	
sports-related 与体育相关的	broadcast 播放，播送
NASCAR 纳斯卡赛车比赛	hockey 曲棍球
highlights 集锦，精彩场面	

3. **Do you enjoy the advertisements on television?** [Why/Why not?]

   I don't like TV advertisements, and I usually close and rest my eyes when they come on. The *ads* can be *amusing* for the first few times, but the *insistent bombarding* of the same advertisement just drives me crazy. And on some channels they come on too frequently, actually *spoiling* the program itself. I'll turn to another channel if this happens.

ad 广告	amusing 有趣的，好玩的
insistent 持续不断的	bombard 轰炸，猛轰
spoil 破坏	

4. **Do you think most programmes on television are good?** [Why/Why not?]

   I don't think so. There are many TV shows with *tons of* violence and sex nowadays. I think the designers of the shows aim their programming at people with low *self-esteem*. Only few programmes are *interactive* or *brain powering* shows, which can actually help people. There should be more *educational* TV programmes today.

tons of 大量的	self-esteem 自尊

interactive 互动的
educational 教育的；有关教育的

brain powering 锻炼脑力的

Part 2

考官给考生一张话题卡（Cue Card）。考生有1分钟准备时间，并可以做笔记（考官会给考生笔和纸）。之后考生要做1~2分钟的陈述。考生讲完后，考官会就考生的阐述内容提一两个相关问题，由考生做简要回答。

> **CUE CARD**
>
> Describe a friend of your family you remember from your childhood.
>
> You should say:
>
> who the person was
>
> how your family knew this person
>
> how often this person visited your family
>
> and explain why you remember this person.

➡ 话题卡说明

"朋友"一直是口语考试中的核心话题。在描述这个话题卡的时候，选择的人物需要有典型的年龄特征，一般是小孩或青少年。这里为大家讲述的是一个个性鲜明的好朋友，他喜欢魔幻故事和电子游戏。

点题	I want to tell you about my best friend, Sam, who I met when we were both only five years old. He hasn't changed much since then. He's still a little fat, with short brown hair, and always laughing.
相识	Sam is an American. Honestly, at first, I think we both just wanted to practice our language skills; that's why I invited him to my house and introduced him to my family, but I believe that something more *grew out of* this relationship. We became close friends.
活动	We were both interested in fantasy stories, so we used to play games where we would act out *made-up* adventures about *knights and dragons, alien and robots*, and other *far-fetched scenarios*. We were also big fans of computer games, so we'd talk about them constantly, and of course we'd play them together as well. I often went round to his house and ate dinner here, which was great because his mum always seemed to cook much nicer food than I'd get at home.
原因	I'll always remember Sam well because he was my *closest companion* during my time at primary school. We were best friends and played together all the time. He's such a *larger than life* character; he always has a story to tell and a joke to share. It's hard to forget such a *unique person*. Nowadays we live on opposite sides of the world and lead very different lives, but I'm sure we'll always be friends.

🔤 重点词句

grow out of 产生于
made-up 编造的
knights and dragons 骑士和龙（游戏）
alien and robots 外星人和机器人（游戏）

far-fetched scenario 牵强附会的情节
closest companion 最亲密的朋友
larger than life 非凡的
unique person 特别的人

Part 3

第三部分：双向讨论（4~5分钟）考官与考生围绕由第二部分引申出来的一些比较抽象的话题进行讨论。第三部分的话题是对第二部分话题卡内容的深化和拓展。

🔍 话题举例

Friendship

1. **What do you think makes someone a good friend to a whole family?**

   Well, in order to be a good friend to the whole family, they need to have all the usual *traits* of a friend, like *loyalty*, *sincerity*, and *consideration*, but they also need to care about and look after the needs of the entire family. My dad has an old friend that is like an uncle to us. Whenever he comes over, he brings gifts and asks lots of questions to show that he is interested in everyone, but I think this kind of friend is pretty *rare*.

trait 特点，特征	loyalty 忠诚
sincerity 真诚	consideration 考虑周到，体贴
rare 稀罕的，珍贵的	

2. **Do you think we meet different kinds of friend at different stages of our lives? In what ways are these types of friend different?**

   We definitely meet different friends at different times. My childhood friends were all just children that lived nearby and that I could play with. As long as we could play together happily, we could be friends. Maybe I wasn't as *selective* then, but they are still some of my *dearest friends*. Later, my friends were largely high school or university classmates and having common interests was the most important thing. Many of my university friends shared the same major with me. Now many of my friends are *coworkers*, and I'd say that although we get along well together we don't have the same kind of *deep friendship* I've had in the past.

selective 认真挑选的	dearest friend 最挚爱的朋友
coworker 同事	deep friendship 深厚的友谊

3. **How easy is it to make friends with people from a different age group?**

   It's not that easy to make friends with people from different *age groups*, but still possible. For one thing, you are going to have fewer things in common and therefore less to talk about. You may even find that there is a small *generation gap* between you. After joining the working world, it may be easier to make close friends with people from different age groups. I have become friends with some of my older coworkers. We can talk about our shared interest in work and I value the *experience and wisdom* they are able to share with me. Maybe someday I will have the chance to do that with younger friends.

age group 年龄组，年龄段	generation gap 代沟
experience and wisdom 经验和智慧	

Influence of friends

1. **Do you think it is possible to be friends with someone if you never meet them in person? Is this real friendship?**

Honestly, I don't think that it's possible for people to have real relationship with people that they have never met in person. I know that nowadays many people have internet relationships and I have even heard stories of people *dating* on the internet without ever meeting, but I don't think that is real relationship. It's too easy to deceive a person about who you really are and it lacks *genuine intimacy*. I think in the end it's just a *fantasy*.

date 约会	deceive 欺骗
genuine intimacy 真正的亲密关系	fantasy 幻想，白日梦

2. **What kind of influence can friends have on our lives?**

Friends influence our lives in many ways. There are even several old sayings that suggest the people you spend time with determine who you are. I can give a few examples. If you spend time with hardworking successful people, they will *motivate* you to work harder. However, if your friends just waste away their days in *internet cafes*, you may also *eventually* just *slack off* and not try so hard. Friends can also more directly influence our lives by providing suggestions and advice when we need them.

motivate 激励	internet cafe 网吧
eventually 最终	slack off 散漫，懈怠

3. **How important would you say it is to have friends from different cultures?**

Having friends from different cultures can be *fairly important*. At the very least, there are lots of advantages to having them. If you want to study a language, they are real *asset* to your learning. You can practice together and *get the hang of* how people actually talk in a *natural setting*. Of course, foreign friends also give you the opportunity to *expand your horizons*; they have different *perspectives* on important issues and different ways of doing things.

fairly important 非常重要的	asset 有用的人（或事物）
get the hang of 得知……的要领、窍门	natural setting 自然情境
expand one's horizon 开拓某人的视野	perspective 视角，观点

话题相关材料

人们常说人生如路，朋友如树。人生道路上，每个人身边都有许多朋友，朋友之间互相帮助，互相扶持。因此，友谊是我们一生最宝贵的财富……

Friendship: Good for the Body, Good for the Soul

Many people will walk in and out of your life, but only true friends will leave footprints in your heart.

Friends are our truest treasures. How many times have they made us laugh when we felt like crying over a bad mistake? Made us feel loved when our boyfriends (or girlfriends) broke up with us? Gave us the courage to go back to school or to change careers? Like armor, good friends make us almost invincible, capable of warding off the blows life occasionally deals us. Because of their steadfastness, we see setbacks for what they are: temporary.

It's no wonder, then, that medical researchers have found that *those who have friends tend to be happier, healthier, and live longer than those who do not.* In fact, friendship has numerous *physical and spiritual benefits.*

A growing body of research confirms that having compassionate friends is beneficial for our psychological and spiritual well-being and for physical health. Thus, one can say that *a healthy lifestyle* includes not only eating well, exercising, and avoiding tobacco but also having *a circle of friends.* In fact, researcher Janice Kiecolt-Glaser of Ohio State University calls the connection between satisfying personal relationships and better immune function "one of the most robust findings" in psycho-neuro-immunology (the study of how emotions, stress, and behavior affect resistance to disease).

Having *a strong social network* is linked to lower mortality rates for both healthy and unhealthy people, including those with heart disease and some types of cancer. In cases of terminal illness, having close friends is associated with longer survival rates.

Research has found not only that friendship benefits us, but that the lack of it harms us. Those who have no friends or close ties seem to suffer the most from loneliness, social isolation, and feelings of worthlessness. These with such feelings feel more stressful, and stress contributes to a variety of health disorders. These disorders include heart attacks, asthma, certain types of cancer, diabetes, herpes, headaches, and even the common cold! As James S. House of the University of Michigan Institute for Social Research stated, "Social relationships, or the relative lack thereof, constitute a major risk factor for health rivaling the effects of well-established health risk factors such as cigarette smoking, blood pressure, blood lipids, obesity, and physical activity."

Section 1

Questions 1–6

📑 篇章结构

体　裁: 应用文

主要内容: 旅游公司推出的三种旅游方案, 包括旅游地点、价格、涵盖项目等诸多细节。

📖 必背词汇

break	*n.* 休息 *v.* 打破	horse-riding	*n.* 骑马; 马术
package	*n.* 包裹; 套餐	optional	*n.* 可选择的
	v. 把……包成一包; 把……装箱	resort	*n.* 度假胜地
comment	*n.* 注释; 说明; 评论, 意见	coral	*n.* 珊瑚, 珊瑚虫
transport	*v.* 运送; 流放 *n.* 交通运输系统	Great Barrier Reef	大堡礁
lodge	*n.*（供参加户外运动者暂住的）	straight	*adv.* 直接地; 不断地; 立即;
	乡间小屋 *v.* 暂住, 借宿 *n.* 旅店		坦率地
wilderness	*n.* 荒地, 荒野, 旷野	refurbishment	*n.* 整修, 翻新
retreat	*n.* 隐退, 静养; 隐居处 *v.* 撤退	blend	*n.* 混合物 *v.* 混合, 掺和
edge	*n.* 边, 缘 *v.* 给……加上边;	casual	*adj.* 休闲的; 不定期的, 临
	使锐利		时的; 随便的
heritage	*n.* 遗产; 传统	sophistication	*n.* 有教养; 复杂
buffet	*n.* 自助餐 *v.* 反复敲打	ambience	*n.* 环境, 气氛
canoeing	*n.* 划独木舟	involve	*v.* 包含, 牵涉

⚙️ 试题解析

Questions 1–3

- 题目类型: MATCHING
- 题目解析:

题号	定位词	答案位置	题解
1	not cater for young children	C套餐中Holiday location 一栏	**题目**: 此度假套餐不接待小孩。 **原文**: 为25岁以上的游客提供了既休闲又高雅且充满了热带雨林气息的度假环境。 **必要分析**: A和B套餐中都没有提到年龄, 而C套餐却强调专门针对25岁以上的游客。由此可知C套餐不接待小孩。答案选C。

题号	定位词	答案位置	题解
2	no extra cost	B套餐中Comments一栏	**题目**：此度假套餐包含免费参观。 **原文**：免费环岛观光小巴。 **必要分析**：A和C套餐中都提到了自费骑马项目。B套餐中包含的活动项目除至威尔逊岛的航班外均免费。答案选B。
3	most travel time from the airport	A套餐中Transport to/from airport一栏	**题目**：此度假套餐中涉及的机场往返时间最长。 **原文**：自驾车1小时15分钟；公交车（每周三班）约2小时。 **必要分析**：B和C套餐分别需要半小时和10分钟的车程往返机场；而A套餐所需时间最长。答案选A。

Questions 4-6

- 题目类型：SHORT-ANSWER
- 题目解析：注意题目要求no more than three words，即用不超过三个单词回答问题。

题号	定位词	答案位置	题解
4	when, not be open	B套餐中Comments一栏	**题目**：什么时候其中一个度假地点不营业？ **原文**：5月份停业整修 **必要分析**：题目是以特殊疑问词when提问，可以到原文中寻找和时间相关的信息。B套餐中明确指出5月份停业整修。答案为(for/in) May。
5	which two outdoor activities, no extra cost, Mountain Lodge	A套餐中Comments一栏	**题目**：在山吧旅馆哪两项户外运动是免费的？ **原文**：免费划船；免费户外网球场 **必要分析**：题目是以特殊疑问词which提问，答案可能是名词或者名词短语。题目明确要求在套餐A中找出两项免费的户外运动。可以在套餐A的Comments栏中找到答案。另外需要注意的是，A套餐中还提到了另外一项活动：free talks in the evening（傍晚自由聊天），但这并不属于户外活动。答案为canoeing (and) tennis。
6	What is the fastest way, travel, Mountain Lodge	A套餐中Transport to/from airport一栏	**题目**：到达山吧旅馆最快的方式是哪一种？ **原文**：自驾车1小时15分钟；公交车（每周三班）约2小时 **必要分析**：题目是以特殊疑问词what + the fastest way to travel提问，答案形式可确定为某一种交通方式。在套餐A的Transport to /from airport栏中所用时间最短的即是最快的抵达方式。答案为 (by) (self-drive) auto (mobile)。

参考译文

度假套餐

需要休息休息？我们提供以下三种绝佳度假套餐供您选择！

	度假地点	价格*	住宿(晚)	套餐内餐饮	注	机场往返
A	山吧旅馆 独一无二的野外桃源；毗邻世界遗产国家公园；距海5公里	330澳元	1	山吧自助早餐+不限时段免费供应软饮料	免费划独木舟；傍晚自由聊天；免费户外网球场；自费骑马(可选)	自驾车：1小时15分钟；公交车(每周三班)：约2小时
B	鹈鹕胜地 大堡礁上真正的珊瑚岛；可从海滩游泳前往	580澳元	4	热早餐＋午餐(海滩野餐)＋晚餐(4菜)	5月份停业整修；免费环岛观光小巴；至威尔逊岛航班仅需50澳元	小巴：半小时
C	雪松旅馆 为25岁以上的游客提供了既休闲又高雅且充满了热带雨林气息的度假环境	740澳元	4	热带早餐；午餐(野餐)——自费可选	现存最古老的热带雨林；免费自行车和网球场；骑马——自费可选	出租车：10分钟

*价格: 每人、每套餐、双人标准间

Questions 7–14

篇章结构

体　裁：应用文

主要内容：介绍悉尼旅游学院多计划保险条款。

必背词汇

recommend	n. 推荐,介绍,赞许某人(某事物)	belonging	n. 所有物；行李
insurance	n. 保险	luggage	n. 行李
compulsory	adj. 强制的；义务的	theft	n. 盗窃,偷
reciprocal	adj. 互惠的,相互的 n. 倒数	receipt	n. 收据
emergency	n. 紧急情况；突发事件	portable	adj. 手提的,便携式的
circumstance	n. 情况,环境	non-refundable	adj. 不可退还的
accompany	v. 陪伴,陪同	deposit	n. 押金,定金
disability	n. 残疾；无能	unforeseeable	adj. 不可预见的,无法预料的

⚙️ 试题解析

- 题目类型：MATCHING
- 题目解析：

题号	定位词	答案位置	题解
7	overseas, suddenly, hospital treatment	文中段落小标题1 Medical下第1段第1、2句	四个选项的意思分别是：A 政府协议赔付；B 多计划保险赔付；C 多计划保险不负责赔付；D 特殊情况下赔付。 **题目**：学生在国外旅行时突然需要住院治疗。 **原文**：澳大利亚与您将要造访的八个国家政府签有互惠医疗协议。这些协议涵盖所有急诊住院治疗。 **必要分析**：澳大利亚政府与八个国家政府签有互惠医疗协议，因此题目中所描述的费用由政府协议赔付。答案为A。
8	consults a doctor, abroad	文中段落小标题1 Medical下第1段最后一句	**题目**：学生在国外时需就小病咨询医生。 **原文**：但是，学生必须购买如多计划保险的保险险种，以支付常规就医和其他非急诊的费用。 **必要分析**：原文说明得非常清楚，多计划保险这一险种能够涵盖题目中所陈述的情况。答案为B。
9	parent, bring, injured or sick student	文中段落小标题1 Medical下第2段第2句	**题目**：家长把受伤或生病的学生从国外带回澳大利亚。 **原文**：视具体情况，该保险也可能赔付陪您回家的医务人员或一名家属的费用。 **必要分析**：原文中提到该保险并非所有情况下均负责赔付，而是视具体情况而定。答案为D。
10	before leaving Australia	文中段落小标题1 Medical下第2段最后一句	**题目**：学生在国外治疗离开澳大利亚前已经患有的疾病。 **原文**：多计划保险不赔付投保前已患有疾病的医药费用，所以在启程前请与保险公司确认您已患有的慢性疾病或残疾状况。 **必要分析**：原文中提到多计划保险不涵盖投保前已患有的疾病，所以需要与保险公司进行确认。答案为D。
11	lost, insurance card	文中段落小标题1 Medical下第3段	**题目**：需要就医的学生丢失了旅行保险卡。 **原文**：如果您确实需要在海外就诊，并希望获得保险赔付，请务必出示您的学生证和旅行保险卡，我公司方可接受索赔。 **必要分析**：原文指出必须出示学生证和旅行保险卡方可获得保险赔付，而题目中的情况是丢失了旅行保险卡，因此没有任何保险可以受理。答案为C。

题号	定位词	答案位置	题解
12	study books	文中段落小标题2 Belongings下第2条	**题目**:学生丢失了学习用书。 **原文**:重新购置行李箱、背包和学习用书的费用 **必要分析**:在个人物品条款中,原文指出多计划保险能够照顾到大多数学生的需求。它还特别为学生提供个人行李保险,负责赔偿日常必需品丢失或被盗的损失。例如:第二项给出了针对学习用书丢失的明确细则。答案为B。
13	laptop	文中段落小标题2 Belongings下第3条	**题目**:学生的手提电脑被偷。 **原文**:在保单中明确列出的手提电脑和CD播放器 **必要分析**:原文中指出在保单中明确列出的手提电脑可获得赔付,而题目中只提到手提电脑被偷,那么是否满足保险理赔要求要视具体情况而定。答案为D。
14	change...mind, not to take the booked flight	文中段落小标题3 Cancellation正文最后一句	**题目**:学生改变了学习计划并决定不搭乘事先预订的航班。 **原文**:如果您因其他原因更改学习或旅行计划,该保险不负责赔付。 **必要分析**:原文中陈述如果因自身原因更改学习或旅行计划,保险公司不做任何赔付。答案为C。

参考译文

—————————— 悉尼旅游学院 ——————————

我们推荐学生选择多计划保险。

旅游保险规定

本课程包括为期三个月的澳大利亚境外旅行,因此必须购买旅游保险。若您在澳大利亚生病或发生事故,所有医疗开支全额赔付。但是,您不能想当然地认为在境外发生的一切医疗费用都将得到赔付,因此请仔细阅读以下规定:

1. 医疗

澳大利亚与您将要造访的八个国家政府签有互惠医疗协议。这些协议涵盖所有急诊住院治疗。但是,学生必须购买如多计划保险的险种,以支付常规就医和其他非急诊医疗的费用。

若您遭遇严重事故或患重大疾病,多计划保险可在需要的情况下为您赔付返回澳大利亚的航班费用。视具体情况,该保险也可能赔付陪您回家的医务人员或一名家属的费用。多计划保险不支付投保前已患有疾病的医药费用,所以在启程前请与保险公司确认您已患有的慢性疾病或残疾状况。

如果您确实需要在海外就诊,并希望获得保险赔付,请务必出示您的学生证和旅行保险卡,我公司方可接受索赔。

2. 个人物品

多计划保险照顾到了大多数学生的需求。它还特别为学生提供个人行李险,负责赔偿日常必需品丢失或被盗的损失。例如,此保险包括:

- 被盗物品的现值——需提供每件被盗物品的购买收据,若无收据概不赔付

- 重新购置行李箱、背包和学习用书的费用
- 在保单中明确列出的手提电脑和CD播放器

3. 撤销保险

若由于"本人不可控和不可预知的因素"不得不取消旅行,该保险负责赔付任何不可退还定金和您所支付的其他费用。如果您因其他原因更改学习或旅行计划,该保险不负责赔付。

Section 2

Questions 15-20

篇章结构

体　　裁: 应用文
主要内容: Kenichi软件公司:员工保密准则

必背词汇

security	n. 安全;保护	badge	n. 徽章,证章
guideline	n. 指导方针,指导原则	oblige	v. 使有义务,迫使做
challenge	v. 质疑 n.挑战;怀疑	comparatively	adv. 比较,相当
premises	n. 经营场所;前提	trivial	adj. 不重要的;琐碎的
authorisation	n. 授权;批准	disclosure	n. 泄露,公开
removal	n. 移动;去除	confidential	adj. 机密的
inspect	n. 检查;检阅	divulge	v. 泄露,暴露
submit	v. 服从;提交	private	adj. 私人的,个人的
disciplinary	adj. 惩戒的;有关纪律的	initiate	v. 开始,着手;发起

试题解析

- 题目类型: SENTENCE COMPLETION
- 题目解析: 注意题目要求no more than two words,即用不超过两个词回答问题。

题号	定位词	答案位置	题解
15	suspicious, report, employee	文中段落小标题 General 下倒数第3行 or 之后	**题目:** 句中的空格前是冠词a,后面是名词,分析可知空格中要填一个修饰employee的形容词或名词。 **原文:** or inform a senior member of staff about... **必要分析:** 题干中的report=原文中的inform;题干中的employee=原文中的member of staff。故得答案为senior。

题号	定位词	答案位置	题解
16	company, stop you	文中段落小标题 Company Property 下第1段	**题目**：句中空格前的并列连词and把to stop you与空格中应该填入的内容并列起来。 **原文**：You are advised that...to detain any person... The company reserves the right to search... **必要分析**：题干中的to stop=原文中的to detain；原文中能够与to detain并列的动词短语就是to search。故得答案为(to) search。
17	take, belongings without permission, face	文中段落小标题 Company Property 下第2段第2句	**题目**：句中空格前是动词face，可推测空格中一定填入名词或者名词短语。 **原文**：Any member found removing company property from the building without proper authority will be subject to disciplinary action. **必要分析**：题干中的without permission=原文中的without proper authority；题干中的will face=原文中的will be subject to，故得答案为disciplinary action。
18	badge	文中段落小标题 Identity Badges下第5行之后	**题目**：空格中应该填入一个与staff和visitors并列的名词。 **原文**：Badges are issued by Human Resources, and contractors and people visiting the company on... **必要分析**：题干中的visitors=原文中的people visiting the company，原文中与people visiting the company并列的是contractors。故得答案为contractors。
19	must not pass on, confidential information	文中段落小标题 Confidential Matters 下第1段最后一句	**题目**：由句中空格前的短语pass sth on to，可推测空格中应该填入名词。 **原文**：It is, therefore, essential that you should at all times be aware of the serious view the company would take of disclosure of such material to outsiders. **必要分析**：题干中的must not pass on confidential information to=原文中的be aware of the serious view the company would take of disclosure of such material to，故得答案为outsiders。
20	leave the company, hand in	文中段落小标题 Confidential Matters 下第2段第2句	**题目**：空格中需填入名词。 **原文**：Before you leave the company, you must hand over to your manager all private notes relevant to the company's business... **必要分析**：题干中的you have made on matters concerning the company＝原文中的relevant to the company's business, activities, prices...，故得答案为(private) notes。

—————————— Kenichi 软件公司：员工保密准则 ——————————

总则

维护工作场所的高度保密关乎每个人的利益。员工应对任何未得到正当授权而出现在楼内的人表示怀疑，或在发现任何奇怪、反常的活动时立即通知上司。

公司财产

对未经授权涉嫌带离公司财产的人员，公司有权扣留。公司保留对离开或进入办公大楼的员工进行调查，及对属于公司财产的任何物品、车辆进行检查的权利。在必要的情况下，服从上述行为是雇用条件之一。

为保护员工的利益，请从公司大楼中带离任何公司财产及物品前确保具有相关的权限。任何人未经授权擅自带离公司财产，一经发现，将予以严惩。

工卡

公司为每位员工发放工卡，在办公场所须随身佩戴。使用工卡的目的是保护公司机密。工卡由人力资源部门发放，承包商和临时访客也须佩带此证件。

保密事项

在工作过程中，员工会接触到与公司业务、供应商或客户相关的信息。此类信息，无论巨细，如果被窃取利用，就会对公司、供应商或客户造成严重的后果。因此，务必随时保持警惕，谨防向外界泄露相关信息，公司对此类行为严惩不贷。

请对所有与公司业务及/或其商业活动有关的信息、数据、说明、图纸和各种文件进行保密，并且除公司业务需要之外，不得泄露、使用、利用公司信息。离职前，须将所有与公司业务、活动、价格、账目、费用等相关的个人记录上交主管。无论在职或是离职，任何滥用或未授权泄露机密信息的行为，都将面临法律诉讼。

Questions 21–27

📄 篇章结构

体　　裁：应用文
主要内容：介绍员工享受带薪休假的权利与具体细则。

📖 必背词汇

entitle	v. 使有权利；称作，定名	shutdown	n. 停工；关闭，倒闭
regulation	n. 规则；管理	lieu	n. 代替
majority	n. 多数；成年	specifically	adv. 特别地，专门地
junior	adj. 年少的；资历较浅的	collective	adj. 集体的，共有的 n. 集体
accrual	n. 自然增长；获利，利息	representative	n. 代表，代理人

⚙️ 试题解析

- 题目类型：SHORT-ANSWER
- 题目解析：注意题目要求：no more than three words and/or a number，即用不超过三个单词和/或一个数字回答问题。

题号	定位词	答案位置	题解
21	in what year, cover, workers ... originally excluded	第1段日期集中位置	**题目**：在哪一年规定扩大到覆盖原本不包括的大多数员工？ **原文**：2003年8月1日新修订的规定生效后，大多数员工都有权享受带薪休假。 **必要分析**：题目以特殊疑问词in what year提问，可以确定答案就是表示具体年份的数字。到原文定位处把所有年份划出来，并进行比对。答案为(in) 2003。
22	what, minimum annual paid holiday	第2段第1句	**题目**：有资格的员工至少可以享受多长时间的带薪休假？ **原文**：有资格的员工每年享有不少于4周的带薪休假，法定假日（在英格兰和威尔士通常为8天）包括在内。 **必要分析**：题目以特殊疑问词what提问，所以首先可以确定答案形式为名词或者名词短语。题干中的minimum annual paid holiday＝原文中的no fewer than four weeks of paid holiday a year。答案为4 weeks (a year)。
23	first year, what proportion, annual holiday ... a month's work	第3段第1、2句	**题干**：在员工工作第一年，每工作一个月可以获得多大比例的年假？ **原文**：工作第一年适用特殊累计制。每工作一个月，员工即有权享受1/12年假。 **必要分析**：题目以特殊疑问词what proportion提问，可以确定答案形式为分数。根据出题顺序与行文顺序一致原则在第三段不难找到答案。只不过此处是以文字的形式表示比例。答案为one twelfth (of annual holiday(s))。
24	what, an employer give, stop ... taking holiday	第4段第2句	**题干**：雇主可以用什么拒绝员工的休假请求？ **原文**：如果雇主不同意您的休假请求，则需提前休假时长通知您——比如，提前5天告知您不能休假五天。 **必要分析**：题目由特殊疑问词what提问，可以确定答案形式为名词或者名词短语。题目中的stop them taking holiday＝原文中的does not want you to take that holiday，所以答案是 (equal) counter-notice。
25	what, given as a possible reason, a certain time	第5段第1句	**题干**：员工不得不在特定时间休假的一个可能理由是什么？ **原文**：如果雇主希望您在特定时间休假，比如每年固定时间的停工期，则需至少提前两倍于休假期通知您。 **必要分析**：题目以特殊疑问词what提问，所以首先可以确定答案形式为名词或名词短语。题干中的a certain time＝原文中的a given time。答案为(the) (annual) shutdown/(a) shutdown

题号	定位词	答案位置	题解
26	leaves his or her job, what should be given, any holiday ... not taken	第6段第3句	**题干：** 员工离职时，未休的假期应该做何处理？ **原文：** 但是，若在合同中特别声明，则在离职时您有权获得未休假期的相应赔偿。 **必要分析：** 题目以特殊疑问词what提问，可以确定答案形式为名词或名词短语。题干中的what should be given=原文中的you are entitled to receive。答案为（a）（holiday）payment/outstanding holiday payment。
27	what type of document, holiday rights	第7段第1句	**题干：** 除了合同之外，还有哪种类型的文件或许也规定了员工的休假权利？ **原文：** 合同中或许规定了对您更为有利的权利，或休假权利在集体协议中另有明确规定。 **必要分析：** 题目以特殊疑问词what提问，可以确定答案形式为名词或名词短语，表示文件的类型。我们要找的名词应该与题干中的contract（合同）构成并列。原文中提到...your contract gives you better rights, or your holiday rights might be specified in a collective agreement.答案为（a）collective agreement。

参考译文

是否人人有权享受带薪休假？

《工作时间规定》(WTRs）赋予了大多数员工一项新的带薪休假权。然而，当1998年10月该规定实行时，带薪休假并非覆盖所有员工。2003年8月1日新修订的规定生效后，大多数员工都有权享受带薪休假，自2004年8月1日起，该规定也同样适用于初级医生。

有资格的员工每年享有不少于4周的带薪休假，法定假日（在英格兰和威尔士通常为8天）包括在内。但员工与雇主可协商延长假期时间。

工作第一年适用特殊累计制。每工作一个月，员工即有权享受1/12年假。工作一年后，经雇主同意，员工即可随时享受休假。

休假前，请务必提前两倍于休假时长告知雇主——比如您要休5天的假，则您至少应提前10天告知雇主。如果雇主不同意您的休假请求，则需提前休假时长通知您——比如，提前5天告知您不能休假五天。

如果雇主希望您在特定时间休假，比如每年固定时间的停工期，则需至少提前两倍于休假期通知您。员工无权在其他时间休此类假期。

除非合同中事先声明，否则假期不可累计至下一年，也不可折算为现金。但是，若在合同中特别声明，则在离职时您有权获得未休假期的相应赔偿。

合同中或许规定了对您更为有利的权利，或休假权利在集体协议中另有明确规定。工会代表会告知于您。

Section 3

📖 篇章结构

体　裁：说明文
主要内容：由"蛇油"一词引出松果菊，它的药效被现代科学证明比民间流传的更为有用。本文介绍了松果菊的起源、早期应用、功效、发展和传播等。

📖 必背词汇

cowboy	*n.* 牛仔	sting	*n.* 叮，刺伤
roam	*v.* 漫游，游历	sample	*n.* 样品；例子
phrase	*n.* 短语，词组	pharmacist	*n.* 药剂师
dismissive	*adj.* 轻视的，鄙视的	congestion	*n.* 充血，阻塞；拥堵，堵车
miraculous	*adj.* 奇迹般的，超自然的	extensive	*adj.* 广阔的，广大的；深远的
cattle	*n.* 牲口；牛	commercial	*adj.* 商业的，商务的 *n.* 广告
evaluate	*v.* 评价，评估	internal	*adj.* 体内的；内部的
dismiss	*v.* 不予考虑；摒弃；对……不屑一提	external	*adj.* 体外的；外部的
		injection	*n.* 注射；大量资金流入
outrageous	*adj.* 骇人的；令人惊讶的	weapon	*n.* 武器
remedy	*n.* 药品；治疗法 *v.* 纠正	infection	*n.* 传染病，感染病
ingredient	*n.* 原料，成分	extract	*n.* 提取物；汁 *v.* 提取，萃取
eventually	*adv.* 终于，最后	drought-resistant	*adj.* 抗旱的
potent	*adj.* 威力大的，效力大的	distinctive	*adj.* 有特色的，与众不同的
eliminate	*v.* 消除，排除	property	*n.* 性能，性质；财产；不动产
ailment	*n.* 小病，不安	harvest	*v.* 收割 *n.* 收获
wound	*n.* 创伤，伤口		

⚙️ 试题解析

Questions 28–33

- 题目类型：LIST OF HEADINGS
- 题目解析：
  ◇ 首先，考生应该划掉例子中已经选过的标题vi和Ixi，并忽略原文中的Section A和B。
  ◇ 接着，考生应该从Headings入手，着重理解每个Section的大意，并划出关键词。
  ◇ 然后，考生应该去读缺少标题的Section中的自然段，重点读每个自然段的主题句（常为第1、2句），扫读其他语句，并划出关键词。
  ◇ 最后对应标题与原文划出的关键词，找原词、同义词、形式变化的词和高频词。
  Headings 翻译如下：
  i. 哪里能买到最好的松果菊（关键词 where, best）
  ii. "蛇油"里含有什么（关键词 contained）
  iii. 种植松果菊（关键词 growing）

iv. 如何利用植物松果菊（关键词 how to use）

v. 松果菊的早期应用（关键词earlier applications）

vi. "蛇油"一词的由来（已经被排除）

vii. 松果菊功效的早期研究（关键词early research）

viii. "蛇油"最初是如何发明的（关键词first invented）

ix. 在新的地方松果菊的用途（关键词 new locations）

x. 松果菊功效的现代证据（关键词modern evidence）

xi. "蛇油"的早期种类（已经被排除）

题号	文中关键词	标题中关键词	必要解析	答案
28	long before Meyer, applied, wounds and stings, teeth and gum disease	earlier applications	标题v "松果菊的早期应用"在Section C中细节描述最多：印第安人将其制成膏状，敷于伤口与蚊虫叮咬之处，治疗牙齿及牙龈疾病，亦曾冲茶服用，防治感冒、麻疹、关节炎等病症。若遭蛇咬，亦以此施救。	v
29	samples, pharmacist, colleague, tested	early research	标题vii "松果菊功效的早期研究"对应Section D中样本、药剂师、同事、检测等表示研究的词。	vii
30	different story in Europe, French, Germany	new locations	标题ix "在新的地方松果菊的用途"对应Section E中出现的如法国、德国等地名：再之后，现代抗生素诞生，松果菊药物销量日衰；20世纪40年代至70年代，美国几已无人记起。然其在欧洲则是另一番际遇，法德草药医生及顺势医疗师仍大量使用此药草。	ix
31	no evidence, modern science, science has confirmed	modern evidence	标题x "松果菊功效的现代证据"对应Section F：松果菊可治蛇咬，尚无凭证。然若坚信松果菊功效之郎中Meyer返世，见现代科学对"其"药草之应用，想必会大笑不止。科学确认松果菊可治伤口，有助缓解关节炎，此皆不足令Meyer称奇，因此乃Meyer口中之词。	x
32	dry prairie plant, drought-resistant, pretty tolerant	growing	标题iii "种植松果菊"在Section G有大量描述。标题中的growing对应原文中的dry prairie plant, drought-resistant, pretty tolerant：松果菊乃草原植物，性能抗旱，宜多种土壤，阳光充足地肥尤佳。其乃种子植物，亦可温床培植。松果菊为独特多年生植物，坚挺，茎叶生绒毛，茎干有斑，高可达三尺。头状花序如雏菊，紫色舌状花丝，中为褐色球花。叶上生毛；底层叶片之状由椭圆而渐尖，带粗糙不规则锯齿。	iii
33	there are nine species of Echinacea in all but only three...grown for medicinal use....	how to use	标题iv "如何利用植物松果菊"在Section H有详细描述。题干中的How to use=原文中的grown for medicinal use。	iv

Questions 34—40

- 题目类型：TRUE/FALSE/NOT GIVEN
- 题目解析：

题号	定位词	答案位置	题解
34	snake oil, effective	Section A第2段第1句： ... you might be run out of town if your particular medicine, as you realized it would, failed to live up to its claims.	**题目**："蛇油"小贩相信他们的产品有效。 **原文**：如阁下心知肚明之特效药未能如吹嘘般有效，想必阁下会被逐出城镇。 **必要分析**：题目中说小贩相信蛇油有效，但原文指出他们对"蛇油"药效心知肚明。题目与原文明显矛盾。答案为FALSE。
35	Wild West, mistrusted	Section A第1段第1句： Back in the days of America's Wild West, when cowboys roamed the range...	**题目**：大多数人在西部开荒时期不相信蛇油。 **原文**：美利坚尚处西部开荒之时，牛仔游荡牧场，百姓深陷枪战，新词"蛇油(Snake Oil)"始闻。 **必要分析**：原文中有Wild West这个定位词，但是就题目中大多数人在西部开荒时期不相信蛇油的论述，原文并没有给出足够的证据。答案为NOT GIVEN。
36	snake oils, mostly water	Section B第1段第1句： The remarkable thing about many of the medicines dismissed then as 'snake oil' is not so much that they... those that weren't harmless coloured water could be positively dangerous.	**题目**：一些蛇油大部分都是水。 **原文**：归入"蛇油"之诸多药物，称奇之处不在虚假浮夸然而无实效——非无害无色之水，亦可为剧毒。 **必要分析**：题目说蛇油大部分是水。原文说蛇油并非是无害有色的水。答案为TRUE。
37	Echinacea	Section B第2段第1句： One, Echinacea, eventually turned out to be far more potent than even its original promoter claimed.	**题目**：所有蛇油均含松果菊。 **原文**：松果菊(Echinacea)便是一例。此药后经证实，竟较吹嘘更为有效。 **必要分析**：题目中称所有蛇油含有松果菊，与原文中"松果菊是蛇油的一种"明显表达不一致。并且题干中有all这一表示绝对意义的词。答案为FALSE。
38	proven, kill microbes	Section F第2段最后1句： German researchers had used it successfully to treat...against bacteria and protozoa.	**题目**：经证实松果菊可以杀死细菌。 **原文**：德国研究者已用此药成功治愈系列传染病，亦发现其可有效杀菌和除原虫。 **必要分析**：题目中称经证实松果菊可以杀死细菌。题目中的proven to kill microbes=原文中的found it to be effective against bacteria and protozoa。答案为TRUE。

题号	定位词	答案位置	题解
39	highest quality, America	Section G正文第1句 Echinacea is a dry...although it does best in good soil with plenty of sun.	**题目**：美国生长的松果菊质量最好。 **原文**：松果菊乃旱地草原植物，性能抗旱，宜多种土壤，阳光充足地更尤佳。 **必要分析**：题目中称美国生长的松果菊质量最好。但原文虽提到阳光充足，土壤肥沃时培育的松果菊最好，但并未提及美国。另外，一般题目中出现的最高级通常都无法验证。答案为NOT GIVEN。
40	more than one part, medicinal use	Section H第1段第3句 Most European studies have used liquid concentrates extracted from the tops of plants, whereas extraction in the USA has usually been from the roots.	**题目**：植物松果菊不止一处可入药。 **原文**：欧洲多数研究所用乃花冠提取物之浓缩液，然美国则多于根茎提取。 **必要分析**：题目中的more than one part... medicinal use对应原文中的extracted from the tops of plants, whereas extraction...from the roots. 二者陈述一致。答案为TRUE。

参考译文

———————— 蛇 油 ————————

A. 美利坚尚处西部开荒之时，牛仔游荡牧场，百姓深陷枪战，新词"蛇油(Snake Oil)"始闻。"蛇油"乃名不符实秘方药物之讥称，江湖郎中往往有售，号称无论秃顶蛇咬，百病全治。

彼时，贩卖"蛇油"与盗牛无异，风险颇大；如阁下心知肚明之特效药未能如吹嘘般有效，想必阁下会被逐出城镇。故此，"蛇油"贩卒之精明者，在买家有机识破之前，早已不见踪影。

B. 归入"蛇油"之诸多药物，称奇之处不在虚假浮夸然并无实效——非无害无色之水，亦可为剧毒。故称奇之处乃此类药物或其成分大多取自植物，而诸多吹嘘之中，确有实效之根基。

松果菊（Echinacea）便是一例。此药后经证实，竟较吹嘘更为有效。初时，松果菊用于"迈耶净血剂（Meyer's Blood Purifier）"，此乃无行医资格之冒牌医生Dr H.C.F. Meyer所制，号称包治百病。"迈耶净血剂"非但吹嘘能治蛇咬，且承诺患者百病全消。

C. 迈耶（Meyer）之前，草原印第安人(the Plains Indians)尝以北美原生松果菊(Echinacea)或紫松果菊(purple coneflower)根茎入药，医治各种病痛。印第安人将其制成膏状，敷于伤口与蚊虫叮咬之处，治疗牙齿及牙龈疾病，亦曾冲茶服用，防治感冒、麻疹、关节炎等病症。若遭蛇咬，亦以此施救。

D. 殖民者旋即领会此草之功效。然Meyer送"净血剂(blood purifier)"样品至药剂师John Lloyd前，此药只属民间偏方。Lloyd虽起初认定Meyer所称之药效乃无稽之谈，后经同事John King检测此草药性，且用于治疗蜂蜇及鼻充血，Lloyd终方信服。

而后，Lloyd对其药效之描述较Meyer有过之而无不及。至19世纪90年代，松果菊之瓶装酊剂①已遍布美国千家万户，Lloyd之劳埃德兄弟制药公司(Lloyd Brothers Pharmacy)因之理所当然而暴富。

E. 再之后，现代抗生素诞生，松果菊药物销量日衰；20世纪40年代至70年代，美国几已无人记起。然其在欧洲则是另一番际遇，法德草药医生及顺势医疗师仍大量使用此药草。

———————————————

① 一种含有特殊成分的液体。

1937年Gerhard Madaus由德赴美，携松果菊之种返，并付诸商业种植，此药遂引入欧洲。Madaus公司深究紫锥花（echinacin）（此乃由Madaus带回植物之花冠汁液浓缩而成），将其制成膏状、液体，供内服及外用，亦用于注射剂制作。

F. 松果菊可治蛇咬，尚无凭证。然若坚信松果菊功效之郎中Meyer返世，见现代科学对"其"药草之应用，想必会大笑不止。科学确认松果菊可治伤口，有助缓解关节炎，此皆不足令Meyer称奇，因此乃Meyer口中之词。

松果菊确为对抗各种疾病之有效武器，传染病尤甚，此或可使Meyer惊奇。德国研究者已用此药成功治愈系列传染病，亦发现其可有效杀菌和除原虫[②]。

该草药之提取物，亦有诸多神奇疗效；对于诸多常见病症，其功效显而易见，亦成功治愈千万患者。保健品店及药店货架之上，陈有诸多草药及补品，内不乏松果菊提取物之套装产品。其间若干可谓现代"蛇油"，然松果菊确有些微实效。

G. 松果菊乃草原植物，性能抗旱，宜多种土壤，阳光充足地肥尤佳。其乃种子植物，亦可温床培植。松果菊为独特多年生植物，坚挺，茎叶生绒毛，茎干有斑，高可达三尺。头状花序如雏菊，紫色舌状花丝，中为褐色球花。叶上生毛；底层叶片之状由椭圆而渐尖，带粗糙不规则锯齿。

H. 松果菊共分九种，然仅三种用于医药之用。九种松果菊药性相似。欧洲多数研究所用乃花冠提取物之浓缩液，然美国则多于根茎提取。如今之制药商兼收并蓄，更时而添加花与种子以提高品质。

于家植松果菊而言，所有品种之根茎功效相同。入秋首次经霜后，花凋谢，即可掘出。小心洗净晾干，储于玻璃容器。夏季则可收集花冠，甚或直接食用少量其叶。

此草药或不能令阁下致富，然满园紫色花开，可与之媲美者甚少。且与松果菊为邻，则不患医矣。

---

② 一种微生物。

Task 1

📓 题目要求

（见"剑8"P116）

🖋 审题

题目翻译：最近你们搬家了，请给说英文的朋友写封信。在信中，请解释搬家的原因并对新家进行介绍，同时邀请你的朋友来新家做客。

💡 写作思路

雅思考试中的书信作文题目分为两部分：陈述性文字表明背景，可以明确写信目的；另外会有祈使句表明写作任务，通常是三个要求，需要在写作时一一给予回应，不能出现遗漏，篇幅的安排应基本均衡。

一封完整的书信应由三个部分构成：称呼+信件主体+信末礼貌语和署名。

称呼的写法

收信人不同，称呼的写法也有所不同：

1. 如果收信人为一个企业、团体或者机构，但不知道收信人具体的名字和性别：

Dear Sir or Madam,　To whom it may concern, Dear Professor / Manager / Editor,（即Dear加收件人头衔）

2. 如果收信人是认识的人（知道姓名和性别），但并不是熟悉或亲密的朋友：

Dear Mr. / Mrs. / Miss / Ms. + surname　　例如：Dear Mr. Gates, Dear Ms. Clark,

3. 如果收信人是熟悉的朋友：

Dear + first name　　　　　　例如：Dear John,

信件主体的写法

信件主体通常由三部分组成：

开篇——介绍主题并说明写作目的。

主体段落——清晰、有逻辑地交代主要信息并展开论述（参考题目的三点信息对情节进行合理的联想），要有合理的分段，每段重点谈论一个具体问题，段落之间要注意连贯与衔接。

结尾段——要使读信人非常清楚你的态度。

信末礼貌语和署名的写法

信末礼貌语一般可以使用如下表达：yours sincerely, yours faithfully, yours truly

但如果是写信给很要好的朋友，可以相对随意：yours, with best wishes, lots of love

考试时签名可以随意写，不一定写自己的真实姓名。如：Mary, Jane, Bill, Tom等。

☕ 考官范文

（见"剑8"P170）

📖 参考译文

亲爱的Dave：

　　写这封信是想告诉你我们终于搬到一所大房子住了！我们家的双胞胎长大了，又有孩子出生，不能继续住在原来那个两居室的小平房了。所以我们开始找房子——一件接一件的事情，但终于，我们住进新家了。

　　我肯定你会喜欢的。我们有三间卧室，一个非常现代化的浴室和一个厨房。孩子们都很开心，因为这里有一个大客厅，外面还有一个花园，他们的空间更大了。但Michel最开心，因为这里不需要做多少装修。

　　不如这个周末来我们的新家做客吧，顺便瞧瞧我们的新家怎么样。我们都很想念你。如果天气好的话，我们还可以在花园里烧烤。

　　下面是我们新家的地址和电话，来之前打电话通知我们吧。

爱你
Francoise

⚙ 分析

格式分析

　　称呼一律采用齐头式写法，后加逗号。

　　信件主体的段落安排既可以采用齐头式（段落开头不空格，段间空一行），也可以采用缩进式（段首缩进四个字母，段间不空行）。

　　主体段的格式不同，信末礼貌语和署名的位置也不同：若主体段落采用齐头式写法，礼貌语和署名也采用齐头式；若主体段落采用缩进式，礼貌语和署名则需右对齐。

称呼写法

　　题目明确指出本文是写给一位好朋友的信，所以称呼直接采用"Dear+朋友名字"的写法。

信件开头段分析

　　I am writing to let you know that at last we have moved to a bigger house! We just couldn't go on living in the two-bedroom bungalow now that the twins are growing up and the new baby has arrived...

　　开篇明确告知对方自己搬家了，使收信人能在第一时间清楚来信人的意图。接下来给出了搬家的原因——双胞胎长大了，又有孩子出生，原来两居室的平房无法满足要求，很好地完成了第一个写作任务。

　　按照题目要求，考生要在信中解释搬家的原因，而这个原因具体是什么，由考生发挥想象自由决定。考生可以根据自己的生活经历展开适当联想，可以思考一下如果自己要搬家，会是什么原因，如：换了工作，需要在新的工作地点附近重新安家；无法接受房东要求涨房租；无法容忍邻居经常在深夜制造噪声并协调未果；与男（女）友分手了，要告别这个伤心地以免触景生情；通过电视报道惊奇地发现租住的房子曾是"十大凶宅"之一……如果理由新颖有趣，能博考官一笑，自然也就有了拿更高分数的可能。但要明确一点，就是最后一定要选择你最有把握能表达出来的内容。

主体段和结尾分析

　　信件第二段：回应第二个写作任务——介绍新房子的情况

　　在描述事物时，需要考生注意描写顺序（从里到外、从上到下等），另外还要加入一些人的感受。在第二段，作者介绍了卧室的数量、浴室和厨房的情况，与老房子进行了对比。作者接下来提到了房子外面的花园，同时也描述了孩子们和老公的感受。考生在写作时要把握好描写顺序，否则会给人以混乱的感觉。

　　信件第三段：回应第三个写作任务——邀请朋友来做客

　　建议了一些对方可能感兴趣的活动，吸引对方参与。

信件第四段：提供新家的地址以及确定来访时间——该部分为根据实际情况增加的补充内容。考生要注意，在进行书信写作时，不要把其单纯当成考试题目来对待，要将其视作生活中遇到的一种情况，这样信件在内容的安排上会更全面更真实。

信末礼貌语

写信给好朋友时，Lots of love 是个很常用的表达。

好的用词

bungalow（平房），decorate（装饰），barbecue（烧烤）

由于这封信是写给一位好朋友的，所以在用词上使用了一些非正式表达，如：let you know（让你知道），I'm sure you'll like it（我肯定你会喜欢的），Why don't you come round...（不如过来），we would all love to see you（我们都很想念你），give us a call（给我们打电话）

由于本文为非正式文体，因此没有过于复杂的语句，整体感觉清晰流畅，写信目的明确，真实合理，考生应该仔细体会学习。

Task 2

📓题目要求

（见"剑8"P116）

✒审题

题目翻译：与以前相比，现在有更多的人外出旅游。是什么原因导致了这种情况的出现？旅游对游客有什么好处？

审题时要特别注意题型和问题的数量。雅思议论文写作题目分为辩论型和解释型两大类，不同的题型写作方法不同，段落安排也有区别；此外要注意问题数量，每个问题都要在文章写作时给予充分回应，若有问题遗漏将会导致失分。

此题为解释型题目，需要回答两个问题。考生在写作时要解释导致旅游人数不断增长的原因，同时分析此现象给游客带来的好处。

💡写作思路

对于解释型的题目，通常按照提出问题—分析问题—解决问题的思路来完成文章写作，三个环节分别对应文章的三大部分。

开头段—提出问题—把题目中描述的现象进行转述，使读者清楚目前所面临的问题。

主体段—详细分析导致现象(问题)产生的原因，一般分析两到三个原因，每个原因一段话，需要具体展开，详细说明。

结尾段—根据题目要求给出利弊分析或对问题的解决方案。

☕考生作文

（见"剑8"P171）

参考译文

与以前相比，现在有更多的人外出旅游。导致旅游人数增长的原因是多种多样的。从最简单的层面来分析，这是由于交通出行方式的增长——小轿车、公交车和火车越来越多。但单纯的交通出行方式的增长并不足以解释旅游人数的上升。尽管由于全球经济低迷，目前的旅游费用在增长，但对许多人来说仍处于相对可承受的水平。信用卡和信贷可用于支付旅游费用尤其是度假支出，这又进一步提高了个人对旅游的承受能力。相互竞争的旅游公司数量增长也促使了游行套餐价格的下降，同时全球航班数量的增长也导致了机票价格的降低。此外，人们现在有了更多的休闲时间和可支配收入。以上两个可变因素加上旅游公司、游轮运营商大肆的广告活动，毋庸置疑，推动了更多的人外出旅游，尤其是外出度假。另一个导致人们出行的原因是外出工作。现在人们工作的地点与过去任何时候相比都要远。服务业和制造业的大型产业基地越来越倾向于设置在郊区，这就必然会导致当地出行的人数增加。总之，造成因商务或休闲目的跨国旅行或当地出行人数增加的原因很多。可以肯定的是这样的增长趋势将持续下去，直到当前的旅游发展速度在经济上不再可行。

分析

本文为7分。

考官点评

（见"剑8"P171）

参考译文

这份答卷出自一位高水平的考生，但由于他没有认真审题和进行分段而导致失分。

这篇文章深入地回应了第一个写作任务。文章对远途和当地出行人数增长的原因进行了分析和论证。但第二个问题即旅游给游客带来的好处文中完全没有提及，所以这篇文章只完成了部分写作任务，因此也限制了得分。虽然文章内容安排合理，观点衔接得当，但很可惜，文章没有进行分段。这让读者很难弄清论证的要点。文中自然准确地应用了大量词汇。没有明显的词汇和语法错误，仅在标点和拼写上有很少几处小失误。否则，可以说该考生对英语有十足的驾驭能力。

内容和结构分析

文章没有合理的段落安排，全文仅用一段话分析了旅游人数增长的两个原因，另外文章对题目中的第二个问题——旅游带给游客的好处，没有给予回应，由此导致失分。遗漏问题和段落安排失当是考生要特别注意避免的问题。如果对这篇文章进行适当调整，如在开头段描述旅游人数增长的现象，主体部分分两段给出旅游人数增长的两个原因，最后在结尾简单分析旅游给游客带来的好处，那么本文得分就会更高。

词汇

simplistic	*adj.* 过于单纯化的，过于简单化的	variable	*n.* 可变因素，变量
			adj. 变化的，易变的
relatively	*adv.* 相对地，比较而言	unrelenting	*adj.* 持续不断的，不松懈的
affordable	*adj.* 付得起的，不太昂贵的	campaign	*n.* 活动，运动
affordability	*n.* 负担能力；承担能力	cruise	*n.* 乘船游览 *v.* 乘船游行
especially	*adv.* 尤其，特别	arguably	*adv.* 可论证地
disposable	*adj.* 可自由支配的	industrial	*adj.* 工业的，产业的
combination	*n.* 组合，结合	invariably	*adv.* 始终不变地；总是

相关词组及连接词

on a simplistic level	从最简单的层面上看		give rise to	引起，导致
large numbers of	大量的，数目很多的		in addition	另外，此外
even though	即使，虽然		lead to	导致，引起
due to	由于，因为		in this case	在这种情况下
slow-down	减速		tend to	趋向；有……的倾向
in order to	为了			

句型学习

1. **However, the sheer number of transportation means is not enough to explain this increase.**
   however这一转折词的使用，使前后文意思转折更加顺畅；该句句子结构为主语（the sheer number of transportation means）+系动词（is not）+形容词（enough）+不定式（to explain this increase）。

2. **The cost of travelling; even though it is at present increasing due to an economic slow-down globally; is still relatively affordable to many people.**
   the cost of travelling在此句中作主语；even though引导让步状语从句，这是句中的一个亮点；due to 表示"因为"，等同于because of；economic slow-down globally（全球经济衰退）是一个很通用的表达，在写作中经常用到。

3. **An increase of travel companies in competition with each other has also helped bring package prices down, while an increase in the number of operating flights globally has also increased, giving rise to falling air-fare prices.**
   an increase of travel companies in competition with each other在此句中作主语；has also helped 为谓语，bring package prices down为helped的宾语；连词while引导并列从句；现在分词短语giving rise to作结果状语；

4. **The combination of these two variables with unrelenting advertising campaigns from travel companies and cruise ship operators arguably leads to an increase in the number of people travelling, in this case for holiday purposes.**
   此句的主语较长，the combination of these two variables with unrelenting advertising campaigns from travel companies and cruise ship operators为主语部分；combination...with为固定用法；leads to是谓语部分，表示"引起，导致"；an increase in the number of people travelling, in this case for holiday purposes为宾语；副词arguably 放在leads to的前面起强调的作用。

5. **Another reason why people travel is going to work. ... there are many reasons why more people are travelling both internationally and locally, for business and for leisure.**
   第一句和第二句中关系副词why引导原因定语从句，分别指代人们出行的原因和为商务或休闲目的的跨国旅行或当地出行人数增加的原因；文中大量使用关系副词why引导原因定语从句，而从句在写作中的合理正确使用，是提高写作分数必不可少的要素之一。考生在练习时，可以尝试套用以上句式，并要学会熟练运用；

6. **What is sure is that this increase is likely to continue until travelling at current rates is no longer economically viable.**
   此句是what引导主语从句；what is sure在句中作主语，第二个is为系动词，that引导的从句为表语部分：that阐述what is sure的内容；这里的be likely to do是个固定搭配，表示"有……的可能"；is no longer 表示"不再"。

Section 1

Questions 1–8

篇章结构

体　　裁：应用文

主要内容：如消费者近期购买的鞋子有问题，本文给出了四步方案，帮助消费者解决问题。

必背词汇

consumer	*n.* 消费者	inspection	*n.* 检查，检验
proof	*n.* 证据，证明	postage	*n.* 邮费
purchase	*n.* 购买	resort	*n.* 手段，凭借；度假胜地
faulty	*adj.* 有缺陷的，有瑕疵的	procedure	*n.* 过程，步骤；诉讼程序
refund	*n.* 退款	relevant	*adj.* 相关的
exchange	*v.* 兑换，交换	alternatively	*adv.* 二选一地；或

试题解析

- 题目类型：TRUE/FALSE/NOT GIVEN
- 题目解析：

题号	定位词	答案位置	题解
1	return unwanted shoes, refund	文中段落小标题Step 1下第1段前3句： Go back to the shop...It is also likely that you will get one if you change your mind about the shoes and take them back immediately.	题目：如果您持购物小票马上退回不想要的鞋子，商店可能给您退款。 原文：持购物凭证去购鞋的商店。如果您立即退回有问题的鞋子，您有权索要退款。若您刚买下鞋子却又改变了主意，立刻把鞋退回，也有可能获得退款。 必要分析：题目中的return unwanted shoes=原文中的you change your mind about the shoes and take them back，题目中的straightaway=原文中的immediately，题目与原文表述一致。答案为TRUE。
2	credit note	文中段落小标题Step 1下第2段第1句： If you are offered a credit note, you don't have to accept it.	题目：如果商家赠送您代金券，建议您收下。 原文：如果商家赠送您代金券，您可以不必接受。 必要分析：题目中的accept a credit note与原文中的don't have to accept it明显不一致。答案为FALSE。

题号	定位词	答案位置	题解
3	factory, responsible	段落小标题Step 1下第3段前3句： The shop may want to send the shoes back to head office for inspection. This is fair...But don't be put off by the shop which claims that it's the manufacturer's responsibility.	**题目**：工厂负责更换消费者不想要的鞋子。 **原文**：商店或许需要把鞋子送回总部进行检测。这样做很公平，也有助于解决问题。但绝对不要被商家声称的质量问题归生产厂家负责的说法搪塞过去。 **必要分析**：题目中的factory＝原文中的manufacturer，题目中"工厂负责"与原文中指出的"厂家不负责"表述相反。答案为FALSE。
4	Footwear Testing Centre	段落小标题Step 3下第1、2句： Most shops are covered by the Footwear Code of Practice. If the shop you are dealing with is covered, you can ask for the shoes to be sent to the Footwear Testing Centre for...	**题目**：您可以要求任意一家鞋店将鞋子送到鞋类检测中心。 **原文**：鞋类行业守则适用于大多数商店。如果您购买商品的商店遵守该守则，您可以要求将鞋子送到鞋类检测中心以获得第三方公正的意见。 **必要分析**：题目中有any这一表示绝对概念的词。题目中提到"任意一家鞋店"，而原文中是有条件的，即遵守鞋类行业守则的商店。题目的陈述忽略了此条件，与原文陈述不一致。答案为FALSE。
5	credit note change shoes	原文没有信息	**题目**：比起更换鞋子商家更愿意送消费者代金券。 **原文**：没有相关信息。 **必要分析**：依据出题顺序与行文顺序一致原则，小标题Step 3之后至文章结尾找不到定位词credit note。答案为NOT GIVEN。
6	cost, having faulty shoes tested	文中段落小标题Step 3下倒数1、2句： There is a charge of £21. You pay £7 and the shop pays the rest (including postage).	**题目**：消费者需要支付问题鞋子的检测费用。 **原文**：该项检测的费用为21英镑。您需支付其中的7英镑，剩余部分（包括邮费）由商家承担。 **必要分析**：题目中提到cost，依据顺序原则不难在原文中找到表示金钱的符号。题目说消费者需要支付检测费用，而原文中明确指出消费者需支付7英镑，题目与原文陈述一致。答案为TRUE。
7	Scotland	文中段落小标题Step 4下第1段第2行： ... procedure for amounts up to £1000 （£750 in Scotland）is a cheap, easy and informal way of taking legal action.	**题目**：采取法律手段索赔的程序在苏格兰更为简单。 **原文**：索赔金额不高于1000英镑（苏格兰为750英镑）的小诉讼案是一种既划算又简单的非正式起诉。 **必要分析**：题目中称在苏格兰采取法律手段索赔的程序更简单，原文虽提到苏格兰，但论述的是索赔金额较少。并没有足够的信息表明在苏格兰进行索赔诉讼申诉更简单。答案为NOT GIVEN。

题号	定位词	答案位置	题解
8	legal advice, forms	文中段落小标题Step 4 下第2段： You can get advice and leaflets from the Citizens Advice Bureau. Alternatively, some bookshops sell advice packs which contain the relevant forms.	**题目：**法律建议和相关表格可以从某些商店购买。 **原文：**公民咨询局会提供相关的建议和资料手册。另外，一些书店出售的咨询手册中也附带相关表格。 **必要分析：**题目中的certain shops＝原文中的some bookshops，题目与原文陈述一致。答案为TRUE。

🎧 参考译文

──────────── 消费者购鞋建议 ────────────

如果您最近购买的鞋子有问题，请按照以下四步方案进行解决：

第一步

持购物凭证去购鞋的商店。如果您立即退回有问题的鞋子，您有权索要退款。若您刚买下鞋子却又改变了主意，立刻把鞋退回，也有可能获得退款。但是，若您买完鞋子没有立即退回，或您曾穿过鞋子且有磨损，商店则可能不会全额退款。具体情况依据鞋子的状况和购买鞋子的时间长短而定。

如果商家赠送您代金券，您可以不必接受。假如接受了，通常情况下您是无法兑换现金的。如果您在这家商店找不到其他中意的鞋子，您的代金券就要白白浪费了。

商店或许想把鞋子送回总部进行检测。这样做很公平，也有助于解决问题。但绝对不要被商家声称的质量问题归生产厂家负责的说法搪塞过去。这种说法并不正确。解决问题是商家的法定义务。

第二步

如果事情毫无进展，您可以寻求帮助。公民咨询局（地址见电话簿）或当地贸易标准局会为您提供免费的咨询建议。同样，在电话簿上查找郡、区或自治镇议会的电话进行咨询。所有这些部门都有专人负责指导您如何处理问题商品和相关事宜。

第三步

鞋类行业守则适用于大多数商店。如果您购买商品的商店遵守该守则，您可以要求将鞋子送到鞋类检测中心以获得第三方公正的意见。商店须无条件接受检验结果。该项检测的费用为21英镑。您需支付其中的7英镑，剩余部分（包括邮费）由商家承担。

第四步

万不得已时，您可以提起诉讼。法律诉讼并没有听上去那么困难。索赔金额不高于1000英镑（苏格兰为750英镑）的小诉讼案是一种既划算又简单的非正式起诉。

相关表格可就近在郡级法院或苏格兰的下级法院领取。公民咨询局会提供相关的建议和资料手册。另外，一些书店出售的咨询手册中也附带相关表格。

Questions 9–14

🔲 篇章结构

体　　裁：应用文

主要内容：丢卡后该怎么办？随着经济的日益发展，银行卡的使用越来越频繁。文中介绍了几种补救和预防措施以最大限度地帮助用户减少损失。

必背词汇

credit card	信用卡		shield	n. 盾，防护物
debit card	借记卡		registry	n. 档案室；挂号处
suspect	v. 怀疑，揣测		guarantee	n. 保证 v. 保证，担保
theft	n. 盗窃，偷		forge	v. 伪造，仿造；锻造
circumstance	n. 情况；环境		withdraw	v. 取(钱)，提(款)
plastic money	信用卡		negligence	n. 疏忽，过失；粗心大意
registration	n. 注册，登记		disguise	v. 假装 n. 伪装
scheme	n. 计划，安排		precaution	n. 预防措施，防备

试题解析

- 题目类型：MULTIPLE CHOICE
- 题目解析：

题号	定位词	答案位置	题解
9	do first, credit card	第1段第1句： If you discover that your credit card...is missing, telephone the credit card company or bank as soon as possible.	题目：如果你丢失了信用卡，首先应该做什么？ A 联系保险公司　　C 报警 B 写一封信　　　　D 打电话 原文：如果发现信用卡、支票簿、借记卡或现金卡遗失，请尽快致电信用卡公司或银行。 **必要分析**：选项A文中未提及。选项B与原文不符，原文中提到写信，但写信不是首先要做的，是在打电话之后。选项C未提及。答案为D。
10	Credit Card Shield	第2段第1句： Because plastic money is now so common, central registration schemes such as Credit Card Shield and Card Protection System exist to help customers whose cards are lost or stolen.	题目：信用卡防护盾是 A 处理卡被盗的保险公司。 B 登记卡信息的系统。 C 紧急电话应答服务。 D 寻找丢失或被盗卡的中介。 原文：由于现在信用卡的使用十分普遍，因此中央登记方案如"信用卡防护盾"及"卡保护系统"应运而生，以帮助丢卡或卡被盗的用户。 **必要分析**：选项A、C、D文中均未提及。答案为B。
11	Card Protection System company	第2段倒数第1句： As soon as you have called, your responsibility for any bills run up by the thief ends and the scheme's staff make sure that all the companies whose cards you had are notified.	题目：卡保护系统公司一经联系将 A 通知警察有卡丢失。 B 联系相关信用卡公司。 C 确保替换丢失的卡。 D 将丢失的卡的信息告知商店。 原文：只要拨通电话，您就无须再对小偷的花费埋单，而登记处的员工会确保通知到您的所有发卡公司。 **必要分析**：选项B中的get in touch with the relevant credit card companies＝原文中的make sure that all the companies whose cards you had are notified，选项A、C、D文中均未提及。答案为B。

题号	定位词	答案位置	题解
12	both banks and shops	CHEQUES AND GUARANTEE CARD 部分： Unless you have been careless — by signing blank cheques, say — you will not have to pay for any forged cheques a thief uses. The bank or shop that accepts them will have to bear the loss.	**题目**：下列哪项您丢失后由银行和商店全额赔偿损失？ A 签了字但填写不完整的支票。 B 空白未签字的支票。 C Switch借记卡。 D 信用卡。 **原文**：除非您大意到签了空白支票，否则就无须为小偷冒签的支票埋单。损失由接受冒签支票的银行或商家承担。 **必要分析**：选项A与原文表述不符。选项C、D未提及。答案为B。
13	personal number, stolen card	小标题If your cash card is stolen下第1段： Legally, you can be made to pay back any sums a thief withdraws using your card, but only up to the time you report the loss and up to £50, unless the bank can prove gross negligence, such as writing your personal identification number on your card.	**题目**：如果您丢失的卡上写有密码，您可能不得不 A 加入另外一个信用卡保护方案。 B 不论损失如何最多承担50英镑。 C 为小偷的所有花费埋单。 D 将账户转到另一家银行。 **原文**：从法律意义上讲，您需要承担小偷取走的全部金额，但实际上到挂失为止您最多只需承担50英镑，除非银行能够证明您有重大过失，比如在卡上写有自己的密码。 **必要分析**：根据原文，若您在卡上标注了密码，那么就不得不为小偷的所有花费买单了。选项A、D未提及。选项B描述的情况是在卡上没有写密码息的前提下，最多只需承担50英镑，与原文不符。答案为C。
14	cash card	小标题If your cash card is stolen下第1段： Legally, you can be made to pay back any sums a thief withdraws using your card, but only up to the time you report the loss and up to £50, unless the bank can prove gross negligence, such as writing your personal identification number on your card.	**题目**：如果现金卡被盗会发生什么事？ A 您需想办法把卡找回。 B 银行不准您取钱。 C 不论被盗了多少钱，您可能要承担不高于50英镑的损失。 D 今后您将不能使用现金卡。 **原文**：从法律意义上讲，您需要承担小偷取走的全部金额，但只需承担挂失之前被取走的金额，而且不高于50英镑，除非银行能够证明您有重大过失，比如卡上写有自己的密码。 **必要分析**：原文指出从法律意义上讲您需为小偷的花费埋单，承担金额不超过50英镑。选项A、B、D原文中均没有提及，所以答案为C。

参考译文

—————————————— 丢 卡 ——————————————

如果发现信用卡、支票簿、借记卡或现金卡遗失，请尽快致电信用卡公司或银行，并随后致信。如果怀疑被盗，还需立即报警。在大多数情况下，只要迅速采取行动，便无须为小偷所花的钱埋单。大多数家庭保险也将为您承担此类有限的风险。

由于现在信用卡的使用十分普遍，因此中央登记方案如"信用卡防护盾"及"卡保护系统"应运而生，以帮助丢卡或卡被盗的用户。在这些方案中，您将所有卡的信息(包括商店发放的现金卡和账户卡)在中央登记处注册，每年交纳少许费用。之后，如果任何一张卡或全部卡被盗，只需给中央登记处打一个电话即可，而登记处全年365天昼夜不休。只要拨通电话，您就无须再对小偷的花费埋单了，而登记处的员工会确保通知到您的所有发卡公司。

卡被盗后的损失

信用卡：若小偷使用您的卡恶意消费，您最多需承担50英镑。如果您在小偷使用此卡前已经挂失，则无须承担任何费用。

支票保付卡：除非您大意到签了空白支票，否则就无须为小偷冒签的支票埋单。损失由接受冒签支票的银行或商家承担。

借记卡(Switch 或 Visa Delta)：银行采用与信用卡相似的系统，因此您最多只需承担50英镑。

如果现金卡被盗

从法律意义上讲，您需要承担小偷取走的全部金额，但只需承担挂失之前被取走的金额，而且不高于50英镑，除非银行能够证明您有重大过失，比如卡上写有自己的密码。

- 绝对不要将卡和写有密码(卡上不会注明密码)的字条放在一起。
- 牢记您的密码。如果您必须将密码记下来，把它改写成其他形式，比如电话号码。
- 同样的规则和预防措施也适用于被用作现金卡的信用卡。

Section 2

Questions 15–21

篇章结构

体　裁：应用文
主要内容：介绍公司里如何进行垃圾回收，包括制订公司回收计划、回收哪些物品以及如何回收等。

必背词汇

recycling	n. 再循环, 回收利用	switch	v. 转换
hints	n. 提示	duplex printer	双面打印机
avoidable	adj. 可避免的	motivation	n. 积极性; 动机
annual revenue	年收益	competition	n. 竞争, 比赛
resource	n. 资源; 才智	survey	n. 调查
generate	v. 生成, 产生	inevitably	adv. 不可避免地; 必然地
scheme	n. 计划, 规划, 方案	discard	v. 丢弃, 不再使用
audit	n. 审核, 审计, 查账	variety	n. 多样; 品种, 种类

disposable	*adj.* 一次性的；可自由支配的	manufacture	*v.* 生产，制造 *n.* 制造
plastic	*adj.* 塑料的 *n.* 塑料制品	donate	*v.* 捐赠，赠送
upgrade	*v.* 升级；提升	charity	*n.* 慈善团体；救济金

⚙ 试题解析

- 题目类型：SHORT-ANSWER
- 题目解析：注意题目要求no more than two words，即用不超过两个单词回答问题。另外我们观察到15~20题都是以特殊疑问词what提问，所以可确定答案形式均为名词或名词短语。

题号	定位词	答案位置	题解
15	what, before, starts recycling	段落小标题Waste audit下正文	**题目**：作者认为在公司开始回收垃圾之前，应该先开展什么？ **原文**：在开始回收计划之前，首先进行审核。这将使您清楚公司能产生多少垃圾。 **必要分析**：题目对应原文中的Before starting a recycling scheme, perform an audit. 题目中的carried out＝原文中的perform。答案为(an) audit/(waste) audit。
16	what machines, cut stationery budget	段落小标题Company policy下第2段	**题目**：哪种机器有助削减办公文具预算？ **原文**：采购可回收纸张。尽管有时价格稍高一些，但可以通过减少消耗及使用双面打印机降低成本。 **必要分析**：题目中的cut the stationery budget＝原文中的costs can be reduced by...，而介词by后即降低成本的途径和方式，只用从中找到题目中要求的机器即可。答案为(duplex) printers。
17	what, displayed	段落小标题Get everyone involved下第1条	**题目**：在工作场所中可以通过展示什么来宣传回收计划？ **原文**：提升公司内部员工的环保意识，或许可以张贴有教育意义的海报。 **必要分析**：题目中的...can be displayed＝原文中的...by putting up。答案为(educational) posters。
18	what, motivate staff	段落小标题Get everyone involved下第二段第2条	**题目**：可以通过分发什么激励员工多加回收垃圾？ **原文**：定期分发通报减少浪费情况的简讯。员工将会从中切实感受到他们的努力带来的影响。 **必要分析**：题目中的...motivate staff to recycle more＝原文的...a couple of ways to increase motivation，具体方式见第二条中Send out regular newsletters reporting on all waste improvements. 题目中的distributed to＝原文中的send out。答案为(regular) newsletters。
19	what, unwanted paper be used for	段落小标题Paper下第3句	**题目**：在办公室里废纸还可以用作什么？ **原文**：废纸在回收之前用途颇多，比如可以用来做便签。 **必要分析**：题目中的unwanted paper be used＝原文中的It can serve a variety of purposes before it is recycled, writing notes为用途之一。答案为(writing) notes。

题号	定位词	答案位置	题解
20	what, bought, cut down, refreshments	段落小标题Plastic cups 正文	题目：购买什么可以减少员工茶歇时制造的垃圾？ 原文：公司中不提供一次性纸杯而改用可反复使用的陶瓷杯。这样做不仅能让茶更好喝，还可以使公司的垃圾量减少1%！ 必要分析：题目中的refreshments＝原文中的...make your tea taste better，题目中的cut down...＝原文中的...can reduce。答案为（ceramic）mugs。
21	where, PCs	段落小标题Electrical equipment下正文最后1句	题目：不想要的电脑可以被送去哪里？ 原文：在更换旧电脑时，也可以考虑把它们捐赠给慈善机构。 必要分析：题目以特殊疑问词where提问，所以可确定答案为表示地点的名词或名词短语。题目中的unwanted PCs＝原文中的when it comes to replacing them（PCs）；题目中的...be sent＝原文中的donating your old computers to...。答案为（to）charities。

参考译文

—— 公司里的回收利用——老板须知的几个小窍门 ——

据估计，英国企业中可避免浪费的开支占年收益的4.5%。在工作环境中减少浪费也就是提高效率。在提高效率的同时，公司不仅增加了盈利而且节约了自然资源。

以泽西岛为例，自1980年以来，岛上的垃圾产量每年都在翻番。到2004年，岛上的垃圾产量已经高达10万吨——其中60%来自当地的企业。对于一个小岛来说，垃圾真是太多了！

制订公司计划

垃圾审查
在开始回收计划之前，首先进行审核。这将使您清楚公司能产生多少垃圾。

公司政策
考虑将办公室垃圾承包商替换为提供垃圾回收服务的公司。
采购可回收纸张。尽管有时价格稍高一些，但可以通过减少消耗及使用双面打印机降低成本。

人人参与
- 提升公司内部员工的环保意识，或许可以张贴有教育意义的海报。
- 指定一名员工专门负责解答疑问。

调动员工积极性的几个方法：
- 在不同部门间举办公司内部竞赛。例如，比比在指定的一段时间内哪个部门能最大程度地减少浪费。
- 定期分发通报减少浪费情况的简讯。员工将会从中切实感受到他们的努力带来的影响。

回收什么以及如何回收

纸张
最新的调查结果显示，65%的垃圾是纸制品。工作场所中无法避免产生废纸，但并不一定要将其丢弃。废纸在回收之前用途颇多，比如可以用来做便签。信封也可以在内部信件中再次使用。

塑料杯

公司中不提供一次性纸杯而改用可反复使用的陶瓷杯。这样做不仅能让茶更好喝，还可以使公司的垃圾量减少1%！

电子设备

与其丢弃老旧的电子设备，为何不尝试进行升级呢？这不仅减少浪费，还避免了生产新设备的需求——生产新设备就会制造大量的垃圾。在更换旧电脑时，也可以考虑把它们捐赠给慈善机构。

Questions 22–27

篇章结构

体　　裁：应用文
主要内容：本文介绍了一些在面试中回答问题的注意事项，并从高管的角度给出了一系列实用的提示。

必背词汇

tip	*n.* 指点，实用的提示；小费	diligent	*adj.* 用功的，勤奋的，刻苦的
consultant	*n.* 顾问	prior to	在……之前，早于
coach	*v.* 指导，训练	shareholder	*n.* 股东
executive	*n.* 经理，管理人员；领导层	tailor	*v.* 使适合；修改；裁剪
regardless	*adj.* 不顾	blemish	*n.* 瑕疵；污点
candidate	*n.* （竞选或求职的）候选人，申请人	dodge	*v.* 躲避，回避
transition	*n.* 过渡，转变	steer clear of	避开，绕开
convey	*v.* 传达；运输；转让	turnaround	*n.* 好转，转机

试题解析

* 题目类型：SENTENCE COMPLETION
* 题目解析：注意题目要求no more than two words（不要超过两个单词）回答问题。

题号	定位词	答案位置	题解
22	candidates, not to imitate, ignore	第2段	定语从句中缺少主语，空格后是动词ignore的原形，所以推测空格中要填一个复数名词或第一人称代词。用定位词定位到原文："Unlike some politicians, who take no notice of press questions and immediately introduce a different topic in response, job candidates must answer employers' queries."题干中的not to imitate相当于原文中的unlike，题干中的ignore相当于原文中的take no notice of，故答案为（some）politicians。
23	interviewees, follow	第3段	空格前是不定冠词+形容词a certain，所以空格中应填可数名词的单数形式。文中定位句为：He advises candidates at job interviews to apply the formula Q=A+1...题干中的interviewees对应原文中的candidates，题干中的follow对应原文中的apply，故答案为formula。

题号	定位词	答案位置	题解
24	senior executives, advise, request information	第4段第1条提示第1~2行	空格前是介词from，所以推测空格中应填名词或者名词短语。文中对应句为：Ask company employees questions prior to job interviews to gain as much insight as you can. 题干中的before an interview对应原文中的prior to job interviews，题干中的request information对应原文中的ask...questions，故答案为（company）employees。
25	learn about a business by	第4段第1条提示第2~3行	由空格前的by studying its可推测空格中应填名词或者名词短语。由定位词定位至文中第4段：If the company is publicly owned, find out how viable it is by reading shareholder reports. 题干中的learn about a business相当于原文中的find out how viable it is，故答案为shareholder reports。
26	head of an interview training firm, avoid	第4段第3条提示第2~4行	由空格前的to avoid telling可推测空格中应填名词。文中对应句为：Ms Murphy, president of the Murphy Group...says that it's important to steer clear of lies at all costs. 题干中的head of an interview training firm相当于原文中的Ms Murphy, president of...，题干中的avoid相当于原文中的steer clear of，故正确答案为lies。
27	one executive, failure	第4段第4条提示倒数第5行	由空格前的he had可推测空格中应填动词的过去分词形式。文中对应句为：...says senior executive Mr Friedmann. When he was being interviewed for his current job, he mentioned he had been involved in many successful turnarounds and one that failed. 'And I said how I'd benefited in many ways from going through that experience.' 题干中的one executive相当于原文中的senior executive Mr Friedmann，题干中的from a previous failure相当于原文中的one that failed...from going through that experience，故答案为benefited/benefitted。

参考译文

如何回答面试中的问题

首先，我们要听取专门在应对媒体采访方面给公司高层做培训的顾问们的一点建议：无论被问及何种问题，只管把你想要说的信息传达给面试你的雇主。

"求职者不能像一些政客那样，对媒体的提问视而不见，转而引入另一个话题来回应，而是必须回答面试官的每一个问题。"Genesis面试培训公司的John Barford如是说。"但是，你可以迅速地将你的回答过渡到你想要传达的重要内容上来以展示你是个合格的应聘者。"

他建议应聘者在求职面试中应用Q=A+1公式：Q代表问题；A代表答案；+是衔接你想表达的信息的桥梁；1是你想要表达的重点。

一些公司高管说，用功的准备对于有效地回答面试问题也很必要。他们给出了一些有用的提示：

- 面试前尽可能地多做了解。在面试前询问此公司员工一些问题，尽可能多地了解该公司的情况。如果该公司是上市公司，则可以通过阅读股东报告以掌握公司的经营情况。这样在回答问题时你就能联系公司实际。

- 准备好回答要求你展现如何克服困难挑战的问题。这些问题要求你举例回答,但拥有一种适合所有情况的经历是不太可能的,所以要回忆一些在过去的经历中展现你如何处理一系列问题的事例。
- 准备回答问及过去工作中的失误或者不光彩经历的问题,不要试图回避。Murphy女士是Murphy媒体采访培训集团的总裁,她指出,在面试中无论如何都不要说谎。回答问题然后继续。
- 当谈论错误时,把重点放到积极的结果上。"你从失球中学到的东西与接住球中一样多,"高管Friedmann先生如是说。当他在接受目前这份工作的面试时,他提到了自己过去很多成功的转折点以及一次失败的经历。"然后我谈到了那次经历使我在各个方面受益匪浅。"

Section 3

篇章结构

体　裁: 说明文
主要内容: 这篇文章首先介绍了在新西兰学习第二语言没有得到普遍认同这一现象,接着从专家的角度证明学习第二语言对孩子的发展是有好处的,并以几个移民家庭的孩子为例加以说明。

必背词汇

intelligence	n. 智力,智慧;理解力	concern	v. 使担忧;关系到;
prospect	n. 前景,前途;景色	socialise	v. 交往;交际
minority	n. 少数;少数民族	specific	adj. 具体的,特定的;确切的
monolingual	adj. 单语的,只说一种语言的	establish	v. 建立;确立
embarrassed	adj. 窘迫的,尴尬的,害羞的	outsider	n. 外来者,外地人;局外人
bilingual	adj. 两种语言的;会说两种语言的 n. 能说两种语言的人	scenario	n. 情节;设想;预测
		appreciate	v. 感激,感谢;欣赏;领会
schoolmate	n. 同学	beneficial	adj. 有益的;有用的
immigrant	n. 移民	definitely	adv. 一定地;明确地,确切地

试题解析

Questions 28–31

- 题目类型: TRUE/FALSE/NOT GIVEN
- 题目解析:

题号	定位词	答案位置	题解
28	second language, born	第1段第2~3句： ...in New Zealand...speakers of two or more languages are in the minority. Eighty-four percent of New Zealanders are monolingual...	**题目**：在新西兰大多数会说第二语言的人都是在别的国家出生的。 **原文**：……在新西兰会说两种或两种以上语言的人很少。84%的新西兰人只会说一种语言…… **必要分析**：题目中说在新西兰会说两种语言的人大都是外来移民。原文中说84%的新西兰人都只会说一种语言，那么很显然在新西兰能够说两种语言的人大多数都是外来移民。题目与原文论述一致。答案为TRUE。
29	New Zealanders, good, second language	第3段第1句： But in fact, the general agreement among experts is that learning a second language is good for children. 第2段最后1句： But, if you speak another language to your children in New Zealand, there are some people who think that you are not helping them to become a member of society.	**题目**：大多数新西兰人认为教孩子学第二语言是件好事。 **原文**：然而事实上，专家们普遍认同学习第二语言对孩子们的成长有益。 但是，在新西兰，如果你跟孩子说另一种语言，就会有人说你在阻碍孩子融入社会。 **必要分析**：原文中只说专家们普遍认同学习第二语言对孩子有好处，题目中的大多数新西兰人并不和原文中的专家一致或者抵触；文中第2段末尾只提到一些新西兰人认为跟孩子说另一种语言会阻碍孩子融入社会，并没有提到大多数新西兰人的看法，故答案为NOT GIVEN。
30	Chinese	原文无对应信息	**题目**：在新西兰汉语是最普遍的外语。 **原文**：文中无对应信息。 **必要分析**：很多考生会用题目中的定位词Chinese定位到原文第3段倒数第1行，但是原文是说专家们认为，能说两种语言的孩子比只说一种语言的孩子在学习能力上占优势。优势就在于"每种语言使用的娴熟程度，而不在于使用的是哪一种语言，所以无论他们学习的是毛利语、德语、汉语还是任何其他语言都无关紧要"。所以答案为NOT GIVEN。
31	languages, develop... intelligence	第3段第2~3句：	**题目**：一些语言比另外一些语言更能开发你的智力。 **原文**：专家们认为，与只会说一种语言的同学相比，会说两种语言的人在学习上占明显的优势。这一优势取决于每种语言使用的娴熟程度，而不在于使用的是哪一种语言，所以无论他们学习的是毛利语、德语、汉语还是任何其他语言都无关紧要。 **必要分析**：题目说一些语言比另外一些语言更能开发智力，而原文表达的是不在于哪种语言，而在于每种语言的能力高低。题目与原文意思不一致，故答案为FALSE。

Questions 32-38

- 题目类型：MATCHING
- 题目解析：题目中的NB提示我们，有的人名不止用到一次。

  这种人名加观点的题目可以采取形式和内容的双向定位。

  步骤1：先把所有人名简化成缩写，例如A Cathie Elder 简化成CE, B Brigitte Halford 简化成BH, C Susanne Dvorak 简化成 SD, D Joanne Powell 简化成JP, E Donna Chan 简化成DC.

  步骤2：把所有人名按照原文的顺序，依次定位在原文中，重点看宾语从句和引号，并且标记清楚每个自然段出现了哪些人名，有的人名只会出现一次，而有的人名则出现多次。

  步骤3：我们先找出在文章中只出现一次的人名，对应其所提出的理论，划出关键词，然后与问题32~38对照，并将同义词进行替换。这样就可以将形式定位发挥到极致。

  步骤4：对于出现了多次的人名，我们可以锁定理论，从内容入手。看看哪个理论在文中出现过，根据印象定位，这个时候，最开始被我们标记好的人名缩写可能就在旁边。从而帮助我们选出正确答案。

题号	定位词	答案位置	题解
32	learning two languages	第4段第2~5行： A lot of studies have shown that children who speak more than one language sometimes learn one language more slowly, but in the end they do as well as their monolingual schoolmates, and often better, in other subjects. The view is that there is an improvement in general intelligence from the effort of learning another language.	题目：学习两种语言的孩子可能学习一种语言更快。 原文：多项研究表明，会说多种语言的孩子有时候在学习一门语言的时候会进步缓慢，但是到最后还是会赶上只说一种语言的同学，甚至在其他科目上更出色。我们的观点是，努力学习另一种语言可以帮助提升总体智力水平。 必要分析：题目中的 learning two languages may learn one language faster是对定位句内容的同义转述，故答案为A。
33	difficult, raise a bilingual child	第7段至第9段： In New Zealand, immigrants face the possibility of culture being lost along with the language their children no longer wish to speak. Tiffany's mother, Susanne Dvorak, has experienced this...	题目：在新西兰抚养一个能说双语的孩子意想不到地困难。 原文：由于下一代不愿再使用母语，新西兰的移民面临着文化丧失的可能。Tiffany的妈妈Susanne Dvorak对此深有体会。 必要分析：从第7段到第9段都在用 Susanne Dvorak 的例子说明在新西兰教孩子说德语是如何不容易。故答案为C。
34	mixture of two languages	第9段第1~2句： Today, when Susanne speaks to her daughter in German, she still answers in English. 'Or sometimes she speaks half and half ...'	题目：她的女儿有时候会两种语言混杂着说。 原文：现在，Susanne用德语跟女儿说话的时候，女儿还是用英语回答。"或者，有时候她会两种语言混杂着说……" 必要分析：题目中的mixture of two languages对应原文中的speaks half and half。答案为C。

题号	定位词	答案位置	题解
35	social attitudes	第10段前2句： Professor Halford, also a mother of two bilingual children, says, 'It's normal for kids to refuse to speak their home language at the stage when they start to socialise with other kids in kindergarten or school'. But, she says, this depends a lot on the attitudes of the societies in question.	**题目**：孩子们对语言的态度取决于社会的普遍态度。 **原文**：Halford教授也是两个双语孩子的母亲，她说："当孩子在幼儿园或学校开始与其他孩子交往时，拒绝使用母语是很正常的。"但是，她补充说，这在很大程度上取决于所处社会的态度。 **必要分析**：题目中的 depend on general social attitudes 相当于原文中的 depends a lot on the attitudes of the societies in question。答案为B。
36	not important, parents speak	第12段第1~2句： Cathie Elder thinks...What parents should do is provide rich language experiences for their children in whatever language they speak well.	**题目**：家长用哪种语言与孩子交流并不重要。 **原文**：Cathie Elder则认为……无论什么语言，只要能将这种语言说得很好，父母就应该为孩子提供丰富的语言体验。 **必要分析**：题目中的 it is not important which language parents speak 对应原文的 whatever language they speak well。答案为A。
37	another culture	倒数第2段最后一句： By learning another language she can open the door to another culture.	**题目**：学习第二语言提供了学习其他文化的机会。 **原文**：通过学习另一种语言，她可以打开通向另一种文化的大门。 **必要分析**：题目中的another culture属于原词复现。答案为D。
38	work opportunities	最后1段最后4句： But now she appreciates she had the chance to be bilingual. 'It's quite beneficial speaking another language in my job... Being bilingual definitely opens doors ...'	**题目**：会说第二语言可以提供工作机会。 **原文**：但是现在，她为自己能够说两种语言感到庆幸。在我的工作中，会说另一种语言很有好处……掌握两种语言的确能够为我提供很多机会…… **必要分析**：题目中的work opportunities相当于原文中的opens doors。答案为E。

Questions 39–40

- 题目类型：MULTIPLE CHOICE
- 题目解析：

题号	定位词	答案位置	题解
39	stopped speaking one language	第8段第2~4句: But when Tiffany went to nursery school she stopped talking completely... Then, when she took up talking again, it was only in English. 第15段第1~2句: Donna Chan: She also remembers refusing to speak Chinese when she started primary school.	题目:哪两个人在小时候停止过说一种语言? **原文:**(第8段) 但是,当Tiffany上了幼儿园后,她完全不说话了……后来,学她再次开口说话时,就只说英语了。 **原文:**(第15段) Donna Chan……她还记得刚上小学的时候,她拒绝说汉语。 **必要分析:**题目中的stopped speaking相当于原文中的it was only 和 refusing to speak。故答案为A,C。
40	children's language, develop, get older	第13段最后一句: ... she is aware that her daughter has a certain bilingual ability which, although mainly passive at this stage, may develop later on. 第14段第2句: At the moment she may not want to speak Maori but that's okay because she'll pick it up again in her own time.	题目:哪两个人认为随着孩子年龄的增长,他们的语言能力可能得到发展? **原文:**(第13段) ……但她知道她的女儿有一定的双语能力,只是目前比较消极,但以后可能会有所发展。 **原文:**(第14段) 现在她可能不想说毛利语,但没关系,因为在适当的时候她自己会学会的。 **必要分析:**题目中的develop as they get older相当于原文中的develop later on及 pick it up again in her own time。故答案为B,F。

参考译文

———————— 热点话题 ————————

　　学习第二语言可提高孩子们的智力,使他们的就业前景更加光明。然而事实上,跟其他许多说英语的国家一样,在新西兰会说两种或两种以上语言的人很少。84%的新西兰人只会说一种语言(monolingual)。剩下的声称会说两种或两种以上语言的人就很少了——只占在新西兰出生人口的很小百分比。

　　无论人们对自己的文化根源怀有怎样的自豪感,在这儿,如果不说英语,就会被人看作与众不同。因为这个原因,八岁的Tiffany Dvorak不想再讲母语德语,而当有人评价八岁的Ani Powell会说毛利语时,她就会显得很不自在。就像Ani的妈妈Joanne Powell所说的:"在欧洲,孩子说两种语言很平常。但是,在新西兰,如果你跟孩子说另一种语言,就会有人说你在阻碍孩子融入社会。"

　　然而事实上,专家们普遍认同学习第二语言对孩子们的成长有益。专家们认为,与只会说一种语言的同学相比,会说两种语言的人(bilinguals)在学习上占明显优势。这一优势取决于每种语言使用的娴熟程度,而不在于使用的是哪一种语言,所以无论他们学习的是毛利语、德语、汉语还是任何其他语言都无关紧要。

　　奥克兰大学语言教学与习得专业教授Cathie Elder说:"多项研究表明,会说多种语言的孩子有时候在学习一门语言的时候会进步缓慢,但是到最后还是会赶上只说一种语言的同学,甚至在其他科目上更出色。我们的观点是,学习另一种语言可以帮助提升总体智力水平。"

德国弗莱堡大学语言学教授Brigitte Halford博士对此表示同意。"说两种语言的人总体来说能够更好地运用语言,"她说,"他们还展现出更好的创造力和解决问题的能力,而且在进一步学习语言上更加容易。"

那么,既然有这么多好处,我们为什么不以更大的热情投入到学习其他语言中去呢?参与双语教学的家长和老师说,来自学校朋友间的压力、说英语国家对外语的普遍态度以及学校体制中存在的问题都负有一定的责任。

由于下一代不愿再使用母语,新西兰的移民面临着文化丧失的可能。Tiffany的妈妈Susanne Dvorak对此深有体会。六年前,当她与丈夫Dieter从德国迁到新西兰开始新的生活时,他们以为这是一个很好的机会,可以把他们两岁大的孩子培养成会说两种语言的人。毕竟,在德国能说两种语言的土耳其家庭很常见,而且Susanne还读遍了她所能找到的关于这方面的几乎所有书籍。

他们的想法是在家里营造德语环境,然后让Tiffany在幼儿园学英语。但是,当Tiffany上了幼儿园后,她完全不说话了。有两到三个月她都不怎么说话。后来,当她再次开口说话时,就只说英语了。由于担心孩子的语言发展,Dieter开始用英语跟女儿说话,而Susanne则继续用德语。

现在,Susanne用德语跟女儿说话的时候,女儿还是用英语回答。"或者,有时候她会两种语言混杂着说。我问过她的老师,在学校她几乎没有出现过把德语和英语混在一起说的情况。她的英语说起来就像地道的新西兰人。而德语却反而说得很差。"Susanne说。

Halford教授也是两个双语孩子的母亲,她说:"当孩子在幼儿园或学校开始与其他孩子交往时,拒绝使用母语是很正常的。"但是,她补充说,这在很大程度上取决于所处社会的态度。在单语社会如新西兰,"孩子们想跟其他所有人一样,而且,有时候他们会故意只说一种语言以与父母对抗,从而彰显自己的个性。"

她对Susanne不给女儿施压的方法表示支持。"不要强迫孩子一定要说某种语言,只要自己继续使用这种语言就行了。孩子会接受的。儿童或青少年都会经历一段时期需要树立自己的个性,以使自己与周围的同学不同,而他们可能就会用到自己会说的另一种语言来达到这一目的。"

Cathie Elder则认为,如果移民父母自己的英语说得很好,就应该对他们的孩子只说英语。"无论什么语言,只要能将这种语言说得很好,父母就应该为孩子提供丰富的语言体验。他们可能觉得自己是外地人,所以想说当地的语言,但为了孩子的语言发展,更重要的是在任何一种语言上都提供丰富的语言体验。"

儿童对学习语言的态度因人而异。Susanne Dvorak两岁大的儿子Danyon身上已经显示出德语和英语说得一样好的迹象。虽然她的"理想"情况在Tiffany身上没有出现,但她知道她的女儿有一定的双语能力,只是目前比较消极,但以后可能会有所发展。

Joanne Powell对她的女儿Ani的看法也是如此。"现在她可能不想说毛利语,但没关系,因为在适当的时候她自己会学会的。更重要的是她能够认清自己。通过学习另一种语言,她可以打开通向另一种文化的大门。"

Donna Chan, 25岁,是IBM公司的一名市场营销专员,四岁时随父母从香港来到这里。她还记得刚上小学的时候,她拒绝说汉语。但是现在,她为自己能够说两种语言感到庆幸。"在我的工作中,会说另一种语言很有好处。去年,因为我会说汉语,公司派我去香港参加商品展销会。掌握两种语言确实能够为我提供很多机会。"她说。

Task 1

题目要求

(见"剑8"P129)

审题

题目翻译：最近你买了一件厨房用具，但发现其无法正常使用。你给商店打了电话，但对方没有采取任何措施。

给商店经理写封信，在信中：

- 描述厨具的问题
- 说明与商店电话沟通时的情况
- 告诉商店经理你希望的处理方式。

此题要求写一封投诉信，反映所购商品的问题。投诉信在普通培训类考试中属于高频信件类型，可能涉及投诉的内容包括：商场购物受伤、所购商品有质量问题、对参加的旅游不够满意、对所租住的房屋问题无法接受、邻居制造的噪音影响休息以及政府规划（修建新机场或拆除图书馆等）给生活造成的影响等等。考生要特别熟悉此类信件的写作。

考生作文

(见"剑8"P172)

参考译文

敬爱的先生/女士：

我写这封信是要反应我最近在贵店购买的盘子损坏的问题。

上周，我在贵店购买了一只厨房用小盘子且有质量担保。在回家的路上，我突然听到了破碎的声音。不幸的是，我打开包后发现我买的盘子碎了。我认为我的盘子被掉包了，因为这一只很旧，也不是我之前看过的那只。我多次与贵店打电话反映此事，但很不幸，始终没有得到答复。

如果贵店能退款或更换盘子，我将深表感激。同时，我希望和那位给我掉包的服务员谈谈，并希望贵店暂停其职务。

忠实的

分析

本文为4.5分。

考官点评

(见"剑8"P172)

参考译文

尽管本文对第二个要点的回应不充分，而且偏离了提示，但总体上完成了写作任务，并且目的明确。文中观点组织有序，但由于行文中缺少必要的标示语，显得不够流畅。文中观点虽相互关联，但连接词的使用十分有限，而且不够准确。该考生的词汇量也不大，甚至在基本词汇的运用中也有错误，读者要了解文章意思会很吃力。同样，该考生对句子结构和语法的掌握能力很差，标点符号的用法也不规范。文中虽有一些正确的句子结构，但错误很多，会让读者感到费解。

总体点评

首先，文章字数不够，没有达到不少于150个词的要求，并且对三个写作要点的回应也不够充分，导致失分。在书信写作中，考生要对题目中给定的三个要点做适当的发挥，力争使内容充实饱满。但此时，考生要遵循"扬长避短"的原则，选择自己有把握的内容展开写作，为考场发挥创造有利条件。

例如本题要求描述最近购买的厨具的问题，考生可以联想自家厨房有哪些设施，并从中挑选自己能准确描述的一件（如：微波炉microwave oven、电冰箱 refrigerator、电水壶electric kettle等）作为投诉内容。至于故障情况，考生也可以自由发挥，如微波炉加热效果不佳、冰箱不制冷导致食物变质、电水壶在水烧开后无法自动断电等，总之要遵循一个原则：有把握能写得出来！

其次，文章对三个要点的回应篇幅失衡。一般情况下，三个写作要点应尽量均衡，占同等篇幅，不能顾此失彼。而本文中，考生尽管描述了所购商品的问题，但对于题目中的第二个要点，即描述与商场的电话沟通情况，只是简单地一笔带过，导致该部分内容不够充实。最后对于希望的解决方案，考生的回答还是比较充分具体的。

再者，文章中所用词汇多为基本词汇，以及常见的语法错误是导致得分较低的另一重要原因。在写作时偶尔出现拼写或语法问题，或在尝试使用高级词汇和复杂句型时出错是可以接受的，但本文出错率高，而且都是简单词汇和基础语法错误，就会严重影响得分，所以提醒考生在备考时要夯实词汇和语法基本功。

语言错误纠正

I am writing this letter to explain my problem which recently I bought dish from your shops, then it is broke[1].

Last week I bought a small piece of dish for my kitchen and I got warranty for that,[2] when I current[3] it to my home suddenly when I walking[4] on the street I heared[5] something is broke[6], then[7], I opened my bag, unfortunately my dish is broke and I think[8] it was changed because that piece like[9] old and not that piece which I saw in first time[10]. I call[11] your shop several times, but, unfortunately no answer from your shop[12].

I would be greatful[13] if you returen my money or changed[14] this piece, Allso[15], I like[16] to talk with that man who changed my dish and I would like from[17] you to stoped[18] hem[19] for short time for his job[20].

1. 第一段中problem后面的定语从句中which不充当任何成分，语法结构上不成立。该段中then 为副词，不能用于连接两个完整的句子，应在其之前加连词and。最后的broke为动词break的过去式，前面不能接is。该段可改为：I am writing this letter to explain my problem: recently I bought a piece of dish from your shop, but then it broke.

2. Last week I bought a small piece of dish for my kitchen and I got warranty for that为一个完整的句子，与后面部分关联性不大，建议将此后的逗号改为句号。

3. current应改为carried。

4. walking应改为walked。

5. heared应改为heard。该句中先后出现两个when引导的时间状语从句：when I current it to my home与when I walking，建议删除一个。将该句改为：When I carried it home, on the street suddenly I heard...

6. is broke应改为broke。

7. then无法连接两个完整的句子，建议从此处另起一句。

8. is broke and I think应改为was broken and I thought，注意此部分为过去时态。

9. like应改为was，注意like在表示"像……"时为介词。

10. not that piece which I saw in first time应该为not the piece which I saw at the first time. 此处指代不明，介词用法错误，且缺少冠词。

11. call应改为called。

12. 第二段最后一句话不完整。可以改为：I did not receive any answer from your shop. 或 I have not received any reply from your shop.yet.

13. greatful应改为grateful。.

14. returen应改为return，但退款通常使用refund。changed应改为change。

15. allso应改为also。

16. I like应改为I would like。

17. from应去掉。

18. stoped应改为stop。

19. hem应改为him。

20. for short time for his job应该为for a short time from his job。

Task 2

📖 题目要求

（见"剑8"P129）

✒ 审题

题目翻译：一些人认为男女分校接受教育效果会更好，而另一些人则认为男女混校学生获益更多。讨论双方观点并给出你的看法。

题目给出了两个完全对立的观点，要求考生对其进行讨论并给出自己的观点。此类题目属于讨论类议论文，按照题目的要求，在文章写作时要照顾到双方的观点，不能偏废其一。

☕ 考官范文

（见"剑8"P173）

🖐 参考译文

有些国家实行男女分校的教育模式，而另一些国家中男女分校与男女混校的教育模式并存，由家长或孩子来决定哪种模式更好。

一些教育学家认为，男女分校的教育模式效果更好，这是因为他们相信这样的教学环境可以减少注意力不集中的情况，并能鼓励小学生将注意力集中在学习上。这种说法在一定程度上或许是正确的。这种教育模式使小学生享有更多的平等权利，而且为所有学生在不受性别歧视的影响下自由选择学习科目提供了更多机会。比如，女校女生中选择学习理科一直到高等水平的比例远高于男女同校中的女生。同样，男校男生也更可能参加烹饪课程或学习语言，而这两门课程通常被认为是属于女生的传统学科。

另一方面，一些专家会认为男女混校能为学生面对今后的生活做好更充分的准备。男孩和女孩自很小时就学习在一起生活和学习,因此他们不会在与异性的关系上出现情感问题。他们还可以互相学习,体会在单一性别环境下并不明显的不同能力和天赋。

就我而言,我认为两种教育体系都各有其优势.我上的是男女混校,但我觉得自己错过了在理科方面进行深入研究的机会,因为在我是个小女孩的时候,理科被认为是男孩天然的擅长领域和职业路线。所以基于此,我更倾向于小时候上的是上女校。但令人欣慰的是,时代不同了,无论学生在哪种类型学校学习,男孩女孩都有了选择他们想学科目的平等机会了。

⚙ 分析

内容与结构

本文采用了"平衡式"的写法来回应题目的要求。在文章首段,作者没有给出自己的观点,只是引出了文章将要涉及的话题,同时引出了接下来的双方讨论。在主体部分第一段,作者给出了男女分校的两点好处——有助于集中注意力和提供自由选课的机会。但可以看出,作者就两个观点并没有做过多的展开,也没有进行详细的论述。在主体部分第二段,作者将视角转向另一方,即男女混校的教学优势。与上段类似,作者同样给出了两条简单的理由——对今后发展有利以及提供互相借鉴学习的环境。在结尾段,作者根据自己的经验,给出了自己的观点。

这种平衡式的写法对于discussion类的题目是非常合适的,所以考生需要熟练掌握这种写法及结构安排。采用平衡式写法,全文通常分为四段:

开头段:引出讨论的话题,提示下文脉络发展但不表态。

第二段:简单罗列正方观点的2~3个理由,每个理由分词2句话左右,不需要具体展开。

第三段:简单罗列反方观点的2~3个理由,同样不做详细阐述。

结尾段:树立评价标准,给出自己的观点。

词汇

preferable	*adj.* 更好的,更合适的,更可取的
counterpart	*n.* 地位相当的人
educationalist	*n.* 教育学家
similarly	*adv.* 相似地,类似地;也,同样
distraction	*n.* 分心,注意力分散

cookery	*n.* 烹饪学,烹饪术
consequently	*adv.* 所以,因此,结果
gender	*n.* 性别
emotionally	*adv.* 感情上,情绪上,冲动地
prejudice	*n.* 偏见,成见,歧视
hopefully	*adv.* 有希望地;有前途地

相关词组及连接词

be up to	胜任,从事于;由……负责
specialize in	专攻,精通,专门研究
concentrate on	专心于;集中精神于
because of	因为,由于

to some extent	某种程度上
prefer to	宁愿,更加喜欢
be able to	能够,会

句型学习

1. **It also allows more equality among pupils and gives more opportunity to all those at the school to choose subjects more freely without gender prejudice.**

   代词it 指代本段第一句话。使用这种表达方式,能够使行文更加简洁,语句连接更加顺畅;give opportunity to sb. to do sth 在这里表示"给某人机会做某事";句中用those指代pupils避免重复,是句中的一个亮点。

2. **Similarly, boys in single-sex schools are more likely to take cookery classes and to study languages, which are often thought of as traditional subjects for girls.**

此句中有一个which引导的非限制性定语从句，which指代前文提到的男孩在单一性别的学校更可能参加烹饪课程和学习语言这件事；文中大量使用了which引导的限制性和非限制性定语从句，而且从范文可以看出，要取得高分成绩，从句的运用是至关重要的。

3. **But hopefully times have changed, and both genders of student can have equal chances to study what they want to in whichever type of school they attend.**

文章用but作结尾避免了行文过于呆板，起到了点睛作用；and连接的并列句中But hopefully times have changed为前一分句，后一分句中both genders of student为主语，what引导谓语中study的宾语从句；介词结构in whichever type of school they attend作地点状语，该结构中they attend为省略了关系代词that的定语从句，修饰说明school。

新东方独家引进

《剑桥雅思考试全真试题集 9》
（含光盘 2 张）

剑桥大学考试委员会　编著

定价：110 元　开本：16 开　页码：176 页

《剑桥雅思考试全真试题集 8》
（含光盘 2 张）

剑桥大学考试委员会　编著

定价：110 元　开本：16 开　页码：176 页

《剑桥雅思考试全真试题集 7》
（含光盘 2 张）

剑桥大学考试委员会　编著

定价：110 元　开本：16 开　页码：176 页

《剑桥雅思考试全真试题集 6》
（含光盘 2 张）

剑桥大学考试委员会　编著

定价：110 元　开本：16 开　页码：176 页

《剑桥雅思考试全真试题集 5》
（含光盘 2 张）

剑桥大学考试委员会　编著

定价：110 元　开本：16 开　页码：176 页

◎ 4 套完整的学术类雅思全真试题
◎ 2 套培训类雅思阅读与写作全真试题

《剑桥雅思真题精讲 9》
周成刚　主编

定价：28 元　开本：16 开　页码：232 页

《剑桥雅思真题精讲 8》
周成刚　主编

定价：28 元　开本：16 开　页码：208 页

《剑桥雅思考试全真试题集 7 精讲》
周成刚　主编

定价：28 元　开本：16 开　页码：234 页

《剑桥雅思真题精讲 4、5、6》
周成刚　主编

定价：55 元　开本：16 开　页码：500 页

◎ 洞悉雅思出题规律，精确剖析雅思真题
◎ 针对中国雅思考生的特点和需求，分题型全面破解

《剑桥雅思常见错误透析》
Pauline Cullen，Julie Moore　编著

定价：18 元　开本：32 开　页码：136 页

《剑桥雅思语法》（附 MP3）
Diana Hopkins，Pauline Cullen　编著

定价：45 元　开本：16 开　页码：272 页

◎ 雅思备考资料官方出版机构推出的权威雅思语法教程
◎ 剑桥资深语法专家为全球雅思考生量身定做

《剑桥雅思词汇》（附 MP3）
Pauline Cullen　编著

◎ 错误警示：帮助考生避免常见错误
◎ 单元测试：协助考生检验自己的进步
◎ 试题练习：涵盖学术类、培训类阅读以及写作、听力测试内容

定价：40 元　开本：16 开　页码：180 页

《剑桥雅思写作高分范文》（附 MP3）
刘巍巍　方林　编著

◎ 收集十年雅思写作题目，全部写作话题一网打尽
◎ 从雅思写作题目出发，全面提高考生写作能力

定价：38 元　开本：16 开　页码：248 页

《剑桥雅思 12 周完全攻略——阅读》
耿耿　乐静　孙吉芯　梅晗　编著

定价：35 元　开本：16 开　页码：320 页

《剑桥雅思 12 周完全攻略——听力》
（附 MP3）　　　　　王超伟　编著

定价：29.8 元　开本：16 开　页码：184 页

《剑桥雅思 12 周完全攻略——口语》
（附 MP3）　　　　孙涛　王冬　编著

定价：29 元　开本：16 开　页码：204 页

◎ 针对中国雅思考生的学习特点，制定 12 周科学备考方案
◎ 覆盖雅思阅读、听力、口语考试核心话题，提供权威答案，帮助考生有的放矢地备考

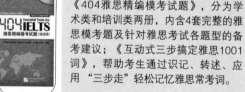